从上海大學(1922—1927)走出来的英雄烈士

胡申生　编著

上海大学出版社
·上海·

图书在版编目(CIP)数据

从上海大学（1922—1927）走出来的英雄烈士 / 胡申生编著 . —上海：上海大学出版社，2020.5
（"红色学府　百年传承"丛书）
ISBN 978-7-5671-3839-1

Ⅰ.①从… Ⅱ.①胡… Ⅲ.①革命烈士－列传－上海－近代　Ⅳ.①K820.851

中国版本图书馆 CIP 数据核字（2020）第 070762 号

责任编辑　傅玉芳　刘　强
封面设计　柯国富
技术编辑　金　鑫　钱宇坤

从上海大学（1922—1927）走出来的英雄烈士
胡申生　编著
上海大学出版社出版发行
（上海市上大路99号　邮政编码200444）
（http://www.shupress.cn　发行热线 021-66135112）
出版人　戴骏豪

*

南京展望文化发展有限公司排版
上海颛辉印刷厂印刷　各地新华书店经销
开本710 mm×1000 mm　1/16　印张20.25　字数301千
2020年5月第1版　2020年5月第1次印刷
ISBN 978-7-5671-3839-1/K·211　定价 46.00元

版权所有　侵权必究
如发现本书有印装质量问题请与印刷厂质量科联系
联系电话：021-57602918

"红色学府 百年传承"丛书编委会

主　　　任	成旦红　刘昌胜
常务副主任	段　勇
副　主　任	龚思怡　欧阳华　吴明红　聂　清
	汪小帆　苟燕楠　罗宏杰　忻　平
委　　　员	（按姓氏笔画为序）
	王远弟　刘长林　刘绍学　许华虎
	孙伟平　李　坚　李明斌　吴仲钢
	何小青　沈　艺　张元隆　张文宏
	张　洁　张勇安　陈志宏　竺　剑
	金　波　胡大伟　胡申生　秦凯丰
	徐有威　徐国明　陶飞亚　曹为民
	曾文彪　褚贵忠　潘守永　戴骏豪

总序：传承红色基因，办好一流大学

成旦红　刘昌胜

1922年10月23日，在中国共产党和国民党酝酿合作的大革命背景下，一所由共产党人与国民党人合作创办的高等学府"上海大学"横空出世。而就在前一年，中国共产党宣告成立，揭开了中国历史的新篇章。如今我们回顾历史，上海大学留下的史迹与中国共产党的发展紧密相连。

《诗经·小雅》有诗云："鹤鸣于九皋，声闻于野。"九十八年前诞生的上海大学，发轫于闸北弄堂，迁播于租界僻巷，校舍简陋湫隘，办学经费拮据，又屡遭反动势力迫害，但在中国共产党和国民党左派以及进步人士的共同努力下，屡仆屡起，不屈不挠，使上海大学声誉日隆，红色学府名声不胫而走，吸引四方热血青年奔赴求学。在艰难办学的五年时间里，老上海大学为中国革命和建设培养了一大批杰出人才，在当时就赢得"武有黄埔，文有上大"之美誉。在波澜壮阔的五年时间里，老上海大学取得的成就值得我们永远记取，老上海大学的办学传统和办学精神值得我们永远继承和发扬光大。

1983年合并组建原上海大学和1994年合并组建新上海大学之时，得到了老上海大学校友及其后代的热烈支持和响应，他们纷纷题词、致信，祝贺母校"复建""重光"；党中央、国务院及上海市委、市政府也殷切希望新上海大学继承和发扬老上海大学的光荣革命传统，时任中共中央总书记的江泽民同志为新上海大学题写了校名，老上海大学校友、后任国家主席的杨尚昆同志题词"继承和发扬上海大学的光荣传统，为祖国的建设培养人才"。

新上海大学自合并组建以来，一直将这所红色学府的"红色基因"视

作我们的办学优势之一,将搜集、研究老上海大学的历史资料,学习、传承老上海大学的光荣传统作为自己的使命和责任。2014年,学校组织专家编撰出版了《20世纪20年代的上海大学》,这是迄今为止搜集老上海大学资料最为丰富、翔实的一部文献;同年在校园里建立的纪念老上海大学的"溯园",如今已成为上海市爱国主义教育基地。

为了更全面地搜集老上海大学的档案资料,更深入地研究老上海大学的历史,更有效地继承和发扬老上海大学的光荣传统,我们推出了这套"红色学府 百年传承"丛书,既是为2021年中国共产党100周年光辉诞辰献上一份贺礼,也是对2022年老上海大学诞生100周年的最好纪念,并希望以此揭开新上海大学"双一流"建设的新篇章。

是为简序。

自 序

胡申生

近些年，上海大学在致力于建设成为世界一流特色鲜明的综合性研究型大学的同时，一直没有忘记继承和发扬于20世纪20年代存世的上海大学（以下称"老上海大学"）办学的光荣革命传统。2014年，在新上海大学成立20周年之际，为了更好地了解、宣传和继承老上海大学的历史、传统和精神，学校组织专家、教授在原来已有的资料和研究成果的基础上，更广泛、深入地搜集资料，编辑出版了总计180余万字的《20世纪20年代的上海大学》；同年，又建成"溯园"作为上海大学博物馆室外展示区，全面展示老上海大学的红色校史，并先后成为宝山区和上海市爱国主义教育基地。对这两项工程，我有幸忝列其中，做了一些基础性的文字工作。

对于老上海大学史料的搜集和关注，我其实从20世纪80年代就开始了。那时由于任教于学校社会学系，对老上海大学社会学系的办学活动不能不给予关注。1983年5月10日，国务院批准成立上海大学。当时奉复旦大学分校党委书记李庆云之命，我只身来到北京，通过上海历史研究所副所长、研究员汤志钧和中国人民大学教授冯其庸、北京师范大学教授顾明远等介绍，先后登门拜访了老上海大学的教师周建人、俞平伯，又通过中央戏剧学院办公室联系李伯钊、杨尚昆夫妇，邀请他们为新成立的上海大学题词，并圆满完成任务回到上海；由于又兼任《社会》杂志编辑，在1984年第3期上刊发过阳翰笙同志回忆老上海大学的文章；在分别担任《20世纪20年代的上海大学》和"溯园"两项工程的资料搜集、文字整理、解说文字的编撰时，对老上海大学的史料又比较全面地"过"了一遍，

其中,从老上海大学走出来的共产党人、革命烈士的事迹不断地在感动着我,于是萌生了单独为这些烈士立传的念头。在持续搜集老上海大学史料的过程中,对于曾经在老上海大学任教和学习的烈士的资料,加大了关注和搜集的力度。

2018年4月6日,《人民日报》开设了"为了民族复兴·英雄烈士谱"专栏,围绕"不忘初心、牢记使命"的主题,连续刊登新华社记者采写的英雄烈士事迹,传承烈士的精神。在刊登的英雄烈士中,有一批人就有着在老上海大学任教和求学的经历。为传承和发扬英烈精神,永续老上海大学的红色基因和血脉,新上海大学宣传部决定在校报和"上大发布"微信公众号上联合开设"传承红色基因,永续红色血脉"专栏,约请我撰文介绍从老上海大学走出来的英雄烈士。从2018年10月9日《上海大学》校报第一篇介绍刘华烈士开始,我在校报和"上大发布"上已先后介绍了20多位从老上海大学走出来的英雄烈士。

关于从老上海大学走出来的英雄烈士,有一部分人已在其他出版物中作了介绍,这些介绍主要集中在他们的生平和革命事迹,关于他们在老上海大学任职和学习期间的情况则介绍得比较少一些。即使由周桂发主编的《上海高校英烈谱》,其中介绍的部分曾在老上海大学任教和学习的烈士,也以阐述他们的生平和事迹为主。在目前已出版的著作中,对从老上海大学走出来的英雄烈士在校内的教学情况和革命活动介绍用力最勤的,是张元隆教授所著《上海大学与现代名人(1922—1927)》一书。但由于篇幅和体例所限,这本著作对许多英雄烈士在上海大学的工作和学习活动情况,点到了,惜乎没有完全展开。另外,还有相当多的英雄烈士没有在报章上专门介绍过。这次,我在本书中,对英雄烈士的生平、事迹以"详上大,略其余"的原则,为65位英雄烈士立传,除了介绍他们的生平、事迹以外,将他们在老上海大学工作、学习、生活和从事革命活动的情况,尽量按照能够搜集到的史料详尽记述,这也是这本小册子不同于其他英雄烈士生平介绍读物的地方,可谓本书编著的一个特点。另外,为了检索方便,正文以英雄烈士姓氏拼音顺序编排。当然,从老上海大学走出来的英雄烈士,不止本书所介绍的65位,有的还没有能完全掌握了解;有的则如何洛、姜余麟等烈士资料不全,只得暂付阙如,留待日后将资料收集完整再加以补录。

《从上海大学(1922—1927)走出来的英雄烈士》和其他同类出版物相比,还具有如下一些特点:一是英雄烈士都为中国共产党早期党员,都在建党初期和大革命时期参加革命,加入共产党;二是有相当一部分英雄烈士是中国共产党早期领导人,是早期马克思列宁主义理论家、宣传家;三是当时正处于国共合作的大革命时期,许多英雄烈士根据中国共产党的决定,以个人身份加入国民党,有相当一部分人还成为国民党各级组织的负责人,为中国共产党的统一战线作出了贡献;四是有许多英雄烈士担任过党内军内的高级职务,与后来成为新中国党和国家领导人的毛泽东、周恩来、刘少奇、朱德、陈云、邓小平等都共过事,因而有些英雄烈士在牺牲以后曾在各方面受到这些领导人的关注和帮助;五是许多英雄烈士牺牲时年纪都很轻,本书记载的65位英雄烈士平均年龄只有31岁左右;六是老上海大学从成立到被国民党反动当局封闭,总共不到5年的时间,但却为中国革命输送和培养了大批优秀的共产党员和革命干部,其中有些人为新中国的建立流尽了他们身上的最后一滴热血,有的则亲眼看到了他们无限憧憬并为之奋斗的新中国的成立,并且有相当一部分人成为新中国党和国家的领导人、各级岗位上的负责同志,而本书所为之立传的英雄烈士,则限于在1949年新中国成立之前就辞世的同志。

2015年9月2日,习近平总书记在颁发"中国人民抗日战争胜利70周年"纪念章仪式上的讲话中指出:"一个有希望的民族不能没有英雄,一个有前途的国家不能没有先锋。包括抗战英雄在内的民族英雄,都是中华民族的脊梁,他们的事迹和精神都是激励我们前行的强大力量。"这番话,激励我们要永远崇尚英雄、宣传英雄、学习英雄。1922年10月诞生的上海大学,办学时间虽然只有5年不到的时间,却从中走出来一大批为党的事业献出宝贵生命的英雄烈士。他们中间,有的是我们党早期的领导人,有的是党的理论家、宣传家,有的是党的各级领导人。其中除了少数因病而倒在工作岗位上,绝大多数都慷慨就义于敌人的刑场上和牺牲在硝烟弥漫的战场上,他们为中国革命的胜利,写下了一曲又一曲不朽的颂歌。在搜集、整理和撰写他们的史料与事迹的过程中,我一次又一次地

从中受到教育。现在,将从老上海大学走出来的65位英雄烈士的事迹结集出版,是希望能将自己从中受到的教育和感动传递扩大到更多的人身上,也更希望对年轻人在党史教育、红色基因教育、革命传统教育方面起到些微作用。

2020年2月25日

目 录

安体诚：中国马克思主义现代经济学的奠基者 / 1

蔡和森：中国共产党早期杰出的理论家 / 6

蔡　威：红军情报战线上的无名英雄 / 10

曹　渊：牺牲在武昌城下的北伐英雄 / 14

曹蕴真：安徽最早党组织小甸集特支的创始人 / 20

陈　明："我们山东的一位有权威的理论家" / 23

崔小立：坚持以笔为枪的学生斗士 / 26

邓中夏：上海大学办学正规化的奠基人 / 31

董亦湘：陈云和张闻天的入党介绍人 / 40

方运炽：安徽独山暴动的组织者和领导者 / 45

龚际飞："不问个人瘦，但祈天下肥" / 49

顾作霖：一个担任过红军总政治部代理主任的青年革命家 / 52

关向应：忠心耿耿　为党为国 / 58

郭伯和：奋战在上海工人第三次武装起义闸北前线的指挥者 / 63

何秉彝：在"五卅"运动中英勇献身的革命烈士 / 68

何尚志：敢于向康有为叫板的大学生 / 76

何挺颖：文武双全的红军优秀指挥员 / 79

贺　昌：坚持赣南游击战争的红军高级指挥员 / 84

贺威圣：浙江最早为革命牺牲的共产党领导人 / 88

侯绍裘：一个立场坚定，极有才干的共产党员 / 93

黄让之：皖东地区第一位共产党员 / 101

黄　仁：国共合作时期上海大学最早牺牲的革命青年 / 104

吉国桢：高唱《国际歌》，昂首走向敌人刑场 / 109

季步高：英勇就义于广州红花岗的年轻烈士 / 112

蒋光慈：大学讲台上的诗人和作家教授 / 115

李汉俊：由毛泽东亲自签发纪念证书的革命烈士 / 121

李硕勋：人民的坚强战士，党的优秀党员 / 125

林　钧：上海特别市临时市政府秘书长 / 131

刘含初：一位担任过上海大学校务长的革命烈士 / 137

刘　华：学生身份的上海工运领袖 / 141

刘晓浦："只有自首才能出去，那是永远办不到的" / 147

刘一梦：一位受到鲁迅称赞的年轻作家 / 150

龙大道：出色的上海工人运动的领导人 / 154

罗石冰：江西吉安第一个党组织的建立者 / 159

马凌山：上海大学学生中的"笔杆子" / 162

糜文浩：从容就义于上海枫林桥刑场的革命烈士 / 166

秦邦宪：党的新闻事业的重要奠基人和开拓者 / 171

瞿景白：在会审公廨智斗美国副领事的上海大学学生 / 177

瞿秋白：上海大学马克思主义理论最主要的传播者 / 181

沙文求：从仰慕游侠刺客到共产主义理想坚定的信奉者 / 190

沈泽民：红军鄂豫皖根据地的重要领导人 / 194

王步文：中共安徽省委第一任书记 / 200

王环心："我生自有用，且将头颅击长空" / 204

王绍虞：中国共产党在六安最早的基层组织的创建者 / 208

王文明：琼崖劳动群众最爱戴的领袖 / 211

翁泽生：上海大学台湾籍的革命烈士 / 214

吴　霆：共青团奉天（沈阳）特别支部第一任书记 / 219

武止戈：牺牲在日机轰炸之中的抗日同盟军北路
军前敌总指挥部参谋长 / 224

萧楚女：自学成才的大学教授 / 227

萧朴生：邓小平的入团介绍人 / 232

许继慎：中国人民解放军军事家 / 235

薛卓汉：安徽早期党组织的创始人 / 239

杨　达：国民革命军军官教导团团长朱德的参谋长 / 243

杨贤江：马克思主义教育理论家 / 246

余泽鸿：继邓小平以后担任中共中央秘书长的革命烈士 / 252

俞昌准：为"冲破黑暗，创造光明"而奋斗 / 257

恽代英：在上海大学任教时间最长的无产阶级革命家 / 262

曾延生：与妻子同赴刑场从容就义的革命者 / 268

张崇德：在附中兼授英语课程的上海大学学生 / 272

张秋人：大闹反动刑庭的共产党人 / 276

张太雷：深受学生爱戴和欢迎的大学教授 / 281

周传业：和兄长周传鼎并肩走向刑场的革命英烈 / 286

周大根：中国共产党第一任南汇县委书记 / 289

周水平：一个为农民减租斗争而献身的革命烈士 / 292

邹　均：大革命时期陕西驻武汉国民政府的全权代表 / 298

参考文献 / 301

后　　记 / 308

安体诚：
中国马克思主义现代经济学的奠基者

上海大学学生、开国少将、中国人民解放军铁道兵政治部顾问张崇文，在他的晚年，回忆起自己人生道路上第一个引路人时，仍然充满着敬仰和感谢之情。让张崇文念念不忘的这位引路人，就是杰出的中国共产党早期党员、革命烈士安体诚。

那是在1923年，安体诚应邀任杭州法政专门学校政治经济系教员。有一天，他在报上看到一位名叫张崇文的青年学生写的短文《人生的意义是什么？》。文章在揭露和控诉军阀混

安体诚

战、社会动荡、民不聊生的黑暗现实的同时，也流露出"人生莫测，前路茫茫"的消极悲观情绪。安体诚并不认识张崇文，但他敏锐地觉得，张崇文这篇短文实际上反映了相当一部分要求进步青年的苦闷思想。于是，他便以公开信的方式回应了张崇文这篇文章。针对张崇文的疑惑和茫然，安体诚以马克思主义的立场和观点论述了社会发展的客观规律，指出人类社会的进步与发展是不可抗拒的，人生的意义就在于要顺应历史的大潮、自觉地推动历史的发展、为人类社会的进步作出贡献。安体诚的这篇文章用崭新的马克思主义观点和理论，高屋建瓴地阐述了人生的意义，对类似张崇文这样的追求进步又一时不知前途在哪里的青年们来说真如醍醐灌顶，他们读后精神为之一振，思想为之豁然开朗。由此，张崇文与安体诚就认识了。后来，在安体诚的教育帮助下，张崇文等多名学生走上

了革命的道路。张崇文直到晚年还保留着安体诚当年写给他的一封亲笔信①。

安体诚,字存斋,笔名存真,1896年出生,直隶丰润(今属河北唐山)人。由于家境优裕,所以他从小就受到较好的文化教育。1909年在丰润县城高小毕业,考入天津法政专门学校附属中学,1914年升入该校法律本科。1917年该校改名为直隶省公立法政专门学校。这一年他以全班第一名的优异成绩而受到校方器重。毕业后,便由学校资助赴日本留学,翌年入日本东京帝国大学经济学部学习。在校期间,受到该校教授、日本马克思主义研究的先驱者河上肇的影响开始接触马克思主义,并成为马克思主义的坚定信仰者。在留日期间,安体诚十分关注国内的新文化运动和劳工运动,并主动与上海共产主义小组成员邵力子取得联系。1921年回国后到天津法政专门学校任教。在这期间,他积极参加工人运动。同年9月,参与中共北京区委创办天津工余补习学校,并担任主任一职。1922年,经李大钊介绍,加入中国共产党。春末,他到北京担任中国劳动组合书记部北方分部领导成员兼天津特派员、中共北京区委委员,一度担任中共北京区委秘书。他还兼任中国劳动组合书记部北方分部机关刊物《工人周刊》的记者、编辑兼发行。在他和同志们的共同努力下,《工人周刊》成为该地区最受欢迎的刊物,被誉为"劳动者的喉舌",以致引起北洋军阀的仇恨恐慌而被多次通令禁刊。同年秋天,他利用北京政府交通部密查员身份参与领导发动山海关、唐山两地铁路工人罢工。1923年,来到位于杭州的浙江法政专门学校担任政治经济系教员。同时,在党内,他先后担任杭州支部书记、中共上海地方区委第五组杭州组组长、《向导》杭州发行部主任,积极贯彻中共关于国共合作的决议,促进浙江地区国共合作统一战线的形成,并被选为国民党浙江省临时党部执行委员,负责宣传工作。也正是在这期间,他通过在报上撰写文章和面谈等方式,对张崇文等进步青年进行了思想上的帮助和马克思主义思想的启蒙教育,引导他们走上了革命道路。曾在浙江法政专门学校读书、后到上海大学求学的黄玠然在回忆中还讲到他当时受到安体诚的教诲和影响。

---

① 原信见《浙江革命烈士书信选》,浙江人民出版社1986年版,第5—6页。

1924年的春天,安体诚应聘兼任上海大学教授,教授"现代经济学"。在1924年4月编印的《上海大学一览》之《教职员一览表》中的"教员之部"写明:安体诚,籍贯:直隶;经历:日本帝国大学经济政治科毕业,前直隶法政专门学校教授,现浙江法政专门学校教授;入校年月:十三年(1924)春;教授学科:现代经济学。这一年的暑期,以上海大学为主体举办了"上海夏令讲学会",7月1日,《民国日报》刊登《上海夏令讲学会简章》,其中介绍了由安体诚来讲授"经济思想史"。安体诚在上海大学担任教授期间,除了教授"现代经济学"以外,还教授"社会学""科学社会主义"等课程。其中"现代经济学"具有鲜明的马克思主义观点,材料丰富,为当时学术界所重视。在讲课中,安体诚态度认真,对概念十分重视。他讲"经济"这一概念,首先说明"经济"两字的内容,对什么是自然经济、什么是社会经济、经济与政治的关系等,都讲得一清二楚。当时听他课的学生胡允恭[①]一开始还觉得他讲课从概念到概念,过于拘泥。后来胡允恭自己读到列宁《我们究竟拒绝什么遗产》一文时,才知道列宁对概念的重视,由此才体会到安体诚老师教学的认真和严谨[②]。安体诚的《现代经济学》讲义,后由中国共产党创办的上海书店出版,在全国公开发行。在上海大学期间,安体诚还为《向导》撰稿,宣传革命道理和马克思主义理论,又热情指导学生学习文化知识和革命理论,成为学生的知心朋友和革命引路人。

安体诚在上海大学兼任教授的时间不长,1925年的夏天,他受党组织的委派,离开上海大学,来到西安,以中共北京区委兼地委特派员身份从事兵运工作。9月,任国民第三军军长孙岳的秘书,参与组织成立国民党陕西省临时党部。不久主持成立中共西安特别支部,担任支部书记。同年底被调到北京大学任教,参与中共北方区委和国民党北京市党部组织部的领导工作。

1926年的夏天,安体诚又奉命南下,来到广州黄埔军校,先后担任政

[①] 胡允恭,又名胡萍舟,上海大学社会学系学生,共产党员。1924年编印的《上海大学一览》之《学生一览表》中的"社会学系"一栏中,记载有胡萍舟名,新中国成立以后任南京大学历史系教授。

[②] 胡允恭著:《金陵丛谈·我所知道的上海大学》,人民出版社1985年版,第10页。

从 上海大學 走出来的英雄烈士
(1922—1927)

安体诚塑像

治教官、政治部宣传科科长、中共党团干事,并兼任国民党黄埔军校特别党部宣传委员会委员,主编《黄埔日刊》,同时兼任第六届广东农民运动讲习所及广州劳动学院教员。他积极宣传孙中山的"联俄、联共、扶助农工"三大政策,维护国共合作的团结,反对国民党右派的破坏言行,支持北伐战争。他曾撰写了许多宣传革命的文章。其中,很有影响的一篇文章是这一年9月23日发表在《黄埔日刊》上的《什么是黄埔精神》一文。安体诚在文章中写道:黄埔精神"是充满着信仰并实行真正中山主义的革命军人精神","除了它所具之一般的军人精神——如不怕死,甚至有政治主张(不论何种)和我们个人主观所希望的外,分析它的特具的精神,可说黄埔精神是建筑在总理所定的'联俄、联共、拥护农工'三大政策上的"。"总结黄埔学校这历史的和客观的特殊性质,我们现在就可以说:黄埔精神,是坚信并实行总理所定联俄、联共、拥护农工三大政策的革命军人的精神。"

1927年,继蒋介石在上海发动"四一二"反革命政变以后,广州国民党反动派随即发动了"四一五"反革命政变,大批共产党员遭到屠杀,广州笼罩在一片白色恐怖之中。在这关键时刻,根据党组织的指示,安体诚率部分中共党员、团员从黄埔军校秘密转移到上海。此时的上海,也是一片白色恐怖。为了缩小目标,安体诚布置同志们分散行动,分别投宿到法租界的几家普通旅馆,同时,他积极设法寻找已转入地下活动的上海党组织。不料,安体诚一行被在黄埔军校学习过的反动军人发现并被告密于反动当局。一天晚上,安体诚所住的旅馆突然遭到大批武装巡捕和国民党特务的搜查,安体诚被捕,关押在上海警备司令部监狱。

在狱中,安体诚自度自己是个公开身份的中共党员,又是黄埔军校的政治教官,并且在报刊上发表过不少有影响的署名文章,自己已无隐瞒身份的可能和必要。同时,他也知道,自己既然被拘押,生还的可能也就不存在了,于是,他以革命者和共产党员的意志和气节,公开和敌人作斗争,经受住了敌人种种严刑拷打和威胁利诱,体现了一个共产党人为崇高的信仰而献身的革命英雄主义的精神。5月,绝望的反动当局只得将安体诚秘密杀害于龙华。安体诚遇害时年仅31岁。

安体诚作为中国共产党早期优秀党员,无论是在工人运动方面、兵运方面、地方党组织的创建方面、促进和巩固国共合作统一战线事业方面、政治工作方面和马克思主义理论的教育和传播方面等,都作出了重要贡献。在新中国成立前后,周恩来同志多次提到安体诚,曾指出:"这个同志非常好,是在1927年被蒋介石杀害的。"周恩来对安体诚的高度评价,也是表达了党和人民对安体诚这位为中国革命献出年轻生命的革命烈士的崇敬和怀念。

蔡和森：
中国共产党早期杰出的理论家

蔡和森

1924年11月2日，上海《申报》刊登了题为《上海大学丛书之一·蔡和森先生著〈社会进化史〉·大本一厚册定价一元》的广告，称："蔡先生为上海大学社会学系教授，于社会科学研究有素，本书为其精心之作。书凡三编：一　家庭之起源与进化；二　财产之起源与进化；三　国家之起源与进化。共十余万言，论述甚详。"《社会进化史》是蔡和森作为上海大学教授而留下的一本珍贵的著作。

蔡和森，字润寰，1895年出生于上海，祖籍湖南湘乡永丰镇（今属双峰）。1899年，4岁的蔡和森随母亲从上海回到湖南老家。13岁时到堂兄所开的"蔡广祥"店当学徒。在学徒期间，他偷偷自学，打下了一些文化基础。16岁那年，在母亲的支持下，他进了永丰国民初等小学读书，成为一名被同学讥笑的"太学生"。但蔡和森毫不介意，用心上学。一个学期后，便跳级考入双峰高等小学。1913年，进省城考入湖南铁路专门学校，同年秋，转入湖南省立第一师范学校学习，后与毛泽东成为同学。两人志同道合，结为挚友。1915年夏，又转入湖南高等师范学校专修科文学部乙班，和邓中夏同学。在这期间，蔡和森同毛泽东一起组织进步团体新民学会，创办《湘江评论》，参加"五四"运动。毛泽东和蔡和森的才学和志向，在当时湖南广大的先进青年中赢得很高的声誉，盛称他们为"毛蔡"。他们的老师杨昌济则称赞说："二子海内人才,前程远大,君不言救国则已,救国必先重二子。"①1919年12月25日,蔡和森取道上海,赴法国勤工俭学。在法国,蔡和森"猛看猛译"大量介绍马克思列宁主义和俄国革命的书籍。通过认真的研读学习,蔡和森成为坚定的马克思主义者。

1921年7月,蔡和森与工学世界社成员开会讨论建立共产党的问题。同年,蔡和森在法国发起了建党活动,他与周恩来、赵世炎等同志一起筹组中国共产党旅欧早期组织,是"法国支部的创始人"之一。在此之前,蔡和森曾两次致信毛泽东,一次致信陈独秀。在这些信函中,蔡和森第一次提出"明目张胆正式成立一个中国共产党",第一次系统提出了建党理论和建党原则。1921年1月21日,毛泽东复信蔡和森,表示完全赞成蔡和森于1920年9月16日给他的长信,在信中,毛泽东说:"你这一封信见地极当,我没有一个字不赞成。"关于蔡和森信中提到组党一事,毛泽东介绍说陈独秀等正在进行,还称赞共产党上海发起组出版的刊物《共产党》"颇不愧'旗帜鲜明'四字"②。

1921年10月,由于蔡和森领导留法勤工俭学学生斗争而被法国政府遣送回国。当年12月,蔡和森即加入中国共产党,并留在中央机关从事理论宣传工作。1922年7月,在党的二大上,蔡和森当选为中央委员,负责党的理论宣传工作。9月,主编党中央机关报《向导》周报,组织发表和亲自撰写了大量文章,宣传马克思列宁主义和党的纲领,揭露和批判帝国主义、封建军阀对中国的侵略和祸国殃民的罪行。蔡和森以他坚定的无产阶级革命立场、丰厚的马克思列宁主义素养和理论功底、出色的文笔,成为中国共产党早期杰出的理论家和宣传家。1923年6月党的三大以后,蔡和森同陈独秀、毛泽东、谭平山、罗章龙5人组成中央局,蔡和森、毛泽东、罗章龙3人留在中央机关处理中央具体事务。当时中共中央局的所在地是在上海闸北香山路(今临山路)、公兴路口的三曾里的一幢普通的石库门里。这里既是中共中央局的机关办公地点,也是蔡和森、毛泽

---

① 转引自中共中央文献研究室编:《毛泽东年谱(一八九三——一九四九)》上卷,中央文献出版社2013年版,第49页注〔1〕。
② 中共中央文献研究室编:《毛泽东年谱(一八九三——一九四九)》上卷,中央文献出版社2013年版,第78—19页。

7

从 上海大学(1922—1927) 走出来的英雄烈士

东、罗章龙的寓所。正因为如此,三曾里现在已成为上海静安区的一个重要的红色革命传统教育基地。

也就在这一段时期,蔡和森应邀来到上海大学担任教授。1924年4月编印的《上海大学一览》之《教职员一览表》中的"教员之部"清楚地记载着:蔡和森,籍贯:湖南;入校年月:十二年(1923)秋;教授学科:社会进化史。蔡和森在上海大学讲课,深受学生欢迎。他平时沉默寡言,严肃庄重,但一上讲台,就神采飞扬。由于他对马克思列宁主义钻研极深,尤其对恩格斯的名著《劳动在从猿到人转变过程中的作用》《家庭、私有制和国家的起源》曾潜心研读,因此在讲"社会进化史"时,不唯观点正确,而且深入浅出、生动活泼,很受学生欢迎。据上海大学学生胡允恭介绍,蔡和森讲授的社会进化,实际上是社会发展史,"例如:他严肃认真地阐述了恩格斯的名著《劳动在从猿到人转变过程中的作用》,并且多次引证《家庭、私有制和国家的起源》(上述两书当时还没有中译本)中的有关章节,把社会进化史讲得生动活泼,深入浅出,全系同学都表示欢迎,倾注全力听讲。开始只是社会科学系的学生,稍后,其他系的学生也来旁听。不但教室人满,连窗子外面都挤满了旁听学生。"① 综观蔡和森讲授的"社会进化史",按照摩尔根特别是恩格斯的理论阐述,揭示了人类史前社会的奥秘,说明了家庭、私有制和国家是怎样发生的,使得几千年来人们对史前社会神话般的描述,开始建立在科学分析的基础上。他讲课并不是照本宣科,而是结合中国社会实际,自编讲义。上海大学的教授

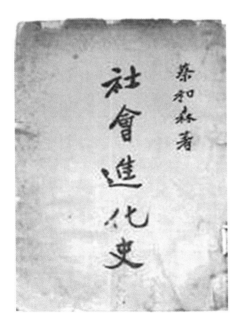

蔡和森所著的《社会进化史》

---

① 胡允恭著:《金陵丛谈·我所知道的上海大学》,人民出版社1985年版,第15—16页。

在讲课的同时，留下了不少讲义，有的被编成"上海大学丛书"，蔡和森的《社会进化史》就是其中的一本。这本讲义于1924年8月由民智书局出版。对这本书的宣传不仅仅是上海的《申报》，《民国日报》《学生杂志》等报刊也都曾刊发过宣传广告。蔡和森的《社会进化史》是我国运用马克思列宁主义阐述社会发展的奠基之作，也是中国共产党早期领导人给上海大学留下的宝贵遗产之一。

1925年"五卅"运动爆发，蔡和森是这场革命运动的领导人之一。他率先在党中央会议上提出"要把工人的经济斗争与目前正在蓬勃发展的反帝斗争汇合起来"，主张5月30日在租界组织大规模的反帝示威游行。党中央采纳了他的意见。"五卅"反帝爱国运动成为轰轰烈烈的大革命高潮到来的标志。蔡和森在这场运动中，表现出卓越的领导才能，也正是这场斗争，使蔡和森成长为杰出的群众领袖。1925年10月28日，根据党的安排，蔡和森、李立三、向警予等在上海吴淞口乘苏联运煤船离开上海赴莫斯科中山大学。这样，蔡和森便正式结束了在上海大学两年的任教。同船赴莫斯科中山大学的学生有103人，蔡和森的学生、上海大学附中学生王稼祥也在其中。

1927年春，蔡和森回国。在5月举行的中共五届一中全会上当选为中央政治局委员、常委，随后又兼任中共中央代理秘书长。在党的"八七"会议上，他支持毛泽东的正确意见，力荐毛泽东同志进入中央政治局。他主张进行土地革命和独立地开展武装斗争，为党确立土地革命和武装反抗国民党反动派的总方针作出了贡献。在党的六大上，蔡和森继续当选为政治局委员、常委并兼任中共中央宣传部部长。1931年3月，被派往广东工作，任中共两广省委书记。6月，由于叛徒出卖，蔡和森在香港被捕，随即被港英当局引渡到广州。8月4日，蔡和森在广州军政监狱英勇就义，年仅36岁。

1918年6月，23岁的蔡和森离开长沙远赴北京，坐木船途经洞庭湖时适逢风雨大作，他因感而吟出诗歌《少年行》，其中有"匡复有吾在，与人撑巨艰；忠诚印寸心，浩然充两间"之句。13年以后，他为了共产主义理想，慷慨赴死，以充塞天地的浩然正气，践行了自己在《少年行》中发下的誓愿。

蔡 威：
红军情报战线上的无名英雄

蔡威

1986年9月22日，是中国工农红军第四方面军无线电通信与技术侦察工作的创始人蔡威烈士牺牲50周年的纪念日，这一年的7月21日，曾经担任红军第四方面军总指挥的徐向前元帅提笔，写下了"无名英雄蔡威"六个字，寄往蔡威的故乡福建宁德，寄托了自己对蔡威这位为红军无线电通信与技术侦察工作作出杰出贡献的老部下的无限怀念之情。蔡威是谁？为什么徐向前元帅称赞他为"无名英雄"？

蔡威，原名蔡泽镗，字景芳，生于1907年，福建宁德人。他出生在宁德县一户家道殷实的富贵之家，是当地有名的富家翩翩公子。他的父亲蔡祖熙，清光绪朝进士，进入民国，为福建省议员。他的舅舅林振翰，学贯中西，是第一个把世界语引进中国的学者。蔡威生活在这样一个书香之家，可以说自小受到良好的文化知识教育。他先后就读于福州格致中学和上海惠灵英语专科学校，受到了新思想、新文化的洗礼。1925年，在舅舅林振翰的带领下，考进了上海大学①。

1925年的上海大学，邓中夏、瞿秋白、张太雷等已先后离开上海大学的教职，而蔡和森、李汉俊、恽代英、萧楚女、沈泽民、施存统等中国共产党的早期领导人和理论家，依然活跃在上海大学的课堂上和革命活动中。关

---

① 见宁德电视台拍摄制作电视片：《红色闽东行》第4集《无名英雄的密码》。

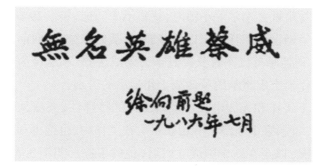

徐向前为蔡威题词

于蔡威在上海大学求学的情况,我们现在虽然无法找到更多的史料来了解,但是可以确认的是,蔡威在这一时期,是系统地学习马克思主义理论和接受共产主义思想,最终树立为共产主义理想而奋斗的一个时期。也正是在上海大学,蔡威经过组织考验,于1926年正式加入了中国共产党。

入党后,根据党组织的委派,蔡威离开上海大学,回到家乡宁德,从事农民运动,开展党的工作。大革命失败以后,赴上海,正式化名蔡威,从事党的地下工作。1931年10月初,蔡威和宋侃夫、王子纲、徐以新等四人结束了在党中央特科无线电训练班的学习,由党中央派他们到鄂豫皖苏区筹建电台通信工作。1932年2月,蔡威和宋侃夫等一起创建了红四方面军第一部无线电台。蔡威先后担任红四方面军总指挥部通信电台台长、通信站站长等职,先后与湘鄂西红三军、江西的中央革命军事委员会和红一方面军、湘鄂赣军区、上海党中央沟通联络。1932年10月,随红四方面军主力转移到川北。1933年初,任红四方面军总指挥部第二台台长,开始对敌人电台进行技术侦察工作。1935年初,他率电台跟踪在贵州北部堵截追击红军的国民党军,破译了敌军的密码,将获得的机密情报及时转告中央革命军事委员会,有效地帮助中央红军转危为安,取得四渡赤水的胜利。蔡威的这一在无线电波情报方面立下的功勋受到毛泽东的表彰。5月,随红四方面军长征,6月,同中央红军会师。7月,担任中国工农红军总司令部第二局局长,负责情报侦察工作。同年10月,随红四方面军转战川康边。1936年秋,随红军总司令部及红四方面军北上,恶劣的战争环境和长期的繁重工作,使蔡威积劳成疾。1936年9月22日,当部队过

完草地到达甘肃岷县朱尔坪小镇时,蔡威不幸病逝,年仅29岁。

蔡威不幸逝世的噩耗传出以后,随军征战的朱德、徐向前、李先念、许世友、傅钟、傅连暲等红军首长都赶来为蔡威送葬,和这位为红军的通信与情报工作作出杰出贡献的革命战士作最后的告别。

由于地下工作和无线电技术侦察工作的特殊性,蔡威从从事这一秘密工作开始,就和家里断绝了一切联系。在工作中,也绝少和战友谈及自己的家庭情况,以至在新中国成立以后,他的事迹长期不为人知晓,他的烈士身份也一直无法确认。在档案馆中保留的蔡威资料,也只是寥寥数语,无法确认原籍在哪里。这样,蔡威家属和蔡威的战友,便开始了长达半个世纪的寻找烈士家庭和真姓实名的艰苦历程。一直到1985年,也就是蔡威埋骨沙场49年以后,烈士的真实姓名和原籍才得以确认。蔡威在大革命失败以后来到上海从事地下工作时,妻子已经怀孕,但是从此隐姓埋名的蔡威只知道自己有了孩子,但直到去世,没有再踏回桑梓一步。他的儿子遵母亲遗嘱寻找父亲音讯,直到逝世都没有结果,内心充满遗憾地闭上了双眼。等到蔡威的遗骸寻到时,将忠骨捧回故土的已是他的嫡孙了。蔡威妻、儿、孙三代寻找亲人音讯的过程充满艰辛,不是党和政府不配合,实在是蔡威将自己埋藏得太深了。捧读烈士家属和战友百般寻找的文字,令人唏嘘不已。

1985年9月12日和14日,蔡威的老上级徐向前、李先念对蔡威烈士的身份认定工作分别作了明确指示。11月4日,福建省人民政府正式追认蔡威为革命烈士。1986年7月,徐向前元帅"无名英雄蔡威"的题词在纪念蔡威烈士牺牲50周年之际寄达烈士的家乡。2005年,蔡威故居被列入《2005—2010福建省红色旅游发展规划纲要》,成为福建省红色旅游与毛泽东、

4岁的蔡威与母亲林莺

朱德、张鼎丞故居并列的"四大红色名人故居"之一。修葺一新的蔡威故居，又被辟为蔡威事迹展陈馆，徐向前题写的"无名英雄蔡威"六个大字就镌刻在蔡威烈士全身立像的底座上。现在蔡威故居是福建省文物保护单位、福建省党史教育基地，也是中国人民解放军"技侦光荣传统教育基地"。一个隐姓埋名从事红军无线电技侦事业的革命"听风者"，他的英名与山河同在，将永远激励和指引后人继续前进。

曹 渊：
牺牲在武昌城下的北伐英雄

曹渊

1938年3月19日，时任中共中央副主席的周恩来，复信给一个叫曹云屏的同志，信中说："令尊曹渊同志为谋国家之独立、人民之解放而英勇的牺牲了。这是非常光荣的。我全党同志，对曹渊同志这种英勇牺牲精神，表示无限的敬意。"① 信中所说到的曹渊，即曹云屏的父亲，是大革命时期的北伐战争中，牺牲在武昌城下的一名共产党员、革命烈士。

曹渊，原名俊宽，字溥泉，生于1901年，安徽寿县人。曹渊自小学习成绩就十分突出，喜欢谈兵论道，手抄版的《孙子兵法》经常随身携带，闲暇时便拿出来研读揣摩。

其二哥曹少修，早年加入同盟会，1913年在家乡起兵讨伐袁世凯。袁死后，其爪牙安徽督军倪嗣冲指使寿县当局搜捕曹少修，这样，一家人只得离开家乡。曹渊则来到邢家岗，从著名书画家张树侯先生读书。1919年冬，曹渊来到芜湖学习英文、数学。次年，考入芜湖私立工读学校，被推选为校学生代表，参加芜湖学生联合会并成为学联领导成员之一。1921年夏，曹渊因积极声援安庆由于"六二"惨案而爆发的学生运动，而被校方勒令退学。同年秋天，曹渊考入芜湖公立职业学校，不久，担

---

① 曹云屏编著：《求索——一门三烈士》，中共党史出版社2008年版，第8页。

任了校学生会主席,积极参加芜湖地区的学生运动。1922年秋,一郑姓同学染得时疫,高烧不退,校方竟不予医治,数天之后身亡。曹渊等学生在徐梦秋、曹蕴真等教职员的支持下,全体师生决定停工、停课一日,为死亡学生举行追悼会,要求一向对学生安全和卫生条件不闻不问的校长、学监为死者致哀并提出驱逐校长、学监的正当要求。结果校董会偏袒校长、学监,将曹渊及学生会秘书李坦开除了学籍。于是,曹渊和李坦决计到上海另谋出路。临行之时,芜湖各学校500多名师生聚集芜湖码头,为受到芜湖公立职业学校校董会不公正对待的曹渊、李坦两人送行。这也充分表达了他们对曹渊的正义行为的支持和对芜湖公立职业学校的最强烈抗议。

曹渊和李坦到上海以后,找到了同乡胡萍舟(即胡允恭)。胡萍舟当时在阜丰面粉厂厂主家担任家庭教师。他虽然无力帮曹渊、李坦在上海谋事,但曹渊、李坦在上海租了一个灶披间勉强住下以后,曹渊却在胡萍舟处借阅到了《新青年》《向导》《共产党宣言》《阶级斗争》等进步杂志和马克思主义的著作,并夜以继日地阅读。这对曹渊的思想影响极大。1923年,胡萍舟考取了上海大学社会学系,李坦被父亲召回安徽老家,在胡萍舟的帮助下,曹渊就住进了上海大学学生宿舍,成了上海大学的一名旁听生。在上海大学,曹渊听了许多课程。当时邓中夏、瞿秋白、蔡和森、张太雷都在上海大学任教,曹渊这个旁听生听了这些中国共产党早期领导人和杰出理论家的课程,又看到了他们授课的讲义《社会科学概论》《哲学概论》《社会进化史》《世界工人运动史》等,自己又阅读了大量的理论书籍,受到了马克思主义理论的洗礼,政治思想觉悟得到了很大提高,接受了马克思主义,认清了革命的方向,对革命理论和国内外形势都有了新的认识[①]。

1924年,曹渊考取了黄埔军校,于5月4日来到广州入学,成为黄埔军校第一期学员。入学不久,曹渊就加入了中国共产党。同年11月,曹渊以优异成绩从黄埔军校毕业,被派到黄埔军校教导团学生连任党代表。1925年2月1日,广东革命政府讨伐盘踞东江的陈炯明叛乱集团的第一

---

① 胡允恭著:《金陵丛谈·忆曹渊同志》,人民出版社1985年版,第61页。

从上海大学（1922—1927）走出来的英雄烈士

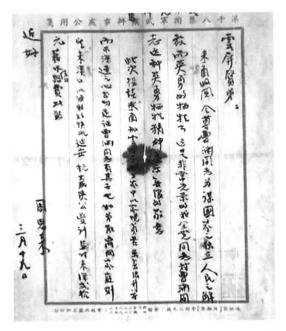

周恩来给曹渊之子曹云屏的信（1938年3月19日）

云屏贤弟：

    来函收阅。令尊曹渊同志为谋国家之独立、人民之解放而英勇的牺牲了，这是非常光荣的。我全党同志对曹渊同志这种英勇牺牲精神，表示无限的敬意。

    此次接读来函，知云屏弟尚在家中，以家境贫苦，虽无法升学，而求深造之心正切，足证曹渊同志有其子也。如弟能离开家庭，则望来汉口，以便转往陕北延安抗大或陕公受训，并附来洋二十元，借作来汉路费。此致

    近好

周恩来
三月十九日

次东征战役打响，曹渊和学生连连长曹石泉、副连长唐同德一起，率领学生连直接参加了这次战斗，学生连的"神勇"表现受到黄埔军校党代表廖仲恺的高度赞扬。6月，曹渊调任一团三营八连连长，在讨伐滇军总司令杨西闽、桂军总司令刘震寰叛乱的龙眼洞战斗中，敌军居高临下，三营进攻火力受到敌人压制。曹渊率部迂回敌后袭击成功，全营官兵士气大振，一举夺取胜利。10月1日，国民政府组成东征军进行第二次东征，周恩来任东征军政治部主任兼第一军党代表。曹渊所部第八连奉命为团预备队。战斗打响以后，曹渊率百余名官兵冒着敌人猛烈的炮火，击溃数倍于

曹渊：牺牲在武昌城下的北伐英雄

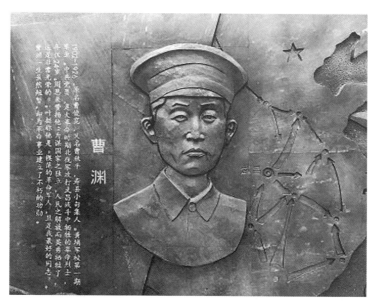

中共安徽第一面党旗纪念园里的曹渊浮雕像

己的敌人，挺进潮汕。后因功晋升为第一军第三师九团一营营长。

曹渊作为黄埔一期的高才生，在战场上英勇无畏，但他绝不是只知战场拼命的莽汉，而是有着共产主义信仰的共产党人。早在黄埔军校期间，在政治部主任周恩来的领导下，军校学生就组织了以共产党员和青年团员为骨干的"中国青年军人联合会"，曹渊是这个团体的骨干成员；在第一军中，针对以缪斌、贺衷寒、酆悌、孙良元等反动的孙文主义学会头目挑起的反共分裂、破坏革命的可耻行径，曹渊和许继慎、蒋先云、陈赓等共产党人团结在周恩来的周围，旗帜鲜明地予以揭露批判和斗争；1926年3月20日，由蒋介石一手策划的"中山舰事件"发生以后，正在家乡省亲的曹渊有机会在《革命》半月刊和《中国青年》上读了毛泽东的《中国社会各阶级的分析》一文，他坚定地对周士第说："我由此更加明白了中山舰事变的反革命本质了，我们要坚决反对蒋介石这个新军阀。"①可见，曹渊完全是中国共产党培养的一名新型的革命军人。

---

① 曹云屏编著：《求索——一门三烈士》，中共党史出版社2008年版，第199页。

从 *上海大學* 走出来的英雄烈士
（1922—1927）

1926年5月上旬，以共产党员和共青团员为骨干的国民革命军第四军独立团开始踏上北伐的征途。中共中央军委负责人周恩来应叶挺的要求，指派曹渊、许继慎、周士第等担任独立团各级指挥员和党代表。曹渊担任了第一营营长的职务。6月2日，叶挺独立团二营、三营被敌军围困，叶挺命曹渊率一营驰援，当夜赶到黄茅铺投入战斗。次日凌晨4时，独立团全线反击，击败敌军6个团，又乘胜追击，于5日占领攸县，取得北伐战争中第一次大捷。在进军龙山铺途中，曹渊部被敌援兵两个团包围。狭路相逢勇者胜。曹渊集中全营火力，在当地农协会的支援下，与敌人展开白刃肉搏，击溃敌军，并乘胜追击，于当日下午攻克醴陵，又配合友军连下浏阳、株洲。8月19日，独立团奔袭平江，一营奉命作为前卫，在曹渊的率领下，协同友军攻下平江。吴佩孚为了阻挡北伐军前进，拼凑了两万余人，亲自部署防御汀泗桥，并组成千余人敢死队，冲过汀泗桥，逼近北伐军第四军军部。叶挺急命曹渊率部支援。一营不畏强敌，经过连续厮杀，将敌军敢死队击溃，使军部转危为安，曹渊和一营官兵，受到传令嘉奖。8月27日，叶挺独立团占领汀泗桥。8月30日，在攻打贺胜桥战斗中，曹渊指挥一营救出身负重伤的二营营长许继慎，并组织一、二营官兵与敌军争夺贺胜桥头阵地，打败吴佩孚亲自指挥的敌军主力，攻克了通往武昌的要隘贺胜桥。

9月1日，各路北伐大军云集武昌城下，独立团受命担任宾阳门至通湘门之间的攻城任务，曹渊率第一营为突击前锋。全营大部分官兵临战前均留下家书，表示誓与敌人决一死战。9月5日凌晨，曹渊率一营冒着城头弹火竖起云梯，登城与敌军肉搏。由于蒋介石嫡系第一师师长王柏龄谎报军情，配合不力，致使敌军得以抽调兵力增援独立团主攻的通湘门地段。由此，担任攻城先锋的一营大部分官兵壮烈牺牲，仅剩十余人。曹渊见状，立即抽笔给叶挺写报告："团长：天已露晓，登城无望。职营伤亡将尽，现仅有十余人，但革命军人有进无退，如何处理，请指示。曹渊"①。写完报告后，曹渊不幸头部中弹牺牲，热血洒在武昌城下，年仅24岁。

曹渊战死沙场的噩耗传到团部，叶挺悲痛不已，下令部队直逼城下夺

---

① 曹云屏编著：《求索——一门三烈士》，中共党史出版社2008年版，第204页。

回烈士尸体。曹渊等烈士的牺牲精神激励着独立团广大指战员。10月10日,武昌城终被攻克。战后,中共独立团特别支部决定,将9月5日攻城战斗中牺牲的第一营官兵190人,与曹渊合葬于洪山,墓前的石牌坊上镌刻"浩气长存"四个大字,曹渊等烈士的英名永远留在了他们为之浴血奋战的大地上。北伐铁军独立团团长叶挺对自己这位忠勇的部将一直怀念心中。1938年2月23日,已担任新四军军长的叶挺在给曹渊之子曹云屏的复信中,称曹渊"是模范的革命军人,且是我的最好的同志,不幸殉职于武昌围攻之役。清夜追怀,常为雪悌"①。这一年的秋天,叶挺偕新四军参谋长张云逸从抗日疆场上专程来到寿县曹渊烈士家中,看望烈士亲属,并与其全家合影留念。

新中国成立后,曹渊被追认为革命烈士,事迹被编入《中华英烈传》。在曹渊家乡安徽寿县小甸镇,建立了寿县革命烈士陵园,曹渊的照片及光辉事迹陈列于陵园烈士事迹陈列室。

---

① 曹云屏编著:《求索——一门三烈士》,中共党史出版社2008年版,第7页。

曹蕴真：
安徽最早党组织小甸集特支的创始人

曹蕴真

中国共产党小甸集特别支部是1923年冬天成立的，直属党中央领导。小甸集特支是中共安徽省委第一个农村党组织，它对安徽省各地的革命和党组织的建设都起到了重要的引领作用，在安徽党史上有着重要的地位。特支的第一任支部书记为曹蕴真，他也是小甸集特支的创始人之一。

曹蕴真，原名曹定怀，生于1901年，安徽寿县人。幼年就读于反清革命党人张树侯门下，张树侯在讲课之余，经常给学生讲述徐锡麟、秋瑾等人反清的故事，并谈论时政，使曹蕴真自童年起就受到了新思潮、新思想的影响。1919年，曹蕴真考入芜湖公立职业学校学习，后留校任教。"五四"运动爆发以后，曹蕴真积极投入当地的反帝爱国运动，并大量阅读传播新思想和马克思主义的进步书报杂志，开始接受马克思主义。特别是他有机会听了恽代英关于"反对帝国主义""废除二十一条""青年运动道路"等演讲以后，更是受到启发和鼓舞，思想上有了新的提高，更加倾向革命。在这一时期，曹蕴真曾写下这样一首诗："祖辈辛勤夜不眠，严君整日重担肩。频遭欠岁难温饱，哪堪兵燹苦连年。国事纷纭病夫态，山河破碎不忍看。寻求真理狂澜挽，展望神州换新颜。"[①] 这首诗可以

[①] 中共安徽省委党史研究室编：《江淮英杰》，安徽人民出版社2006年版，第21页。

视作曹蕴真的明志诗,表达了他为真理而奋斗的革命志向。

1921年底,曹蕴真加入中国社会主义青年团;1922年春,由施存统介绍,在上海加入中国共产党。后受党组织派遣回到寿县,成立了中国社会主义青年团小甸集特别支部,曹蕴真被选为特支书记,受上海的中国社会主义青年团领导。1923年5月,"鉴于社会日趋险恶,改造事业急不容缓",曹蕴真和其他乡友在芜湖第二甲种农业学校发起并组织了"马克思主义学术研究会"等进步青年团体,研究社会问题,培养学生运动的积极分子。

1923秋季,曹蕴真考进上海大学社会学系。1923年9月3日的《民国日报》刊登了上海大学新生录取广告,其中有:大学部:社会学系一年级曹蕴真。和他一起进入上海大学社会学系的还有他的同乡徐梦秋、薛卓汉、薛卓江等人。曹蕴真在上海大学学习的时间很短暂。1923年底,他就根据党组织安排,回到家乡安徽寿县开展革命活动。

在寿县,曹蕴真以小甸集小学教员的身份从事革命活动。他先是建立了中国社会主义青年团小甸集特别支部,并担任支部书记。青年团小甸集特支的建立,为党组织的建立准备了条件。在寿县期间,曹蕴真和与他同时奉命回家乡的上海大学同学、共产党员薛卓汉、徐梦秋等人一起,

曹蕴真等党员创立的安徽第一个农村党支部"小甸集特别支部"纪念馆

从 *上海大学* 走出来的英雄烈士
(1922—1927)

积极开展工作,先后介绍了方运炽、曹练白、陈允常等人入党。条件成熟以后,根据党的指示,正式成立了中共寿县小甸集特别支部,由曹蕴真担任特支书记,接受党中央的直接领导。小甸集特支的建立,使寿县地区的革命活动有了一个强有力的领导核心。在曹蕴真的领导下,特支成员深入农村,调查和了解农村的实际情况,向农民宣传革命道理,启发农民觉悟,在农民中培养积极分子,及时发展党员、团员,不断壮大革命队伍。同时,又筹建了农会、妇女会等组织。在曹蕴真等特支成员的努力下,寿县地区的革命形势发生了新的变化,先后有20多人加入了中国共产党,并新成立了宋竹滩和瓦埠两个支部。这对安徽省农村革命运动的发展,都起到了重要的引领和推动作用。

1924年5月,曹蕴真根据党的指示,经过上海党组织的介绍,离开寿县考入黄埔军校,后留校担任政治部宣传科员。1925年又奉命回到寿县从事农民运动。创办了寿县第一个农民组织——寿县五区农民协会,会员达200多人。1926年初,又筹办中山学校,领衔发表《寿县中山学校发起宣言》。这一年年末,根据上级党组织安排,率领一批党员、团员到武汉参加了北伐军。1927年秋,大革命失败以后,党中央决定派曹蕴真等一批优秀共产党员到莫斯科学习,但曹蕴真由于长期为革命奔波而积劳成疾,致肺病急剧恶化,未能成行。党组织即派人护送他回寿县养病。在养病期间,他依然以革命乐观主义的精神继续忘我地为党工作。当同志们为他的病情不断加重而难过时,他说:"没有艰苦奋斗、流血牺牲,就不能换取革命的胜利。我把青春献给党,革命的鲜花会开得更红。"① 这年10月,曹蕴真终因病不治,在寿县逝世,年仅26岁。

为了纪念曹蕴真这位安徽最早的党组织创始人之一的革命烈士,2004年4月2日清明前夕,寿县人民在瓦埠镇建立了曹蕴真烈士纪念碑,并举行了简朴而又隆重的落成仪式。现在,曹蕴真烈士纪念墓碑已成为安徽省革命传统教育基地之一。

---

① 中共安徽省委党史研究室编:《江淮英烈》,安徽人民出版社2006年版,第24页。

陈 明：
"我们山东的一位有权威的理论家"

1939年秋天，中共中央山东分局政府工作部部长兼统战部部长陈明，指导沂水县六区的民主建政，随后，为《大众日报》撰写了以《拥护民主政权》为题的社论。中共中央山东分局书记朱瑞看到以后，称赞陈明说："我们山东的一位有权威的理论家。"

陈明

陈明，原名若星，字少微，生于1902年，福建龙岩人。1917年，升入龙岩省立第九中学。1919年"五四"运动浪潮波及闽西，陈明和当地的进步青年积极响应北京的爱国学生运动，走上街头加入了当地的反帝反封建的爱国运动。在运动中，陈明接触并吸收了新思潮新文化，耳目为之一新，精神面貌起了很大变化。1921年，19岁的陈明从省立第九中学毕业，回乡到白土桐岗小学任教。在这期间，他与邓子恢、章独奇等一起，创办了奇山书社，集资购买了《新潮》《新青年》《共产党宣言》《湘江评论》《向导》等进步书刊，共同学习和研究，探索救国救民的道理。并于1923年，与邓子恢等共同创办了以"改造旧社会，宣传新文化"为宗旨的进步刊物《岩声》月刊，由陈明担任主笔。《岩声》月刊持续办了三年多的时间，出版40余期。陈明在《岩声》上发表过《争取我们的自由》等许多政治观点鲜明、文笔犀利的文章。奇山书社成为闽西地区最早传播马克思列宁主义的青年学术团体。后来，陈明又来到厦门，先后在集美中学和中山中学任教。在这期间，陈明加入了中

国社会主义青年团。

1925年秋,陈明来到上海,进入上海大学社会学系,以半工半读的方式进行学习①。这一时期进上海大学读书的包括秦邦宪(即博古)等。在学校任教的中共早期党员有蔡和森、萧楚女、恽代英、施存统、侯绍裘、蒋光慈等。上海大学学生、中共党员李硕勋、郭伯和、林钧等也都活跃在不同的革命工作岗位上。在这样一个充满革命朝气的环境里,陈明进一步受到革命教育和锻炼。10月,陈明加入了中国共产党。1926年7月,受党的派遣,陈明离开上海大学,到广州参加了北伐军,在东路总指挥部政治部负责宣传工作,并兼任情报股股长。北伐军攻占福州后,任国民党福建省党部宣传部部长兼《福建评论》社社长和《国民日报》主编。1927年春,任中共龙溪中心县委书记,在厦门、龙溪沿海一带从事工农运动。

"四一二"反革命政变后,陈明化装到武汉向党中央汇报情况。7月,任中共中央福建省党务特派员,回福建整顿恢复了党组织,重建了中共闽南、闽北两个特委,陈明任闽南特委书记。12月,在漳州主持召开中共闽南、闽北特委及各县党组织负责人联席会议,成立中共福建省临时委员会,被推选为书记。此后,在全省领导恢复两个市委,建立5个县委和4个县的特支,并在龙岩、上杭等县发动农民武装暴动,在福州、厦门等市开展工人运动,建立起赤色工会,为大革命失败以后的福建地区的党组织重建和革命工作的继续开展作出了贡献。

1928年9月,根据党组织的安排,陈明赴苏联莫斯科东方大学学习。1931年冬天奉命回国,进入中央苏区,任红军第一方面军总政治部宣传部宣传科科长兼瑞金红军学校教官。1934年10月,随中央红军长征。遵义会议后,调干部团任教,后期任训练科科长和政治委员。1936年,任中国工农红军大学高干科教员。1937年全国抗战爆发以后,任八路军随营学校政治委员。1938年10月,调八路军115师政治部任宣传部部长。1939年3月,随军到山东,担任运南支队政治委员,率部活动在微山湖和京杭大运河一带。7月,调任中共山东分局政府工作部部长兼统战部部

---

① 山东省民政厅编:《齐鲁之光·山东省中华著名烈士事迹选(一)》,山东人民出版社2006年8月版,第549页。

陈明:"我们山东的一位有权威的理论家"

陈明烈士与妻子辛锐烈士的合葬墓

长。1941年4月,陈明任山东省战时工作推行委员会副主任委员兼秘书长,主持整个战时工作委员会工作。在山东工作期间,陈明不单单是写出《拥护民主政权》这样的好文章,还撰写发表了《关于芬兰问题和帝国主义的反苏阴谋》《宪政运动与群众运动》《新民主主义的沂水参议会》《抗日民主政权》等一系列很有影响的文章,还起草颁发了《县区乡各级政府组织条例》《民众抗日自卫团暂行条例》等一系列法规,为山东抗日民主政权的建设巩固发展作出了重要贡献。

1941年11月,日伪军纠集5万余人马对沂蒙山区抗日根据地进行大规模扫荡。30日凌晨,陈明率抗大一分校部分学员和少量部队,在沂南与费县交界处的大青山与日军一个旅团遭遇,陈明沉着果断地指挥所部和日军激战,并指挥突围。最后在对日军的激烈作战中壮烈牺牲,时年39岁。

陈明的妻子辛锐,原名树荷,山东章丘人,是《大众时报》的创始人之一,为我党早期的新闻工作者,于1941年3月,与陈明结为夫妻。在日军的这次大扫荡中,时任山东姊妹剧团团长的辛锐,率20多位女兵与敌人周旋。在突围中不幸于12月17日壮烈牺牲。新中国成立以后,当地党和政府为陈明和辛锐这对结缡还不满一年的烈士夫妇修建了合葬墓,寄托了人民对他们永远的怀念。

崔小立：
坚持以笔为枪的学生斗士

崔小立

　　1925年12月8日，瞿秋白在上海大学作题为《国民革命与阶级争斗》的演讲，12月20日，这篇演讲稿就发表在由上海大学中山主义研究会主办的刊物《中山主义》周刊发刊号上，并写明"瞿秋白先生讲演，秦邦宪、崔小立记"。从现存的文献资料看，当年瞿秋白、萧楚女、恽代英等中国共产党早期领导人、理论家、演说家在上海大学的演讲稿，其记录整理者主要集中在秦邦宪、马凌山和崔小立三人，这三位上海大学的学生，也都是学生中的笔杆子、理论家，在学生期间，发表了许多宣传马克思主义理论的文章。

　　崔小立，原名崔绍立，乳名秋阳，又名晓立、尚辛，化名邵林书，生于1901年，浙江鄞县（今属宁波）人。自幼就读于本村小学，1916年考入宁波师范讲习所，1919年毕业后先后在家乡岩下小学和镇海蟹浦小学任教。在这期间，阅读了大量进步书刊，并自学外语，又为报纸杂志撰写宣传进步思想的文章。与友人崔真吾等在家乡组建"樟溪学社"，举办暑期学校，编印《新樟村》油印刊物，宣传进步思想和新文化。同时，还参加了当地的学生运动和工人运动，受到了新思想、新文化的熏陶和影响，接触了马克思主义，初步树立了革命思想。

　　1924年春，考进了上海大学社会学系。当时的上海大学，集中了一大批中国共产党早期领导者、理论家,如邓中夏、瞿秋白、蔡和森、张太雷、萧楚女、恽代英、施存统等担任领导和教授,尤其是社会学系,充满了马克思主义学习和开展革命活动的氛围。本来就有着一定理论基础和受到过新思想影响的崔小立,在这些无产阶级革命家、理论家的直接耳提面命下,系统地学习了马克思主义的基本理论,思想认识上有了一个质的飞跃。崔小立在认真学习理论的同时,还热心积极地参加学校的各项活动,很快就崭露头角。1924年11月,上海大学成立浙江同乡会,进校才半年的崔小立被公推为学术研究委员;第二年,也就是1925年3月,上海大学演说练习会进行改选,崔小立和中文系的学生诗人孟超担任记录;4月,上海大学浙江同学会召开会议,崔小立又被推选为调查委员;11月,上海大学中山主义研究会成立,崔小立和高尔柏、马凌山、江士祥、吴稽天等5人被公推为执行委员。同月,上海大学浙江同乡会开会改选领导成员,崔小立等当选为由7人组成的执行委员会委员。

　　在上海大学读书期间,崔小立不仅认真学习专业知识和理论,热心参加各种学生社团活动,还积极参加由党组织组织的各种政治革命活动,接受党组织的考验,于1925年5月加入了中国共产党。这年3月,崔小立作为上海大学的代表,参加了上海国民会议促成会第四次代表大会,并当选为该会候补委员。5月30日,崔小立根据党组织的安排,投身到演讲、游行行列,积极参加"五卅"运动。他根据指挥部统一安排,在南京路负责向市民发表演讲,结果被巡捕拘于老闸捕房,经5个小时后才被释放。6月4日,上海大学突遭英国巡捕和海军陆战队搜捕,教师和学生大量私人物品受损,崔小立的个人书籍也被搜去。在上海大学这所充满革命氛围的学校中,崔小立除了亲身参加革命实践活动以外,还发挥个人善于写作的特长,积极撰稿,用笔来投入反帝爱国运动。1925年6月15日,他在《上大五卅特刊》第一期上发表题为《我们应当怎样运用五卅事件?》的文章;6月23日,在《上大五卅特刊》第二期上又发表题为《五卅运动的各方面》的文章,在这篇文章中,崔小立指出:"这次五卅流血事件,是与国际帝国主义者发生直接关系的事,决不是只惩凶、道歉等关于个人交涉的事,更不是像大律师家所说一二人办事之暴行,少数警员之渎职的事。"文章揭露了帝国主义和反动军阀在这次"五卅"惨案

从 上海大学 走出来的英雄烈士
(1922—1927)

中所扮演的各种反动角色和无耻嘴脸，肯定了"工人方面在此五卅运动中充分地表现了反对帝国主义的奋勇的精神"①。1925年12月23日，崔小立在《上海大学三周年纪念特刊》上，发表题为《上大三周纪念的意义与我们今后应负的责任》一文。文章指出："在此国内军阀相互并吞全国人民奔走哀号于枪声炮火之下的时候，我们似乎也不必强颜欢笑，举行什么纪念会。然而我们从另一方面看：我们的上海大学自成立以来，迭受帝国主义者之压迫蹂躏，反革命派之阴谋破坏，而此为帝国主义者及其走狗所日夜嫉视咒诅之上海大学，居然有了三年的生命，这也为始不可纪念的事吧。而且我们的三周年纪念，并不是无聊的庆祝，我们是要察看我们上海大学过去的历史，来开辟将来的途径；我们是要估计我们上海大学过去的和帝国主义者及其走狗的血斗的力量，我们现在再重新检阅我们的队伍，所以我们上大的三周纪念，实含有重大意义。"②崔小立这篇文章发表于95年之前，至今读来，依然感到生气勃勃。可见当时以崔小立等为代表的上大学子对上海大学这样一所简陋但充满朝气的学校溢于言表的热爱和自豪之情。"五卅"运动后，中共中央为及时指导群众反帝斗争，创办了《热血日报》，由瞿秋白主编。上海学生联合会创办了《血潮日刊》，崔小立在这张报纸上，先后发表了《减价售现的拍卖》《上海总商会是什么东西》《斥帝国主义者走狗的言论》等文章，揭露帝国主义及其代理人的丑恶本质，体现出崔小立强烈的爱国和革命战斗精神。从崔小立在上海大学读书期间所发表的文章看，他不愧是一名以笔为枪的学生斗士。

1926年春，根据党组织的统一安排，崔小立赴苏联中山大学学习，专攻政治经济学。由于他自习过外语，因此在中山大学学习期间，又担任了苏联教师的翻译和助教。1927年4月、7月，蒋介石、汪精卫先后叛变革命，轰轰烈烈的大革命宣告失败，国内陷于一片白色恐怖之下。1928年春，崔小立奉命回国，化名邵林书，在上海、杭州开展地下斗争，从事工人

---

① 本书编委会编：《20世纪20年代的上海大学》，上海大学出版社2014年版，第659—660页。
② 黄美真、石源华、张云编：《上海大学史料》，复旦大学出版社1984年版，第246—247页。

运动和党的秘密工作。同年秋,他和沙孟海、江闻道、陈庆亨等合资在杭州开设"我等书店",以此为掩护,作为中共浙江省委的地下联络机关,并担任负责人。在开设书店期间,崔小立积极开展党的工作,发展了江闻道、陈庆亨为中共党员,并成立党小组,由崔小立担任组长。崔小立还建立了读书会,组织讲课和讨论,学习马克思列宁主义理论。其间,崔小立翻译了来自苏联的马克思主义经济理论的一些著作。12月,联络机关遭破坏,崔小立以"宣传共产主义"罪名被反动当局抓

崔小立(崔尚辛)所著的《少年经济学讲话》

捕,关押在浙江陆军监狱,判刑长达8年。在狱中,崔小立坚强不屈,坚持学习和研究马列主义,并帮助难友学习革命理论和外语。1936年获释以后,先后在自己家乡以及上海、南宁等地从事翻译马克思列宁主义的经济理论文献工作。1937年全面抗日战争爆发以后,崔小立奉命回到家乡进行抗战斗争,他组织了农民、石工成立垦荒团,拟以鄞西茅洋山为中心创建抗日游击根据地。1938年3月到1940年秋,先后在《浙东日报》、浙西《民族日报》、江西上饶的《前线日报》从事抗日宣传工作。皖南事变后,根据党组织的安排,积极营救关押在上饶集中营的共产党员和新四军战士。1941年以后,回浙东坚持武装抗日斗争,参加了在原垦荒团的基础上建立起来的浙江战时工作推进委员会鄞县自卫总队大队,任指导员,坚持敌后游击战争。崔小立和自卫总队副大队长旗帜鲜明,要把这支武装变成中国共产党领导下的抗日武装,但担任自卫总队大队长的严纪民系国民党员,他利用大队长的身份竭力要将队伍投靠到国民党当局以图升官发财,加之他又利用职务贪污,图吃图喝,崔小立便与他进行了坚决斗争。结果,怀恨在心的严纪民勾结国民党驻军的一个连长,于1941年8月

从 *上海大學* 走出来的英雄烈士
(1922—1927)

崔小立(崔尚辛)译著《通俗物理学讲话》

18日布下埋伏,将崔小立杀害于崔岙村环龙桥头,时年40岁[1]。崔小立没有牺牲在抗日战场上,却被国民党反动派暗害于自己的国土之上,不能不使人扼腕叹息。

崔小立在从事革命工作坚持对敌斗争的同时,一直坚持进行撰述和翻译工作,留下了一些著作和译著。如《战时经济学讲话》,署名崔尚辛,1938年2月由上海杂志公司出版发行;《少年经济学讲话》,署名崔尚辛,1927年由开明书店出版发行。译著有译自苏联皮莱曼的《国防物理学讲话》《通俗物理学讲话》等,署名崔尚辛,都由上海杂志公司出版发行,其中《通俗物理学讲话》在新中国成立以后还重新印刷发行。

---

[1] 中共宁波市鄞州区委党史办公室、宁波市鄞州区民政局编:《鄞州革命英烈传》,中共党史出版社2011年版,第46页。

邓中夏：
上海大学办学正规化的奠基人

1923年12月5日，上海大学评议会通过了新制定的《上海大学章程》，明确提出了上海大学的办学宗旨："本大学以养成建国人才，促进文化事业为宗旨。"《上海大学章程》的制定和公布，是上海大学办学史上的一个里程碑，它取代了原先的《上海大学暂行校则》，标志着上海大学的办学开始步入正规化。《上海大学章程》的主要制定者，就是中国共产党的早期领导人之一——上海大学总务长邓中夏。

邓中夏

邓中夏，原名邓隆渤，字仲澥，生于1894年，湖南宜章人。读过私塾，后来进入长沙湖南高等师范文史专修科。1917年考入北京大学中文系。1918年以后，在俄国十月革命影响和中国共产党创始人李大钊的启发教育下，开始接受马克思主义。1919年发起组织北京大学平民教育讲演团，积极参加"五四"运动，任北京学生联合会总务干事，成为革命青年的代表人物。曾南下上海，筹备成立全国学生联合会。7月，参加少年中国学会，并于1920年9月、10月，先后任学会执行部副主任、主任，主持学会事务。1920年3月，发起并参加马克思学说研究会。李大钊组建北京共产主义小组，邓中夏成为最早的成员之一，后来又参与党的一大有关文件起草工作。1921年初，创办长辛店劳动补习学校，11月，出版进步刊物《劳动音》，在工人群众中宣传马克思主义。中国劳动组合书记部成

立后,负责北方部工作。中国共产党成立之后,邓中夏当选为社会主义青年团北京地方执行委员会书记。1922年5月,出席第一次全国劳动大会,会后任中国劳动组合书记部总务主任。7月,出席中国共产党第二次全国代表大会,当选中央执行委员。8月和10月,先后领导了长辛店铁路工人、开滦煤矿工人大罢工。1923年2月,又发动和领导了京汉铁路工人"二七"大罢工。根据中共二大的决定,在全国发动了劳动立法运动,起草了《劳动法大纲》。

1923年3月31日,遵照中共上级指示,邓中夏化装成商人模样,由北京赴上海,寓居在闸北宝山路宝山里82号。他化名"安石",寓意"安如磐石",开始了新的革命生涯[1]。4月上旬,经李大钊推荐,邓中夏出任上海大学总务长。邓中夏的到来,使上海大学校长于右任倍感高兴。为了表示诚意,于右任特派代表程永言到宝山路寓所迎接邓中夏到校履新。4月23日,《民国日报》和《申报》都报道了邓中夏就任上海大学总务长的消息。邓中夏从1923年4月到上海大学任职,1924年秋天正式辞去上海大学总务长的职务,他在上海大学工作虽然只有两年不到的时间,但对于上海大学的发展和壮大,可以说厥功至伟。综合起来看,邓中夏对上海大学主要有这几方面的贡献:

一是制定《上海大学章程》。上海大学于1922年10月成立后,办学的依据是《上海大学暂行校则》。随着上海大学规模初具,正如校长于右任所说,《暂行校则》"不足以应需要",急需要有一部新的章程并标明办学宗旨。1923年4月23日,上海大学在四马路(今福州路)同兴楼召开会议,决定由邓中夏负责制定学校章程。邓中夏以总务长的身份承担了章程的起草工作。程永言在回忆邓中夏起草章程过程时说:"他首先埋头苦干的,就是起草上海大学的章程。他花了不少时间,搜集了不少参考资料,是用十行红格纸写成的,规划宏伟,并确定了'上大'的教育方针。"[2] 1923年12月5日,上海大学评议会开会正式通过了由邓中夏主持起草的《上海大学章程》,章程中明确规定了上海大学的办学宗旨是:"养

---

[1] 冯资荣、何培香编著:《邓中夏年谱》,中国文史出版社2014年版,第137页。
[2] 程永言:《回忆上海大学》,载《党史资料丛刊(一九八〇年第二辑)》,上海人民出版社1980年版,第80页。

成建国人才,促进文化事业。"为什么要在上海大学确立这样的办学宗旨,邓中夏在发表于《上海大学周刊》上的《上大的使命》一文中作出了说明:"我们在这国际紧迫和国内扰乱的时代和环境之场合中,使我们大家都觉得建国是中国今日唯一的出路。我们教职员和学生,没有一个事前的会商和协定,却是不谋而合地凝成了一种共同的意志和希望。所以上大的宗旨,便不客气地把'养成建国人才'六个大字规定下来。再有一项是'促进文化事业',这是建国方略中应有的而且必要的一种手段。"[①] 由此可见,上海大学最终形成"养成建国人才,促进文化事业"12个字的办学宗旨,完全是经过深思熟虑的,符合当时时代和社会发展进步要求的。次年4月22日,上海大学又召开全体教职员会议,任命邓中夏为"办理扩充后章程事要"负责人,负责《上海大学章程》的修订工作。《上海大学章程》凡7章49条,内容除明确办学宗旨以外,还包括定名、组织与行政、学制、学年及休假、普通规则和附则等方面,它的通过、颁行和修订,为上海大学办学走上正轨奠定了重要基础。

二是出色地处理和完成了大量的行政工作。邓中夏有极强的行政工作能力,在此之前,邓中夏无论是在北京学生联合会、少年中国学会还是中国劳动组合书记部,都担任过总务主任等重要的行政工作。这也是邓中夏的老上级李大钊推荐邓中夏到上海大学担任总务长的一个重要原因。邓中夏在行政方面一个重要的工作就是筹建新校舍。上海大学原校舍湫隘,已不能适应学校发展,经过于右任出面交涉,决定将闸北宋教仁之墓地所在的宋园作为新校址。1923年6月24日,邓中夏会同建筑工程师到宋园勘查测量;8月12日,新成立的上海大学评议会举行第一次会议,会议决定成立校舍建筑委员会,任命邓中夏兼任委员长,全面负责新校舍的建设。11月17日,邓中夏在《民国日报》上发表《上海大学发展之将来》一文,介绍了今后上海大学新校舍建设的设想。后来由于种种原因,上海大学没能够在宋园建设新校舍,而是于1924年2月23日迁入公共租界西摩路(今陕西北路)新校址。25日,邓中夏在学校行政委员会第三次会议上作了《迁校情形报告》。这次会议又决定成立"上海大学

[①] 本书编委会编:《20世纪20年代的上海大学》,上海大学出版社2014年版,第540页。

建筑募捐委员会",邓中夏又担任委员。除此以外,邓中夏还要负责学校的经济、教材等工作。如在这一年的2月10日上海大学行政委员会举行的第二次会议上,邓中夏就以总务长的身份作了《上半年经济状况》的校务报告;这次会议还决定编辑出版"上海大学丛书",成立上海大学丛书审查委员会,邓中夏又被推定为委员,负责丛书的选题、编审等事务。

　　三是传播革命进步思想和马克思主义理论。邓中夏是中国共产党最早的一批党员之一,是早期马克思主义理论家,又是北京大学毕业的高才生。他到了上海大学以后,除了担负繁重的行政工作以外,还要担任教职,为学生授课,又要参加教师学生的各种活动。在这些工作中,邓中夏以传播革命进步思想和马克思主义理论为己任,影响和教育了上海大学的教师和学生。首先,邓中夏通过在各种会议上发表演说来传播革命思想。如1923年7月1日,上海大学举行美术科第一届毕业生欢送会,邓中夏发表了关于艺术与革命关系的演说。他说:"革命之手段不一,而假艺术手段以从事革命,其收效亦大,在目下无产阶级被压迫之时,吾人尤不能不以艺术宣泄和安慰被压迫者之痛苦。"①阐述了艺术在革命事业中的重要地位和作用;其次,暑假期间由上海大学发起的上海夏令讲学会,邓中夏作《中国劳动问题》演讲;邓中夏虽然行政事务繁忙,但他还是挤出时间担任教职。《上海大学一览》之《教职员一览表》明确记载邓中夏"教授学科"为伦理学、公民学。再次,他利用自己在上海大学担任领导的这个便利,扩大传播由上海大学编印的具有马克思列宁主义思想的教材讲义。1924年1月11日,中国共产党一大代表、中共山东地区负责人邓恩铭从青岛给邓中夏写信,汇报青岛书店筹备开业的有关情况,并要求邓中夏邮寄上海大学经济与社会学讲义。

　　四是致力于平民教育。平民教育是当时国共两党共同进行的一项工作。早在1921年初,邓中夏就在长辛店创办过劳动补习学校,对工人进行启蒙教育。1924年3月6日,国民党上海执行部召开第二次执行委员会会议,决定组织平民教育运动委员会,大力开展平民教育,要求全体同志参加此项工作。会上,邓中夏和毛泽东、恽代英、于右任、孙镜等9人被

---

① 《民国日报》1923年7月2日。

推举为"平民教育委员会"委员,邓中夏、孙镜和毛泽东还被推举为常务委员。4月1日,上海大学召开"平民教育大会",会议由邓中夏主持。在会上,邓中夏阐述了会议的宗旨和提倡平民教育的重要性。会议决定开办上海大学平民学校。4月15日晚上7时,上海大学平民学校举行开学典礼,有280名工人学生参加,100多名来宾和家属也参加了大会。邓中夏以上海大学总务长的身份出席了会议。16日,上海大学平民学校举行教务会议,恰与上海平民教育委员会常务会议的时间发生冲突,作为常委的邓中夏写信给另外两个常委毛泽东、孙镜,称:"弟因要参与上大平民学校教务会议,故不能到今日之常务会,特请刘伯伦兄为代表。"① 可见他对上海大学平民学校的重视。邓中夏作为上海大学平民学校的领导,不仅做好大量的行政工作,还亲自动手为平民学校编写教材。《民国日报》副刊《平民周报》从1924年5月31日的第12号起,分期发表了邓中夏为平民学校编写的通俗读物《劳动常识》。除了上海大学,邓中夏对其他地方办的平民学校也给予支持和帮助。他曾到吴淞铁工厂,出席该厂"平民夜校"的开学典礼,并应邀在会上作《关于平民教育》的演讲。邓中夏还指导刘华在工人集聚的沪西创办了"工友补习学校"。邓中夏为普及国民教育,提高工人觉悟,作出了实实在在的努力和贡献。

五是关心和帮助青年学生,为革命培养年轻革命人才。邓中夏作为上海大学的主要领导人之一,非常关心那些有志于求学的年轻人。刘华是上海大学初中部的学生,后来成长为杰出的工人领袖。当时在中华书局印刷所做工时,只有小学程度。上海大学代理校长邵力子将刘华要求进入上海大学中学部学习的请求函转给邓中夏以后,邓中夏非常重视,约了刘华到学校面谈。为刘华办好入学手续后,当面答应为刘华免除学费,要他用半工半读的方式完成学业。邓中夏还从自己的薪水中拿出一部分来补贴刘华的伙食费。上海大学学生钟复光,四川江津人,早在1921年就在四川夏令讲学会上认识了前来讲学的邓中夏。1923年,在邓中夏的鼓励下,钟复光从北京来到上海进入上海大学学习,她的学费食宿费都是由邓中夏负担的。在邓中夏、向警予、施存统等教导帮助下,钟复光很快就成长起来,

---

① 引自冯资荣、何培香编著:《邓中夏年谱》,中国文史出版社2014年版,第173页。

从 *上海大學* 走出来的英雄烈士
(1922—1927)

成为一名杰出的妇女运动和学生运动的领导人。侯绍裘是松江第一位共产党员,后来担任上海大学中学部主任。邓中夏对侯绍裘在政治上的进步成长起到了很重要的作用。邓中夏刚到上海大学,就和杨贤江一起介绍侯绍裘加入"少年中国学会"。1924年6月,侯绍裘在松江联合各界人士组成松江救国同志会,以"打倒军阀,打倒帝国主义,铲除官僚政治,提倡社会服务"为宗旨,成立了"新松江社",参加者有当地的进步青年40余人。邓中夏和上海大学的其他教授邵力子、恽代英、萧楚女、沈雁冰、陈望道等先后赴"新松江社"演讲,给予侯绍裘以极大的支持。侯绍裘后来到上海大学担任中学部主任,成为上海大学共产党的中坚力量,"四一二"政变后被国民党反动派杀害于南京,成为从上海大学走出来的一位英雄烈士。1924年1月1日,上海大学学生发起成立"孤星社"社团,邓中夏欣然接受学生的聘请,担任社团的顾问。他还介绍大连籍的青年团员杨志云进入上海大学社会学系学习,满足青年追求进步追求真理的强烈愿望。

邓中夏在上海大学工作期间,给同事、教师、学生都留下了极其深刻的印象。学生杨之华在回忆录中是这样评价邓中夏的:"邓中夏同志是学校的总务长,经常在办公室认真地工作着。他的头发很黑,眉毛又浓又长,眉心很宽。当他抬头看人的时候,两眼炯炯有光。他和同学们很亲近,常常和我们讲李卜克内西、卢森堡等共产党人的故事。"[1] 上海大学另一名学生许德良则说:"邓中夏在上大时,兼职很多,工作极忙,一般是下午挟一皮包来校,什么事都自己动手,工作能力很强,写东西很快。他一到上大就为学校的发展制定规划,写了《上海大学概况》。这个文件是上大发展规划最早的蓝图。""邓中夏在上大工作每月薪金八十元,但他和恽代英、萧楚女、任弼时等同志一样,生活都很艰苦。他每月薪金的一半,甚至大半,要用来为穷学生交学费。因为上大学校穷,学生也是穷的多,而学校规定,交不出学费可由教职员担保缓交,到期就由会计在担保者薪金中扣除。学生找邓中夏,他总是有求必应。他和学生关系很好,全校师生都很尊敬他,他是上海大学的奠基人。"[2]

---

[1] 本书编委会编:《20世纪20年代的上海大学》,上海大学出版社2014年版,第1105页。
[2] 本书编委会编:《20世纪20年代的上海大学》,上海大学出版社2014年版,第1152页。

邓中夏虽然在上海大学负有重任,但他并不是一名职业教育家,而是一名职业革命家。他受聘担任上海大学总务长,是受中共组织的派遣,是党的工作的一部分。即使在上海大学工作最繁忙的时期,他依然为党的事业奔波忙碌。1923年春,邓中夏担任中共上海地方兼区执行委员会委员长,负责上海、浙江和江苏党的工作。4月,当选为"少年中国学会"评议员;6月3日,就中国社会主义青年团内部与中国共产党闹独立的错误倾向及团的建设等问题,给团中央书记施存统写信,提出六点建设性的意见:一是政策须与共产党绝对一致;二是组织须保持独立;三是须绝对注重青年工人运动,相对地注重青年学生运动;四是须极力注重教育与训练;五是须注重体育与娱乐;六是须组织一健全有力的中央执行委员会。6月11日,施存统给邓中夏回信,表示"来信所论各节,弟本人大体极表赞同",并告诉他:《先驱》决定"把你的意见发表出来,供同志们公开的讨论"。他给施存统的信和施的回信,以《讨论本团此后进行的方针》为题,发表于《先驱》第22号上[1]。6月12日到20日,中共第三次全国大表大会在广州举行,邓中夏被选为中央执行委员会候补委员。这次会议还决定成立"中华全国总工会筹备委员会",邓中夏被任命为筹委会主任委员。8月20日,中国社会主义青年团第二次全国代表大会在南京召开,大会选举张太雷、恽代英、邓中夏等组成新的中央执行委员会。由于到会中央执行委员仅4人,不能召开第一次全体会议,于是暂时成立"临时中央局",由邓中夏任委员长。10月,他参与创办了《中国青年》杂志。在繁忙的工作之余,邓中夏还在党的刊物上发表了一系列关于工人运动、农民运动、青年运动和兵士运动的文章,提出了不少卓越见解,为当时的革命运动和党的理论建设作出了重要贡献。10月21日,代表团中央赴北京、天津、济南等地巡视团的工作,又奉中共北方区委之命,到北京蒙藏学校开展党团建设工作。据乌兰夫回忆,邓中夏等"通过个别谈心、介绍进步书刊、吸收我们听讲座等方法,向我们传播马克思列宁主义真理,启发我们的觉悟"[2]。在邓中夏的帮助下,乌兰夫等加入了中

---

[1] 冯资荣、何培香编著:《邓中夏年谱》,中国文史出版社2014年版,第140—143页。
[2] 乌兰夫著:《乌兰夫回忆录》,中央文献出版社2013年版,第39页。

国共产党，建立了第一个蒙古族党支部。1924年8月2日，国民党右派喻育之、曾贯五两人在国民党上海执行部无理取闹，要求致电广州国民党中央"分共"以及殴打跨党党员邵力子，而当时主持执行部工作的叶楚伧对此却采取了骑墙态度，邓中夏和毛泽东、恽代英等即致信孙中山，控告叶楚伧"主持不力，迹近纵容"，要求严惩喻育之、曾贯五，严肃党纪，旗帜鲜明地表明了中国共产党在统一战线中的正确立场和态度。1924年秋，邓中夏因党的工作需要，正式辞去了在上海大学的教职。但是，在以后发生的"黄仁事件"、由上海内外棉八厂日本领班殴打中国女童工引发的罢工运动以及"五卅"惨案中，邓中夏作为党的领导，参加和指挥了这一系列的斗争活动，并在这些斗争中声援和直接领导了上海大学的教师和学生。

1925年6月，也就是"五卅"运动爆发一个多月以后，邓中夏任省港罢工委员会顾问和党团书记，他和苏兆征组织领导了震惊中外的省港大罢工。大罢工从6月19日开始，至1926年末结束，持续了16个月，前后共有25万名工人参与，创下了全世界罢工持续时间最长的纪录，在中国工人运动史乃至世界工人运动史上留下了不可磨灭的影响。邓中夏在1928年写成《中国职工运动简史》这部著名的工运史著作，他将省港大罢工的经验写入书中，这是最早总结中国工运经验和规律的著作。1943年延安解放社再版此书时，在"再版声明"中着重指出："本书不仅为职工运动中之宝贵文献，同时是中国革命运动史上的文献。"

1927年，邓中夏在中共五大上当选为中央委员，并在中共中央召开的"八七"紧急会议上当选为临时中央政治局候补委员，任中共江苏省委书记。1928年初任中共广东省委书记。不久，去苏联参加中共六大，当选为候补中央委员，并出席赤色职工国际第五次大会，被选为执行委员，会后任中华全国总工会驻赤色职工国际的代表。1930年7月回国，任全国总工会党团成员兼宣传部部长。不久任湘鄂西苏区特委书记和红二军团（后改编为红三军）政治委员和红二军团总指挥。1933年5月15日，在上海法租界被反动当局逮捕。在狱中，敌人对他动用酷刑，百般拷打，但他坚守党的秘密，不吐一字。后来，由于叛徒出卖，他的身份才暴露。蒋介石亲下手令，将邓中夏引渡到上海警察局，随即又被押往南京宪兵司令部监狱。曾担任上海大学校长的于右任,当时正在南京国民政府担任监察院院长,他和曾在上海大学担任总务长的邓中夏共事多年,也有着良好的私交。他知道邓中夏被解押到南京宪兵司令部以后,就找到宪兵司令谷正伦,要保邓中夏出狱,但遭到了谷正伦的拒绝①。在狱中,邓中夏再一次蒙受了酷刑的折磨,但他忠心不改,他对狱中党支部的同志说:"请告诉同志们,我邓中夏化成灰也还是中国共产党党员!"② 他自知敌人将要加害

邓中夏塑像

他,就给党中央留下遗书:"同志们,我快要到雨花台去了。你们继续奋斗吧,最后胜利终究是属于我们的!"③ 9月21日的黎明,39岁的邓中夏在敌人罪恶的枪声中昂然倒在雨花台下,为他毕生向往和追求的共产主义理想流尽了最后一滴鲜血。

---

① 冯资荣、何培香编著:《邓中夏年谱》,中国文史出版社2014年版,第422页。
② 冯资荣、何培香编著:《邓中夏年谱》,中国文史出版社2014年版,第420页。
③ 姜烁编著:《千古英雄绝命辞》,团结出版社2005年版,第248页。

董亦湘：
陈云和张闻天的入党介绍人

董亦湘

陈云和张闻天，都是中国无产阶级革命家、中国共产党的领导人。他们都于1925年加入中国共产党，他们有着一位共同的入党介绍人，那就是中国共产党早期党员、革命烈士董亦湘。

董亦湘，字椿寿，又名衡，谱名彦标，生于1896年，江苏阳湖（今属常州）人。家境贫寒，自幼进私塾，农忙时回家种田，过着半工半读的生活。19岁时在当地任塾师，挑起了养家糊口的重任。他虽然僻居乡间，但位卑未敢忘忧国，曾将"大丈夫以身许国，好男儿志在四方"之句刻于笔筒，置于案头，作为座右铭，表达了青年董亦湘强烈的爱国热情。

1918年，22岁的董亦湘告别家乡，来到上海，在商务印书馆编译所词典部当上一名助理编辑。商务印书馆本身就是人文荟萃、思想渊薮之地，将董亦湘带到了一个全新的境地。1919年爆发的"五四"运动，更是给董亦湘思想上以前所未有的震动，大大激发了其藏于心底的爱国热忱。他开始大量阅读进步革命书刊，自学英语、俄语，学习和研究马克思主义，并利用编译所这个得天独厚的条件，借助词典学习外文本的马克思、列宁的著作，马克思主义的理论修养和水平有了很大的提高。在工作中，董亦湘有幸结识了陈独秀、邓中夏、俞秀松、徐梅坤、沈雁冰等早期的共产党人，思想觉悟有了明显的提高，从而参加了中国共产党早期组织的活动。

1922年初，由沈雁冰介绍，他正式参加了中国共产党，成为一名无产阶级的革命战士。这一年的5月1日，董亦湘和沈雁冰、徐梅坤在北四川路（今四川北路）尚贤里对面的空地上，召开纪念"五一"国际劳动节的群众大会。1923年7月9日晚，中共上海兼区委第一次会议研究决定，将居住相近的同志重新分组，每组设组长一人。董亦湘与沈雁冰、沈泽民、杨贤江、张秋人被分在第二组，即商务印书馆组，由董亦湘担任组长。会议还讨论了国民运动问题，决定特设"国民运动委员会"，由沈雁冰担任委员长，董亦湘、林伯渠、杨贤江等人任委员；8月12日晚，中共上海地委兼区召开第七次会议，决定小组改组，董亦湘依然担任第二组组长；9月27日，中共上海地方兼区执委会召开第十五次会议，根据中央关于国民运动应包括劳工运动、妇女运动、学生运动、商人及农民运动等一切运动的意见，改组"国民运动委员会"，由董亦湘和邓中夏、瞿秋白、恽代英、张秋人等18人为委员。根据党组织决定，董亦湘还担任了商务印书馆党支部书记。

1924年1月21日，列宁逝世。24日，上海各界举行追悼大会，董亦湘在会上作了《告今日追悼列宁者》的演讲，向与会者介绍了列宁为世界无产阶级革命作出的伟大贡献，号召大家遵循列宁遗言，努力奋斗，使中国革命获得胜利。1924年4月，中共上海地方兼区执行委员会改组为中共上海地方委员会，原商务印书馆小组，改称闸北组，归闸北区委领导，董亦湘依然担任组长。

这一年，董亦湘根据党的指示，以个人名义加入了国民党，并在国民党上海执行部任国民运动委员会委员。就在这一时期，董亦湘结识了同在国民党上海执行部组织部任职的毛泽东，毛泽东赠送给董亦湘一本亲笔题名的《唐诗三百首》，董亦湘十分珍惜，一直珍藏在身边。后来，董亦湘又任国民党江苏省党部执行委员，他频频往来于上海、苏州、无锡、丹阳、镇江等地，根据中共党组织的指示，积极开展国民运动。在这一过程中，董亦湘对进步革命青年十分关心，注意培养，陈云、张闻天、孙冶方等就是这一时期由董亦湘介绍入党的。

董亦湘在上海大学担任教授，是在1924年7月到1925年7月这一年间。1924年7月1日，《民国日报》刊登《上海夏令讲学会简章》，称：由董亦湘主讲"人生哲学""唯物史观"这两门课程。这也是董亦湘在上海大

学任教的见面礼。在上海大学,董亦湘担任了社会学系"社会发展史"这门课的讲授,他还将自己编写的《社会发展史》讲义公开出版发行。上海大学根据学校的讲义,汇编了《社会科学讲义》共4集出版,广为传播,影响很大。其中收录了董亦湘的《唯物史观》《民族革命讲演大纲》等[①]。1924年11月,上海国民会议促成会召开第三次委员会会议,决定派出宣传员来宣传孙中山先生关于通过召开国民会议以谋中国统一与建设的主张,董亦湘被安排到无锡进行宣讲。1925年4月24日,董亦湘和上海大学其他教授沈泽民、恽代英、杨贤江、施存统、侯绍裘、张秋人等一起在《民国日报》副刊《觉悟》刊登题为《发起孙中山主义研究会征求同志》的启事。5月中旬,上海发生了顾正红被上海日华纱厂日人枪杀事件,董亦湘闻讯后即赴该厂,向工友表示慰问,对工人的正义斗争表示支持。接着,他根据党组织的指示,又和上海大学中学部主任、共产党员侯绍裘一起,发动工人参加示威游行。"五卅"惨案发生以后,董亦湘于次日晚上,发动商务印书馆的党团员与积极分子参加上海总工会在北河南路(今河南北路)上海总商会召开的大会,响应党的号召,参加罢工、罢课、罢市斗争。他组织人员到马路上去演讲,布置商务印书馆美术组人员画漫画贴到大街上。6月4日,按照中国共产党的决定,董亦湘和杨贤江、沈雁冰、侯绍裘等30余人发起成立上海教职工救国同志会,辅助学生组织,联络全国教职员一致行动,参与各种救国运动,并与当局交涉"五卅"善后事宜等。7月,董亦湘又和恽代英、沈雁冰、侯绍裘等上海大学教授应邀去吴江县黎里镇举办的夏令演讲会上讲课,董亦湘主讲了《民族主义》。秋天,他又应侯绍裘之邀,到上海大学中学部为学生作了《民族问题》的演讲。8月,董亦湘在《上大五卅特刊》上发表《民族革命讲演大纲》,认为只有"彻底了解民族问题,才能正确地从事于当前的民族革命的运动",论证被压迫民族争取民族解放的必要,宣传中国开展民族革命的道理。这一期间,董亦湘还在《民国日报》《对外旬报》《中国青年》等报纸杂志上发表大量文章,揭露帝国主义侵略罪行,宣传中国共产党的政治主张和

---

① 常州市武进区政协学习与文史委员会、常州市武进区炎黄文化研究会编:《中共早期革命活动家——董亦湘》,2006年9月(内部印刷),第23页。

路线,为启发民众的觉悟,起到了积极作用。8月23日,国民党江苏省党部正式在上海成立,董亦湘担任执行委员。他和同时在国民党江苏省党部担任常委的侯绍裘一起,为中国共产党的统一战线工作积极工作。同时,也结束了他在上海大学短暂的任教生涯。

就像在上海大学任教的其他共产党人一样,董亦湘在上海大学虽然只有一年不到的时间,但他无论在教学还是在革命斗争中,都给上海大学的师生留下了不可磨灭的印象,书写了上海大学红色斗争历史典籍中不可缺少的一页。

1925年10月,根据党组织的安排,董亦湘和俞秀松等赴莫斯科中山大学学习。由于他担任过大学教师,在学习期间担任了助教。在学期间,正值王明一伙大搞打击异己的宗派活动,董亦湘、俞秀松等和王明进行了激烈的斗争,正因为如此,董亦湘屡次受到王明的打击和迫害。1933年初,董亦湘被调到苏联远东哈巴罗夫斯克工作。1937年苏联清党时,被捕入狱。1939年5月29日,瘐死狱中,年仅43岁。

1959年1月,苏联中央军事检察院和远东军事法院发出通知和证明,

董亦湘纪念碑(陈云题)

从 上海大学 走出来的英雄烈士
（1922—1927）

对董亦湘作出"以无罪结案""恢复声誉"的结论。中国共产党十一届三中全会以后，中央对董亦湘的历史旧案进行了认真复查。1984年5月，中共中央组织部发出通知，为董亦湘平反昭雪，恢复名誉。1987年3月，经中华人民共和国民政部批准，董亦湘被认定为革命烈士。为了永久纪念董亦湘烈士，江苏省武进县委、县政府在烈士的家乡潘家后亭山建造了纪念碑，"董亦湘纪念碑"六个雄健有力的大字，由陈云题写。4月27日，武进县委、县政府隆重举行董亦湘纪念碑揭碑仪式，当地干部群众以及董亦湘亲属等1 000余人参加。揭碑仪式后，还召开了董亦湘纪念座谈会，曾担任过江苏省委副书记、副省长的老革命、老领导管文蔚在座谈会上发表讲话，他说："恽代英、董亦湘引导我走上革命道路，他们对我的教育和鼓励，是我永志不忘的。"①

---

① 常州市武进区政协学习与文史委员会、常州市武进区炎董文化研究编：《中共早期革命活动家董亦湘》，2006年（内部印刷），第34页。

方运炽：
安徽独山暴动的组织者和领导者

1929年11月9日，持续三天的安徽六安县独山暴动取得了胜利，成立了"三区工农革命委员会"和农民赤卫队。独山暴动的胜利，为安徽武装革命斗争开创了三个"第一"：打响了六霍起义全面爆发的第一枪；组建了第一支工农革命武装——安徽红军第一游击纵队，后合编为中国工农红军第十一军第三十三师；建立了第一个工农民主政权——三区工农革命委员会。独山暴动在安徽党史上有着重要的地位。这次暴动的组织者和领导人之一就是方运炽。

方运炽

方运炽，又名方英、高中林，生于1906年，安徽寿县人。他幼时从反清革命党人张树侯先生读私塾，与他的同乡、比他长几岁的曹蕴真为同一个启蒙老师。后到瓦埠小学接受小学教育。1919年，考入芜湖公立职业学校。他入校之时，"五四"运动已经爆发，因此，他在学校受到"五四"新文化运动的深刻影响，开始接触新思想，同时，联络各校学生，举行游行示威，抵制、焚烧日货，声援北京学生的反帝爱国斗争。1921年3月，中国共产党早期领导人恽代英应邀到芜湖演讲，方运炽深受教育和启发，更是激起了其改造不合理社会制度的热情，萌生了革命的念头。1923年5月，方运炽便和同乡曹蕴真、薛卓汉等一起创建了进步社团"爱社"，如饥似渴地阅读进步报刊，学习革命理论。同年，他和曹蕴真、薛卓汉、薛卓江一

起考进了上海大学。在上海大学,他系统地学习了马克思主义理论,又在已经在上海大学任教的恽代英以及邓中夏、瞿秋白、蔡和森、张太雷等中国共产党早期领导人的直接教诲下读书和参加各种政治活动,无论在政治觉悟、理论修养还是活动能力上,都有了很大提高。当年,他就参加了中国共产党。

由于革命工作的需要,方运炽没有在上海大学继续深造下去。不久,根据上级党组织的安排,他和曹蕴真、薛卓汉一起,回到家乡担负起在安徽寿县地区建立党组织的重任。经过艰苦的工作和努力,他们在1923年底,在寿县建立了中国共产党小甸集特别支部,直属党中央领导。小甸集特支是中共安徽省第一个农村党组织,在安徽党史上有着重要的地位。方运炽和曹蕴真、薛卓汉都是这一党组织的创始人。小甸集特支建立以后,方运炽负责瓦埠一带的工作。他以教书这个职业为掩护来从事党的工作。他深入农村调查,培养积极分子,发展党的组织,卓有成效地开展革命活动。1924年,方运炽在寿县中学组织了学生会,并以学生会的名义编印散发进步刊物。遭到校方反对后又组织学生进行罢课斗争。他还组织成立了寿县非基督教大同盟,反对帝国主义的文化侵略。1925年,上海爆发了"五卅"惨案,方运炽根据党组织的安排,立即组织"寿县各界'沪案'后援会",在城乡四处募捐,将募得的100多银圆汇往上海,声援上海参加"三罢"斗争的工人、学生和店员;又组织游行示威活动,声讨英、日帝国主义的罪行。

1926年的冬天,受党中央选派,方运炽赴莫斯科中山大学学习。1929年,由于国内革命工作的需要,奉命以"第三国际"东方特派员的身份回国,改名方英,来到上海,担任中共中央交通局秘书,负责党中央与各地的秘密交通联系工作。不久,担任外交科主任一职。9月5日,被中央指定担任中央高级训练班教务主任兼党支部书记,主持第三期的训练班工作。10月,根据中共中央指示,又以中央巡视员的身份,来到安徽各地视察和指导工作。10月初,经中共中央批准,方运炽在六安县郝家集召开六安、霍山、霍邱、寿县、英山、合肥六县党的代表会议,正式成立六安中心县委,以加强对六县革命运动的统一领导。根据中央指示,会议决定在11月中旬举行六霍(指六安、霍山地区)秋收起义。8日,由于六安独山数

方运炽：安徽独山暴动的组织者和领导者

千农民和敌自卫团发生武装冲突，六安中心县委指示各区立即发动武装起义。在方运炽等人的领导下，独山立即成立了革命委员会暴动总指挥部，由方运炽担任总指挥和党代表。在方运炽等领导下，独山暴动取得成功，为安徽的武装革命斗争竖起了一面鲜艳的红旗。

1931年2月，中共安徽省委成立，方运炽被选任为省委书记。但是，由于他正在安徽巡视工作，因此没能到任。中央决定由也是在上海大学读过书的安徽岳西人王步文担任中共安徽省委的第一任书记。3月27日，方运炽来到皖北巡视，在寿县上尊寺召开了寿县、凤台、阜阳三县县委的联席会议，决定建立皖北中心县委，并在寿县瓦埠镇举行武装暴动，建立了皖北红军游击大队。4月，皖西北成立特委，中央指定方运炽任鄂豫皖中央分局委员兼特委书记。特委在方运炽的领导下，大力开展六安、霍山、英山、霍邱、固始、赤城等地的党的工作，为皖西北根据地的建设作出了贡献。为了搞好皖西北根据地的思想建设和党的宣传工作，特委成立了由方运炽等5人参加的党报委员会，创办《火花》《红旗》等刊物，在党内宣传党的方针政策和革命理论，同时又加强了对白区的宣传。12月，根据中央决定，皖西北特委改为皖西北道委，由方运炽担任道委书记。方运炽在这一系列工作中，对进一步建设皖西北革命根据地、发展和壮大红军力量，都作出了卓越的贡献。然而，方运炽的工作，引来了担任鄂豫皖中央分局书记张国焘的不满。由于方运炽在工作中几度怀疑和抵制张国焘推行的"左"倾冒险主义路线和方针，张国焘就以所谓"肃反不力"为名撤销了方

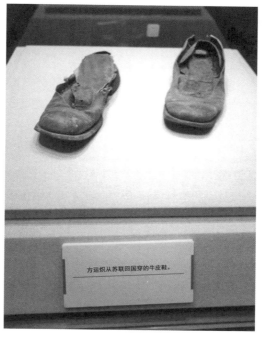

方运炽烈士遗物

运炽的职务,并加以"改组派"的罪名对方运炽进行残酷迫害,无情打击。1932年6月,蒋介石对鄂豫皖根据地发动第四次反革命"围剿",张国焘拒绝正确的作战方针,擅自率部撤离鄂豫皖根据地西进川陕。方运炽被迫随军而行。在行军途中,方运炽不幸身患疟疾,于9月病逝于行军途中,时年26岁。新中国成立以后,党组织为受到张国焘迫害的方运炽进行了平反,追认他为革命烈士,为其亲属颁发了烈属证。

龚际飞：
"不问个人瘦，但祈天下肥"

黄克诚是中国老一辈无产阶级革命家、军事家，他曾自述过自己入党的经过。那是在1925年10月的一天，他的同学黄庭芳对他说，已经找到了共产党的关系，把他俩的情况向党组织作了介绍，并代他提出了入党的申请。不久，中共衡阳区委的一位同志就约了黄克诚和黄庭芳去谈话。在谈话中，这位同志很严肃地告诉他们俩：党组织已接到他们两人的入党申请，经过考察，已正式批准接受他们为中国共产党党员，并说以后就由黄庭芳直接和他联系。在回忆中，黄克诚表达了党组织派人同他谈话以后的心情："我终于找到了中国共产党，并加入了党的组织，兴奋的心情使我好像换了一个人。此时，我精神上有了真正的寄托，思想上更加充实，胸怀豁然开朗，参加群众运动的积极性更高了。"① 代表党组织找黄克诚谈话的，就是当时中共衡阳区委的龚际飞。

龚际飞

龚际飞，原名际虞，字子熙，1903年出生于湖南湘乡梓门乡（今属双峰）。他6岁入私塾，1918年进入县立双峰高等小学学习，1921年到湘乡驻省中学读书，不久转入长沙兑泽中学。1922年1月，加入社会主义青年团。在兑泽中学，龚际飞积极参加各种反帝爱国运动。1923年6月1日，

---

① 黄克诚著：《黄克诚回忆录（上）》，解放军出版社1989年版，第22页。

从 **上海大學**(1922—1927) 走出来的英雄烈士

长沙在反日斗争中发生了"六一"枪击惨案,龚际飞带领学生宣传队积极奔走呼号,声讨日军暴行,参与组织了湖南各界追悼死难者的大会。在这年夏天,湖南省学生联合会改选,龚际飞当选为省学联委员。随后,他作为代表,到上海参加了全国学联组织的反日爱国动员大会。不久,他进入上海大学英国文学系学习。

龚际飞在上海大学读书留下的记载很少。从1924年4月编印的《上海大学一览》之《学生一览表》中可以看到,在"英国文学系一年级"一栏中,有"龚际飞,籍贯:湖南湘乡"字样。从1923年秋季到1924年,是中国共产党早期领导人在上海大学任教比较集中的时期,邓中夏、瞿秋白、蔡和森、恽代英、张太雷、施存统等当时都在上海大学担任教授。可以料想,龚际飞在这一时期在上海大学就读,不能不受到这些党的早期领导人、革命者、理论家的教诲和影响。龚际飞在这样的环境下,思想认识和觉悟有了很大的提高,接触和学习了马克思主义,逐步树立起共产主义的信仰。经蔡和森介绍,龚际飞加入了中国共产党。

从现存的档案中可以看出,1924年1月13日,中共上海地方兼区执委会举行全体党员会议,进行改选和重新分组,龚际飞被分在第三组,共12人。会议还决定刘拜农任第三组组长,刘拜农未到任之前由龚际飞代任组长。

1924年夏,龚际飞受党组织的派遣,回到湖南,以《通俗日报》记者的身份参加革命活动。他根据党的指示,参与了国民党湖南省党部的筹建工作。1925年5月,国民党湖南省第一次代表大会在长沙召开,龚际飞被选为省党部执行委员兼宣传部部长,后改任青年部长。不久,他又担任中国共产主义青年团湖南区委执委,与夏曦等组成宣传委员会,负责全省团的宣传教育工作。后又被派到衡阳任团地委书记。1926年4月,龚际飞奉调到长沙任职,他与杜修经等人组成新的学运委员会,领导湖南全省的学生运动。12月,湖南省同时召开第一次工人代表大会和农民代表大会,龚际飞从事大会的组织和宣传工作,多次撰稿报道大会的有关情况。20日,毛泽东同志出席了湖南全省第一次工人代表大会和第一次农民代表大会联合举行的欢迎大会,并在欢迎会上作《工农商学联合的问题》演说。27日,毛泽东又以国民党中央候补执委的身份出席这两个大会联合举行的闭幕会,在会上作了关于革命统一战线问题的演说。龚际飞对于毛泽东参加会议和发表演说的情况都作了重点报道,同时又及时传播两个会议的精神,对于湖南工农运动在宣传鼓动方面起到很大作用。

1927年春,龚际飞同李维汉、郭亮、夏曦一起,接受中共湖南省委派遣,到湖南省总工会创办的工运讲习所任教。蒋介石在上海发动"四一二"反革命政变以后,龚际飞根据革命形势发生的突然变化,在工运讲习所上课时及时发表了《湖南工人运动当前应注意的几个问题》,提出:"现在中国国民革命已经到了一个严重时机,可以说是中国革命运动的生死关头,领导国民革命的工人阶级,责任是何等重大!""湖南工人不革命便罢,如果要革命,就非武装起来不可。"龚际飞这个讲话,对于湖南工人运动如何应对反革命势力所可能发动事变,是有着振聋发聩的意义的。5月21日,"马日事变"发生,龚际飞按照党组织指示,于当晚潜往湘潭,旋回家乡,从事地下活动。不久,他奉命重返长沙,参加秋收起义的准备工作。10月7日,他不幸在长沙被捕。19日,即在长沙英勇就义,年仅24岁。

长期为革命奔波,夜以继日的工作,龚际飞身体极度虚弱。一天,他在照相馆拍了一张全身照,面对自己瘦弱不堪的形象,他信手在照片后面题曰"不问个人瘦,但祈天下肥",随即寄给家人。这看似一句戏言,实际上是龚际飞立志为革命随时准备献身精神的表达。龚际飞最后在刑场上慷慨就义,也用鲜血实践了自己的诺言。

顾作霖：
一个担任过红军总政治部代理主任的青年革命家

顾作霖烈士

在29集重大革命历史题材电视连续剧《红色摇篮》的第28集，讲述了红军广昌保卫战失败以后，中国工农红军总政治部代理主任兼红军第一方面军野战政治部主任顾作霖怒斥博古、李德闭着眼睛瞎指挥给红军造成的重大损失。他悲愤地说："同志们，是该面对现实的时候了。我们再也不能闭着眼睛瞎指挥了，该清醒清醒了！""如果再给我一次重来的机会的话，我愿意用我的生命换回毛泽东的路线。我们真的需要他。"电视剧艺术而又真实地体现了顾作霖作为红军的高级将领，通过战场上血与火的斗争，认识到了毛泽东军事路线的正确。强烈要求毛泽东重回军事指挥的第一线。电视剧中的顾作霖，是从上海大学走出来的一位红军高级将领和英雄烈士。

顾作霖，字冬荣，1908年出生，江苏嘉定（今属上海）人。7岁进私塾接受启蒙教育，1919年考入嘉定县第一高等小学。在校读书期间，就受到"五四"运动反帝爱国思想的影响，参加了抵制日货的游行活动。1922年，考入南京东南大学附属中学。在国文教师穆济波的影响教育下，读到了《新青年》《向导》等进步刊物，初步接触了马克思主义。1923年，共产党人宛希俨在学校发起组织的进步社团"合作社"，出版《合作》月刊。顾作霖参加了这一学生社团，并很快成为其中的骨干，那一年顾作霖才15岁。1924年，顾作霖有机会听了中国共产党早期领导人恽代英、萧楚女等近10次的演讲,思想上受到很大的影响,开始接受并学习马克思主义。1925年5月30日,上海爆发了"五卅"惨案,消息传到南京,在学生中立即掀起巨大的抗议浪潮。"合作社"的全体成员把学校例行的晨会变作了控诉帝国主义、声援上海死难同胞的集会。顾作霖和学生们一起走上街头,发动工人起来罢工,并为罢工工人募捐钱款,来声援上海的"三罢"斗争。也就是在这场斗争中,顾作霖认识了全国著名的工人领袖、共产党员王荷波,并得到了他的当面教诲。由于顾作霖积极参加了南京地区声援上海"五卅"运动,结果被学校当局除名。于是,顾作霖来到上海,先是考进暨南大学,随即转入上海大学。

1925年7月20日的《民国日报》刊登了由上海大学学务处发布的《上海大学录取新生布告》,其中记载社会学系三年级正式生,第一名就是顾作霖。可见顾作霖入校直接是从三年级开始就读的。顾作霖入学以后,很珍惜这个学习机会,他抓紧一切时间用功读书,我们可从他写给祖父的信中了解到其读书用功的程度:"孙男自入校后,即勤勉读书,勿稍怠惰。虽清晨夜半,亦不自歇息。是故学期考试得以名列前茅,受师长之赞誉,启学友之羡慕。""孙男因之更惕厉,冀日益进步,而抵于成,为社会谋幸福,作建国之伟业。"顾作霖还向祖父表示:自己虽然"身体孱弱,难堪过度之劳","自知精力有限,用功不宜过度","但少年时光,又何敢虚掷分寸耶!"[①]从这封信中,一方面可以看到顾作霖立志求学的态度,另一方面也从另一个侧面反映出上海大学对知识文化的学习要求还是很严格的。顾作霖在上海大学读书期间,中国共产党早期领导人、理论家、宣传家恽代英、蔡和森、萧楚女、沈泽民、李汉俊、施存统等都在学校任职或兼职,更何况他在一年之前就在南京多次聆听过恽代英、萧楚女等人的演讲,思想上早已接受了马克思主义。现在,他正式进入上海大学求学,得以在恽代英、萧楚女等共产党人的直接教育下,除了获得社会学专业方面的知识和其他社会科学方面的知识以外,顾作霖的马克思主义的基本理论和素养无疑有了根本性的提高。上海大学社会学系的教学,非常注意与实践相结合,尤其是在学校任教的恽代英、萧楚女等共产党人,都肩

---

① 胡华主编:《中共党史人物传(第十八卷)》,陕西人民出版社1984年版,第46页。

顾作霖给祖父的信

负着革命工作的担子,因此,顾作霖从一入学开始,就在党的领导下,深入工人集聚的沪西小沙渡地区,了解工人工作和生活的实际状况,实地调查工人所受到的剥削和压迫状况。他还到浦东,和党组织一起在烂泥渡路典当弄办了个平民学校,和杨之华等一起为工人上课。顾作霖上课通俗易懂,用工人的语言来讲解革命道理。如在宣传反基督教时,他对工人们说:帝国主义给我吃过迷魂药,要我们听上帝的话:人家打你的左脸,你要给他打右脸,人家脱了你的外衣,你要连内衣也脱给他,你要忍受才能上天国。这些浅显易懂的话,有力地戳穿了那些骗人的鬼话。再如他给工人讲工作"三八制"的道理说:工人不能像时钟一样不休息。在讲到工人团结起来斗争才能出头翻身这个道理时,就用一根筷子容易断、一把筷子折不断来做比喻,说明团结才有力量。据听过顾作霖讲课的工人杨龙英回忆,"顾作霖给工人上课时,工人很喜欢听,常探问他什么时候能来上课"[①]。这种实际工作和锻炼的经历,使顾作霖的思想认识有了提高,革

---

① 上海市档案馆馆藏,档号:D10-1-54。

命的立场也更加坚定。这年冬天,他加入了中国共产主义青年团,第二年,也就是1926年初,他正式被批准转为中国共产党党员。

根据当时革命工作的需要,顾作霖入党后不久,就被党组织派到上海另一个工人集中的地区杨树浦,担任中共杨树浦部委委员、共青团杨树浦部委书记。1926年5月30日,为纪念"五卅"惨案一周年,在中共江浙区委的领导下,上海工人在南京路上举行了大规模的示威。杨树浦地区示威指挥部设在南京路沈大成点心店楼上,担任指挥的是中共杨树浦部委书记张叔平和共青团杨树浦部委书记顾作霖。1926年9月8日,中共上海区委召开特别会议,讨论并决定各部委、工会等领导成员名单,会议对顾作霖在杨树浦部委的工作作了充分肯定。11月底,中共江浙区委决定,顾作霖任中共江浙区委职工运动委员会委员、共青团江浙区委委员、组织部部长。1927年3月21日,上海第三次工人武装起义爆发,顾作霖参加了浦东地区的战斗。他率领一支工人武装队伍,攻下浦东四区警察署,随即又攻占三区警察署以及五福弄、陆家嘴、杨家渡等警察所,缴获大量枪支弹药。又根据统一部署,成立了浦东地区工人纠察队,配合全市取得了上海第三次工人武装起义的胜利。后来,顾作霖在《青年实话》第13期(1932年3月23日出版)上发表了题为《"三二一"—"四一二"》一文,记述了他参加并指挥的这场战斗。

大革命失败以后,为了重组遭到敌人破坏的山东省党团组织,顾作霖临危受命,被中共中央派任中共山东省委常委、共青团山东省委书记。在他的领导下,共青团在山东的活动很快恢复起来。1928年6月,在莫斯科召开的中国共产主义青年团第五次代表大会上,顾作霖被选为共青团中央委员。1929年4月,顾作霖调任中共江苏省委委员、共青团江苏省委书记,不久,又调任共青团中央组织部部长。1930年7月,中共中央决定在武汉建立长江局,由项英担任书记,顾作霖负责组织兼秘书处工作。1931年2月13日,中共中央政治局会议讨论苏区中央局组织调整,决定在周恩来到职前,由项英、任弼时、毛泽东、王稼祥、朱德、顾作霖等人组成苏区中央局。当时周恩来、任弼时、顾作霖还在上海。不久,中共中央派遣任弼时、王稼祥、顾作霖三人组成中央代表团到中央苏区传达中共六届四中全会精神,并参加中共苏区中央局的领导工作。4月上旬,在宁都,毛泽东

向中央代表团详细汇报了红一方面军第一次反"围剿"取得胜利的经过和第二次反"围剿"的准备情况。而顾作霖由此正式到达中央苏区工作。

在中央苏区，顾作霖先后担任共青团中央苏区书记，主持中央苏区青年团工作和领导青年运动。为了更好地向青年宣传党的主张，传达党和团的苏区中央局对青年工作的要求，共青团苏区中央局决定编机关报《青年实话》。1931年7月1日，《青年实话》创刊问世，顾作霖在创刊号上写了《建立团报的领导作用》一文，提出："这个报纸要成为苏区团的工作和群众工作的领导者，成为团在青年群众中扩大政治影响的有力的工具，成为青年群众的组织者。"在顾作霖等的努力下，《青年实话》最高发行量达到28 000份，仅次于《红色中华》，成为中央苏区的第二大报。为了培养共青团人才，顾作霖还创办了列宁团校，自己兼任校长。1932年12月24日，列宁团校第一期开学，朱德、周恩来、任弼时都应邀出席，任弼时还代表中共苏区中央局讲了话。1933年的2月间，毛泽东也应顾作霖邀请来到团校讲授了苏维埃运动史。4月26日，中华苏维埃中央执委会决定成立闽赣省，省会黎川，辖区包括建宁、资溪、崇安为中心的15个县的三个根据地以及信江、抚河等一些地区，中共中央又决定成立中共闽赣省委，任命顾作霖为中共闽赣省委书记。1934年1月中旬，中共中央在瑞金召开六届五中全会，顾作霖当选为中共中央委员、中央政治局委员；1月22日至2月1日，在瑞金召开的中华苏维埃第二次全国代表大会上，顾作霖被选为中央执行委员会委员。由于中国工农红军总政治部主任王稼祥负伤，中央决定顾作霖担任总政治部代理主任兼红军第一方面军野战政

顾作霖（左一）和毛泽东（右二）、朱德（左三）等在一起

治部主任。4月28日,由博古、李德直接指挥的广昌战役的失败,使亲身参加前线浴血奋战的顾作霖充分认识到博古、李德瞎指挥给红军带来的巨大损失,也为自己以前对毛泽东军事指挥艺术的不理解以至反对的幼稚行为而感到羞愧和自责。顾作霖原本患有肺结核病,地方艰苦的工作和前线激烈的战斗,使其病情急剧恶化。虽经瑞金红军医院全力抢救,终于5月28日去世,年仅26岁。

顾作霖逝世以后,中共中央、苏维埃中央政府、共青团中央和红军总政治部,都为顾作霖的逝世发了讣告。5月30日下午,在瑞金沙洲坝举行了有2 000多人参加的追悼会。1934年6月1日,《红色中华》发表悼念文章,称:"顾作霖同志九年来的英勇奋斗,在中国革命史上留下了光辉的名字,在共产主义青年团运动史上留下了光辉的名字。"

关向应：
忠心耿耿　为党为国

关向应

在20世纪60年代的学校语文课本上曾有过一篇文章，叫《在延安中央医院》。文章记叙了毛泽东同志到延安中央医院去看望正在养病的关向应同志的经过。这个真实的故事，曾教育了一代又一代的年轻人，也正是这篇文章，使我们初步了解了关向应这位受到毛主席关心的我党我军的高级领导人。

关向应，原名关致祥，字和亭，满族，生于1902年，奉天金州（今辽宁金县）人。10岁时入本村私塾，12岁时入金县亮甲店第二蒙学堂学习，16岁时到大连伏见台公学堂附设商科读书。1922年3月，先是当印刷工人，5月，进大连《泰东日报》任职员。在这一时期，关向应开始接受新文化和新思想的洗礼，积极参加反日爱国运动，在工人中宣传救国救民道理，参加工人夜校的工作。1923年5月，参加大连爱国青年自发组织的纪念"五四"运动集会。1924年，结识了来大连从事革命活动的共产党员李震瀛、陈为人，开始阅读中国共产党出版的机关刊物《向导》和理论刊物《新青年》以及其他一些马克思主义书籍，并在这一年4月，由李震瀛介绍加入中国社会主义青年团，关向应也成为大连第一个青年团员。

5月中旬，关向应来到上海，进入上海大学学习。这一年秋天，关向应曾给在家乡的两位叔父关戎羽、关成顺写过一封长信，信中说："侄之入上海大学之事，乃系确实，至于经济问题，在未离连以前，已归定矣，焉能一直冒昧？当侄之抵沪为五月中旬,六月一日校中即放暑假,况且侄之至沪,虽系读书,还有一半的工作,暑假之不能住宿舍耶,可明了矣。"①从这封信中可以看出,关向应在上海大学读书,是半工半读性质。根据党组织的安排,他一方面在上海大学学习,同时又在上海闸北市民协会从事革命工作。

关向应在上海大学半工半读的时间并不长。这一年的冬天,经中共上级组织的推荐考察,关向应被批准赴苏联,进莫斯科东方大学中国班读书。他写给两位叔父的信,就是在获知自己被批准赴苏学习后发出的。在这封信中,他除了告知叔父自己在上海大学读书以外,还表达了自己随时准备报效祖国、献身革命的抱负。他说:"侄此次之出也,族中邻里冷言嘲词,十六世纪以前的人,所不能免的。家中之忧愤,亦意中事,'儿行千里母担忧'之措辞,形容父母之念儿女之情,至矣尽矣,非侄之不能领略斯意,以慰父母之暮年,而享天伦之乐,奈国将不国,民将不民何?'天下兴亡,匹夫有责',爱本斯义,愿终身奔波,竭能力之万一,救人民于涂炭,牺牲家庭,拼死力与国际帝国主义者相反抗。此侄素日所抱负,亦侄唯一之人生观也。""侄现在已彻底的觉悟了,然侄之所谓之觉悟,并不是消极的,是积极的,不是谈恋爱,讲浪漫主义的……,是有主义的,有革命精神的。"②也就是在这一期间,关向应将自己的姓名"关致祥"改为关向应,志在响应主义之召唤,为之而奋斗。1925年1月,也就是关向应到东方大学学习不久,即加入了中国共产党。

"五卅"运动爆发以后,由于国内形势的迅速发展,关向应未能按原定计划完成学业,于1925年6月奉调回国,来到上海,从事工人运动和共青团工作。在上海工作期间,他曾接待过从重庆来到上海的女共青团员李伯钊。当时,李伯钊到上海来的愿望就是要进上海大学学习。关向应以共青团地方负责人身份接待了李伯钊。当他了解了李伯钊想进上海大学学习的想法以后,劝说李伯钊先到工人中去,他对李伯钊说:"到浦东去办工人夜校,教工人唱歌识字,这件工作有很大的意义。"他还鼓励李

---

① 中国革命博物馆编:《革命烈士遗书选》,贵州教育出版社1997年版,第379页。
② 穆欣著:《关向应传略》,中共中央党校出版社1992年版,第20页。

关向应长征日记手迹

伯钊说:"去试试看,如果不习惯再来住'上大'。"后来,关向应考虑到李伯钊一个女同志经常要来回渡黄浦江的困难,又把她调到曹家渡周家桥去办工人夜校。李伯钊从重庆到上海,是根据关向应的安排,先到工人中去工作,接受实际革命锻炼以后才进上海大学学习的。1946年7月29日,也就是关向应在延安中央医院病逝8天以后,李伯钊在延安《解放日报》发表《回忆关向应同志》一文,充满感激之情地回忆了她初到上海关向应对她的教育和帮助,文章说:关向应"始终坚持着要我在工人群众中工作,锻炼我,拒绝我进学校的要求。……我不能忘记他是如何耐心正确地培养着青年革命同志啊!"

关向应回国以后,先后在上海、山东、湖北武汉、河南等地工作,为恢复当地的党团组织、发动当地的武装起义作出了卓越贡献。1928年6月,出席中国共产党第六次全国代表大会,当选为中央委员。会后任共青团中央书记。1930年调到中共中央军事委员会工作,后任中共中央长江局军委书记。后又至上海参加工联的领导工作。1931年被捕,在狱中遭到百般摧残而坚贞不屈。半年后,经党组织营救出狱。1932年1月下旬,关向应奉命作为中央代表到湘鄂西革命根据地,任中共中央湘鄂西分局委员、湘鄂西军事委员会主席、红三军政治委员,与贺龙等率部转战湘鄂豫川黔边区。1934年7月,当选为黔东特区革命委员会委员。同年10月,他和贺龙率部与任弼时等率领的红六军团会师后,红三军恢复红二军团番号,他任副政治委员,与贺龙、任弼时统一指挥红二、六军团,很快创建了湘鄂川黔革命根据地。在贵州沿河县枫香溪会议上,关向应严肃批评了当时存在的"左"倾错误,会议通过了恢复红三军各级党团组织和政治机关,停止肃反,建立黔东根据地等正确决议。枫香溪会议把濒临绝境的红三军从"左"倾错误的危害中挽救出来,也让贺龙真正认识了关向应这位中央派来的政委。后来贺龙和关向应长期共事,两人相互了解,取长补短,相得益彰,树立了我党我军高级干部肝胆相照、精诚团结、长期合作的光辉典范。人们给他们写信或是他们自己签字,常常写作"贺关"。贺龙和关向应的老部下李井泉曾经生动地比喻说:"贺关"是我们一面旗帜上的两个名字,正如我们党旗上的镰刀斧头一样。

1937年全面抗日战争爆发以后,关向应任八路军120师政委。他与贺龙等同志率120师主力,东渡黄河,开赴晋西北抗日前线,开辟了晋绥抗日根据地。1937年10月,120师在贺龙与关向应的指挥下,在雁门关伏击日军汽车队,粉碎了日军两条交通补给线,对于迟滞敌人的进攻起到了重要作用。12月率120师主力开赴冀中,开展敌后平原游击战争。1938年3月10日至4月1日,与贺龙等指挥主力部队,连续收复了被日军占领的宁武等7座县城,为建设晋西北抗日根据地打下了巩固的基础。4月10日,毛泽东打电报给贺龙、关向应等,祝贺收复7座县城的胜利。电报说:"努力奋战击退敌人整个进攻,取得伟大胜利,中央诸同志闻之极为兴奋。"[①]1939年发生十二月事变,关向应率部星夜赶回晋西北,粉碎了反共顽固派的阴谋,挽救了晋西北的危局。同时协助贺龙、林枫等领导晋西北军民粉碎了日本侵略者的扫荡,并以极大的热忱致力于根据地的事业。

长期的戎马生涯,艰苦的战斗生活和紧张繁重的工作,使关向应积劳成疾。1940年11月,关向应病情恶化,根据中共中央和毛泽东的命令和要求,关向应离开晋西北赴延安治病。在治病期间,关向应参加了党内整风运动。他和正在中央医院治病的张浩一起,向中央提出,为受到王明"左"倾路线打击迫害的中国共产党早期工人领袖何孟雄、林育南、李求实等烈士平反昭雪,中共中央接受了关向应和张浩的建议,在1945年中央通过的《关于若干历史问题的决议》,肯定了这些同志的历史功绩,推倒了王明等强加给他们的种种污蔑不实之词。一个身患重病的人,还念念不忘为同志的政治生命昭雪,这充分体现了关向应、张浩这样的老一辈无产阶级革命家的高风亮节。

1945年4月23日到6月11日,中国共产党第七次全国代表大会在延安举行,关向应由于病情加剧,不能参加会议。24日,关向应根据自己病

---

① 穆欣著:《关向应传略》,中共中央党校出版社1992年版,第269页。

从上海大学(1922—1927)走出来的英雄烈士

关向应(中)与贺龙(左)、任弼时

情,送交七大会议一封向全党告别的信。信中写道:"我在此临死弥留之际,党的领袖,谨向党的七次代表大会,谨向全党同志紧握告别之手,切望全党同志无论,在任何时候,都在毛泽东同志领导下奋勇前进!全党全军应该像一个人一样,紧密地团结在毛泽东同志领导的中央周围,相信我们的党和中国革命是一定要得到最后胜利的。"①

1946年7月21日,关向应同志因肺结核病在延安逝世,年仅44岁。中共中央沉痛地向全党发出关向应逝世的讣告。7月23日,延安举行了隆重的关向应遗体安葬仪式,7月28日,延安各界追悼关向应同志大会在中央党校大礼堂隆重举行。会场悬挂着毛泽东和朱德的挽词。毛泽东的挽词是:"忠心耿耿,为党为国,向应同志不死。"朱德的挽词是:"模范的共产党员,终身为革命奋斗,百折不屈,死而后已。"毛泽东和朱德的挽词,对关向应同志革命的一生作出了高度的评价。"向应同志不死",也表达了我们今天对关向应这位曾在上海大学短暂学习过的英雄烈士无尽的思念和无比的尊崇之情。

---

① 穆欣著:《关向应传略》,中共中央党校出版社1992年版,第238页。

郭伯和：
奋战在上海工人第三次武装起义闸北前线的指挥者

> 我将为你高呼而狂号，
> 我将为你哀愤而悲啼，
> 我将为你完成你未完成的革命工作，
> 我们从此更热烈更奋勉，
> 我们要大家站在革命的前线，
> 先我们而死的黄仁同志啊，请你给我们些刺戟，
> 我们踏着你的血迹上前！
> 我为正义而牺牲的朋友哟，
> 我祝你光荣的死，
> 成为猛烈的导火线，
> 使革命的炸弹早日在赤日光中飞逬！

这是1924年10月10日在天后宫举行的纪念辛亥革命13周年的大会上，上海大学学生黄仁被国民党右派童理璋、喻育之等纠集的流氓殴打致死的惨案发生以后，同是上海大学学生的郭伯和为黄仁烈士写下的哀悼诗，表达了他将踏着烈士的血迹继续向前、"使革命的炸弹早日在赤日光中飞逬"的坚强意志。郭伯和与黄仁一样，也是从上海大学走出来的英雄烈士。

郭伯和，又名象豫，1900年出生，四川南溪人。他自幼刻苦自励，曾就读于张纯武老先生门下，读书用功，爱好写作。1915年，郭伯和进入县城高等小学念书，开始参加社会活动，并崭露头角。1916年，学校为蔡锷

从 上海大学 走出来的英雄烈士
(1922—1927)

郭伯和

将军举行追悼会，年方16岁的郭伯和成功地主持了这个追悼会，显示了他的组织和演说才能。高小毕业后，他以优异成绩考入省立第三中学，后转学宜宾叙属联中。"五四"运动爆发以后，他受到新文化和新思想的洗礼，萌生了反帝反封建的爱国愿望和追求进步的要求。他和其他有志青年一起，发起和组织了爱国救亡学生会，并任会长，在师生中积极开展革命宣传活动。

1923年，郭伯和考入了上海大学。1924年4月编制的《上海大学一览》之《学生一览表》中，在中国文学系二年级一栏中有这样的记载：姓名：郭伯和；年龄：二十一；籍贯：四川南溪；通讯处：四川南溪县田义街吉隆号转。从这份记载可以看出，郭伯和读的是中国文学系，并非是社会学系。然而，这并不影响他在学校里接受马克思主义思想和理论的系统教育和学习。他在上海大学就读期间，不但受到邓中夏、瞿秋白、恽代英、蔡和森、张太雷等早期共产党领导人的教诲，而且在他的同学中还集中了李硕勋、杨之华、余泽鸿、刘华、黄仁、何秉彝等一大批追求进步、认真学习马克思主义理论、信仰共产主义的优秀同学。他和同学们同气相求、同声相应，志同道合。1924年，他和李硕勋、余泽鸿等发起组织了"平民世界学社"，创办了《平民世界》半月刊。他还和同学一起，在邓中夏等老师的带领下，深入沪西工人集中的地区，创办平民夜校，编写教材，为工人们讲课，宣传革命道理，启发他们的阶级觉悟，提高他们的思想认识，帮助他们建立工会，培养工人运动的骨干。在实际工作中，郭伯和充分发挥了他的社会活动能力、组织能力和文字写作能力，受到党组织的培养和重视。这一年，他光荣地加入了中国共产党，成为一名无产阶级革命战士。

1924年10月10日，郭伯和与黄仁、何秉彝、林钧、王环心、王秋心等根据中共组织的安排，参加了在北河南路（今河南北路）天后宫举行的纪念辛亥革命胜利13周年的国民大会。在会上，国民党右派喻育之、童理璋等破坏庆祝大会的正常召开，并纠集一群流氓对上前和他们理论的黄仁、郭伯和、林钧、何秉彝拳打脚踢，大打出手。郭伯和、林钧等都身负重伤，黄仁还被流氓推下七尺高台，送到医院不治身亡，酿成了国共合作时期进步青年被国民党右派殴打致死的惨剧。郭伯和眼看着自己的同学和同志倒在血泊之中，不顾自己重伤在身，挺身而出，一方面和国民党右派斗争，和当局交涉，另一方面将黄仁急送医院抢救。黄仁牺牲以后，使郭伯和受到极大的震动和教育。他以极其悲愤的心情写下的悼念黄仁的诗章，表达了对战友的怀念，对国民党右派不思革命，反而对青年学生痛下毒手的罪恶行径的憎恶和反对。他还撰写了《黄仁烈士传》，刊登在《上大四川同学会追悼黄烈士特刊》上。通过这一次血与火的斗争洗礼，郭伯和更坚定了他同反动势力作坚决斗争的意志和决心。

10月13日，上海大学召开全体学生大会，成立上海大学学生会，郭伯和与杨之华、王秋心、刘一清、王环心、刘华、李春蕃7人当选为执行委员。1925年3月17日，上海大学学生会召开全体会议，改选了学生会执委会，郭伯和再次当选执行委员。

1924年11月，孙中山先生北上经过上海，代表中国国民党提出对时局的宣言，主张召开国民会议以谋中国统一与建设。为此，上海大学等27个团体等发起国民会议促成会筹备处。12月7日，上海国民会议促成会筹备处召集第二次代表大会，上海大学等92个公团共127人参加了会议。会议决定增加筹备委员8人，郭伯和与邵力子、林钧等8人当选。

1925年2月，上海日商纱厂工人举行大罢工。郭伯和遵照党的指示，在邓中夏的领导下，与刘华、杨之华等人前往声援，支持工人的斗争。在"五卅"运动中，郭伯和牢记共产党人的使命，不怕牺牲，挺身走在游行队伍的最前面。面对军警的阻拦和抓捕，郭伯和奋力和军警搏斗，身负重伤。6月4日，上海工商学联合会成立，郭伯和与上海大学另一名学生林钧被选为总务委员，负责上海工商学联合会的具体工作。11月4日，全国学生联合会临时代表大会在北京举行。郭伯和作为上海代表出席了这次大会，并被推选为大会主席，主持一切会务。会议取得圆满成功，也再次显示了郭伯和卓越的政治水平和组织才能。会议结束回到上海以后，郭伯和根据党的安排，来到工人集中的沪西地区，担任中共小沙渡部委书记，从事工人运动。1926年1月12日，郭伯和召开中共小沙渡部委全体

会议,讨论整顿部委、支部及发展组织等计划。郭伯和代表部委作报告。关于郭伯和在中共小沙渡部委工作的情况,从现存的档案中有一份记录于1926年4月的《上海区委组织系统、组织关系表及负责人、活动分子名单》,其中在"上海地方各部委委员名单"中明确记载"小沙渡:书记:郭伯和"。在"组织系统表"中明确记载"小沙渡部"所辖党支部共20个,党员400人。在工作中,郭伯和深入工人居住的棚户区,了解工人的生活疾苦,和工人交朋友,深受工人的欢迎和爱戴。

1926年6月18日,中共上海区委召开全体委员会议,在这次会上,郭伯和与罗亦农、汪寿华、赵世炎、贺昌等9人被任命为区委正式委员。7月1日,上海大学召开中文系、英文系丙寅级(丙寅年即1926年)毕业典礼,郭伯和获得上海大学颁发的文学士学位证书。9月8日晚上9时,中共上海区委举行特别会议,讨论并决定各部委、工会等领导成员名单。会议讨论了郭伯和在担任小沙渡部委书记期间的表现,会议记录称:"小沙渡,郭伯和很可应付,且最近很吃苦而进步,我意可调任闸北书记。"会议决定任命郭伯和担任中共闸北部委书记。这样,郭伯和又挑起了更重的革命担子。12月30日,中共上海区委召开会议,研究和讨论对国民党左派、右派的分析及对策,郭伯和参加了会议并发言谈了自己的意见。1927年2月5日,中共上海区委召开活动积极分子会议,分析目前的政治现状,郭伯和代表区委警告本月不请假不到会的同志。

1927年3月21日,上海第三次工人武装起义如期举行,郭伯和参与领导和部署了闸北地区的战斗。他率领闸北区工人纠察队,于下午4时左右,一举攻下五区警察署。在战斗中,他孤身冲入一个警察分署,勇敢地缴了敌人的枪。这次武装起义,闸北地区是最难啃的一块硬骨头,而北站、东方图书馆和天通庵车站这三处又是敌人盘踞和防守最严密的咽喉要地。在郭伯和的带领下,工人纠察队和上海大学学生纠察队苦战了一个通宵,于22日中午歼灭了天通庵的守敌,接着又伏击了从吴淞开来的军车,全歼了数百名增援敌军,拿下了闸北地区所有的据点,保证了上海第三次工人武装起义的全线胜利。3月26日,《民国日报》刊登题为《上大学生之革命运动》的报道,称:"本埠上海大学学生,此次于闸北宝山路、虬江路及东横浜路一带,与各工团合攻奉、鲁军,以及在五区收缴枪械及虬江路冲锋者,有龙树藩、郭伯和、张书德等10余人。而北火车站方面,亦有该校学生加入前线作战。"这从一个侧面记录了郭伯和等上海大学学生在上海第三次工人武装起义闸北战役中浴血战斗的真实场景。

4月12日蒋介石发动反革命政变,下令解散上海总工会,大肆抓捕、杀害共产党员。4月13日,上海总工会召开工人大会,声讨蒋介石。会后,十万多名工人、学生到宝山路国民党26军第二师周风歧司令部请愿。国民党反动派用武力镇压示威游行队伍,制造了"宝山路惨案"。工人们不畏强暴,奋起反抗,郭伯和率队坚守在东方图书馆后面一座楼上,顽强抵抗敌人的进攻,一直坚持到次日早晨,终因寡不敌众而被迫撤退。

大革命失败以后,郭伯和转入地下斗争,任中共江苏省委组织部部长。6月26日,他与江苏省委书记陈延年等在开会时遭敌人逮捕。在监狱里,郭伯和正患痢疾,虽身受酷刑,但他坚不吐实,表现了一个共产党人的凛凛正气与崇高气节。7月31日夜晚,郭伯和从容就义于龙华刑场,年仅27岁。

何秉彝：
在"五卅"运动中英勇献身的革命烈士

何秉彝

1924年7月24日，《民国日报》刊登了题为《上海大学第一次录取新生》广告，公布了上海大学文艺院中国文学系、英国文学系、社会科学院社会学系、经济学系、专门部英算高等补习科、中学部等录取的新生名单，其中社会科学院社会学系总计招生正式生15名，名列第一的是何秉彝。何秉彝就此成为上海大学的一名学生。

何秉彝，字念慈，生于1902年，四川彭县（今彭州）人。出身于一个经营纸铺买卖的商人家庭。1918年进入彭县中学读书，品学兼优。1921年考入成都工业专门学校。何秉彝当时是怀着"实业救国"理想进入这所工科学校的，他满心希望能通过自己学到的技术和本事，为国效力。然而当时军阀连年混战、社会腐败的种种现实使他渐渐失望。在校期间，他阅读了《新青年》等进步刊物，思想上有了新的认识，视野也大开。他还参加了当时由恽代英、萧楚女在四川领导组织的、在成都颇有影响的进步团体"学行励进会"，并成为其中的骨干。在这个组织中，何秉彝通过读书活动，学习到许多新的东西，并关心国事，视野更加开阔。1923年4月，他在给父亲的信中，表达了自己对社会的不满和思想上的觉醒。他说："若谨遵严命（指父亲之命）在此四川半生半死之学校中随便将此三四年处过，固然于金钱方面少用多矣，家庭乐趣成全完矣，又何尝不尽善尽美哉？诚如是，则对于目前虽觉善美，而推之将来，未必得当，实非谋长久福利之法，做完人事之本旨也"。① 于是他决定出川，冲出夔门，到上海另图发展。1923年上半年，何秉彝辞别父母和妻子及幼子，来到了上海。

1924年初，何秉彝经同乡李一氓介绍，考入上海大同大学数理专科班学习。一到上海，何秉彝就同同乡刘炬一起，组织了"彭县旅沪学会"，旨在"联络感情，敦厚乡谊，砥砺学识"，并计划出版刊物，宣传新文化新思想。当时，上海大学是在进步青年中影响很大的一所高等学校，何秉彝在大同大学学习之余，也经常慕名到上海大学旁听各类讲座。他被这些讲座尤其是被瞿秋白等共产党人讲的内容吸引住了。于是在这一年的7月，何秉彝离开大同大学，转入以瞿秋白为系主任的上海大学社会学系。

大同大学是民国时期一所著名的综合性私立大学，尤以理工科著称。现在何秉彝放弃已经就读的大同大学，到成立不久，条件、名气都和大同大学相差很大的上海大学就读，自然引起了何秉彝父母的疑虑和不满。6月28日，何秉彝在给父母的信中，专门向父母亲谈到了弃"大同"就"上大"的原因。在信中，何秉彝说：自己"已决定住上海大学了！这也是有理由，有缘故的"。其理由一是他要研究社会学。他说："生在这离奇的二十世纪的社会里，便要为二十世纪的社会谋改造，便要为二十世纪的人民谋幸福，即是要研究人类社会之生活的真理，及其种种现象，以鉴定其可否。"何秉彝向父母表示，这就是他要研究社会学的主因，也是他"个性的从好，志趣的决定"。二是在何秉彝看来，上海大学是"顶好的学校，信服它的社会科学是十分完善的。它的组织和它的精神，皆是男（何秉彝在父母前的自称）所崇拜而尊仰的，……所以男要住它，并不是盲从，并不是受谁的支配、吸引，更不是因男留恋上海而住上海大学的，实在是男个人的意志的裁判和解决与鉴定"②。何秉彝在给父母的信中谈到他选择就读上海大学的原因，也代表了当时很大一部分热血进步青年的共同想法。

---

① 中共彭州市委党史研究室编著：《那些年的青春与热血——何秉彝、何秉钧书信论文选》，中国文史出版社2015年版，第19页。
② 中共彭州市委党史研究室编著：《那些年的青春与热血——何秉彝、何秉钧书信论文选》，中国文史出版社2015年版，第62页。

从 上海大學 走出来的英雄烈士
(1922—1927)

何秉彝进入上海大学社会学系以后,如饥似渴地学习各种文化知识和理论,在以瞿秋白为系主任的众多名师的教诲和引领下,何秉彝的政治觉悟和马克思主义的理论修养都有了明显的进步和提高。他在学习之余,积极参加校内校外的各种政治活动。1924年10月10日,他和黄仁、王秋心、王环心、林钧、郭伯和等上海大学学生等一起参加了在北河南路(今河南北路)天后宫举行的纪念辛亥革命13周年的国民大会。在会上,他和黄仁、林钧、郭伯和等一起,态度鲜明地支持在大会上发表反对军阀、反对帝国主义的演说,遭到国民党右派的围攻,并被由国民党右派雇来的流氓殴打。他的眼镜被弄坏,钢笔被抢走;他的同学黄仁则被推下主席台不治身亡,林钧、郭伯和也身受重伤。10月26日下午,上海大学等30多个团体在上海大学举行黄仁烈士追悼大会,何秉彝以同学和同乡的身份在会上介绍了黄仁的简历和参加反对军阀反对帝国主义的爱国斗争英勇事迹。他还在中共中央机关报《向导》周报上发表了《哭黄仁烈士》诗四首。诗中写道:"我的爱友黄仁呀!你死了;作革命之先锋,为青年的模范而死了,我只有将泪珠儿尽洒,眼帘而揉烂!不,尽我这残生,继你的素志,为革命而战!"从诗句可以看出,何秉彝除了对同学、同乡和战友黄仁之死表达无比悲愤之情以外,更是喊出了他决意继承烈士"素志""为革命而战"的心声。

11月17日,孙中山先生为争取国家和平统一,由广州北上北京,途中抵上海。上海大学的学生与社会各团体、学校代表共2 000余人,到外滩码头欢迎孙中山先生。上海大学学生在护送孙中山先生回寓所途中,高呼"打倒帝国主义""中华民族解放万岁"等口号,欢迎活动成为向帝国主义进行斗争示威的运动。巡捕房阻挠学生的爱国活动,竟将上海大学的校旗夺走。何秉彝等即奋不顾身向巡捕房交涉,抗议巡捕房的这种行为。最后在孙中山先生出面抗议下,巡捕房不得不将上海大学校旗还给了学生。校旗事件既使何秉彝经受了实际斗争的锻炼,也使他更认清了帝国主义仇视中国人民爱国热情的反动本质。事后,何秉彝在给父亲的信中讲了自己参加这一活动的体会:"此为中国人在上海租界里向外人示威运动之第一次。要知:租界里是不轻易许人游行、高呼的。但不得游行者,亦游行了;不得高呼者,亦高呼了,而外人全不敢加以干涉,可见中国民气之盛,外人亦略存有二分畏惧之心也!"①

12月9日,上海大学学生会召开大会,改选执行委员会,何秉彝和刘华、林钧等7人当选为新一届委员会委员。这是上海大学学生对何秉彝的政治觉悟、革命热情和活动能力的充分肯定。就在这一天,公共租界工部局警务处,借口上海大学出售中国共产党的机关报《向导》等刊物,闯进上海大学图书馆,没收了大量书籍报刊。何秉彝等闻讯即向巡捕交涉抗议,何秉彝义正词严地向

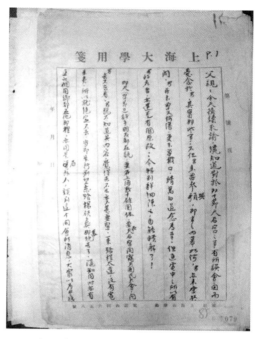

何秉彝在上海读书时写给父亲的信

巡捕说:"我中国人乃应享有种种特权,有语言、出版、看书、思想之自由。"针对巡捕要将学生抓捕坐工部局监狱的威胁,何秉彝和同学回答:"你们的牢狱虽大,但可能容纳我四万万的中华人民否?"12月19日,何秉彝写成《帝国主义蹂躏上海大学的追记》一文,发表在《向导》1924年第96期上。文章以悲愤之情,记叙了租界当局非法闯进上海大学,抄没上海大学大量书籍报刊的经过,揭露了帝国主义在中国国土上粗暴践踏中国人出版、言论、思想自由的卑劣行径。

1925年初,何秉彝担任上海学生联合会秘书,又当选共青团上海地委组织主任。他的工作更加繁忙。但是何秉彝在完成学业的同时,以更大的革命热情投身到更广阔的革命斗争战场上去。这一时期,他还发表了一系列的文章,来宣传革命理论和思想。2月10日,他在《民国日报》

---

① 中共彭州市委党史研究室编著:《那些年的青春热血——何秉彝、何秉钧书信论文选》,中国文化出版社2015年版,第78页。

1924年"彭县旅沪学会"部分成员在上海公园合影，左二为何秉彝

副刊《觉悟》发表题为《被压迫的劳动者起来呀！——为二七和列宁周年纪念而作》的文章，分析了无产阶级受压迫的根源，赞扬列宁领导俄国革命取得胜利的功绩。2月17日，又在《觉悟》上发表题为《官厅与罢工工人》，披露日商内外棉纱厂工人罢工真相，谴责外国列强与军阀政府残酷镇压工人运动的暴行。3月12日，孙中山先生逝世，举国悲哀。在上海大学举行的追悼大会上，由何秉彝宣读悼词。3月16日，何秉彝又在《觉悟》上发表题为《孙先生不死》一文，赞扬"孙先生之一切行为与思想，皆是建筑在被压迫民族之解放与利益上了"。文章号召全国被压迫的同胞团结起来，为完成孙中山的未竟事业而努力奋斗。在上海大学的学生中，像何秉彝那样，不但积极投身革命的实际斗争，而且用笔杆子宣传革命思想和理论的，并不多见。3月17日，上海大学学生会在校第二院召开全体大会，会议的议程之一就是改选学生会执委会，何秉彝再次当选执委会委员。这表明，何秉彝深受上海大学学生的肯定和拥戴。正因为何秉彝这种杰出的表现，他通过实际斗争的考验，光荣地加入了中国共产党。

5月30日，震惊中外的"五卅"惨案爆发。此前5月15日，上海日本纱厂资本家枪杀工人共产党员顾正红,并伤十余人。在中国共产党领导下,上海日本纱厂2万多工人立即罢工,各大学学生纷纷起来募捐,救济死难工人家属。帝国主义竟野蛮地逮捕学生,妄加"扰乱治安"的罪名,准备于5月30日审讯。为了加强对反帝斗争的领导,进一步研究斗争策略,中国共产党于5月28日在上海召开紧急会议,及时提出把工人阶级的经济斗争转变为反帝政治斗争的主张。会议决定在上海租界举行反帝大示威,抗议帝国主义屠杀中国人民的暴行,把运动推向高潮。

"上海大学四川同学会"在1925年6月3日向全国发出的《为烈士何秉彝君惨遭英人枪杀泣告全国同胞》影印件

5月30日,在上海大学教授恽代英为首的上海学联的指挥下,各校学生2 000余人在上海公共租界主要街道散发传单,发表演讲,揭露日人枪杀中国工人顾正红的真相,抗议帝国主义者逮捕工人、学生的暴行。在这次运动中,何秉彝担任示威演讲指挥总部的联络员。下午,帝国主义巡捕大肆捕人,仅南京路老闸捕房一处即拘捕学生100多人。于是,激起了聚集在捕房外万余群众的无比愤慨,他们高呼"打倒帝国主义"的口号,要求释放被捕学生。何秉彝站在示威群众的最前列。下午4时,英国捕头悍然向示威群众开枪射击,当场打死十余人,伤几十人,逮捕数十人。何秉彝被击中肺部,身受重伤。但他依然强忍疼痛,口中连呼"打倒帝国主义""中华民族解放万岁"等口号。第二天,也就是31日,何秉彝在上海仁济医院因抢救无效,不治身亡,年仅23岁。

何秉彝牺牲以后,上海大学等即成立了何秉彝烈士治丧委员会。6

从 *上海大学* （1922—1927） 走出来的英雄烈士

何秉彝汉白玉雕像

月3日，在北京的上海大学校长于右任对媒体发表讲话。他说："租界捕房对于请愿之学生，竟开枪轰击，死伤十余人，时非戒严，案非军事，来者为徒手学生，目的为请愿释囚，以其动机论，学生扶助工人，亦为人类互助应有之事，无罪可言；以其手段论，则游行请愿，固不能加害于捕房，试问租界捕房，凭何理由，据何权限，有何必要，而能开枪杀人乎？"于右任最后呼吁："上海此案，蹂躏人道，为世界稀有之暴举，是以我国民必须诉诸世界舆论，求彻底之申雪，想凡主持正义之各国人，亦必能同情于我也。"同一天，上海大学四川同学会发出《为烈士何秉彝君惨遭英人枪杀泣告全国同胞书》，将"五卅"惨案真相公之于众。《告全国同胞书》指出："此次'五卅'运动及烈士何君等之死难，在国民革命上之意义与价值，尤应有明白之了解"；"吾人继此之应有工作，则为收回租界，取消领事裁判权，反对协定关税制，以及打破一切特权。易词言之，即取消一切不平等条约，反对政治、经济、文化之侵略。"随后，上海各界为何秉彝等"五卅"烈士举行了隆重的追悼大会，同时展出了何秉彝等烈士的事迹、遗照和遗物等。1926年1月19日，何秉彝烈士遗体通过水路运回四川家乡安葬。1983年10月31日，中华人民共和国民政部批准何秉彝为革命烈士，并向家属颁发了"革命烈士证明书"；何秉彝家乡彭州建造了"秉彝亭"，里面安放了何秉彝汉白玉雕像。现在，秉彝亭是彭州重要的党史教育基地。

何秉彝是上海大学在校学生中,继黄仁以后,第二位为反帝斗争而英勇献身的革命烈士。他从1924年7月入学,到"五卅"运动为革命英勇献身,在上海大学学习的时间总共不到一年,但谁都不能否定,何秉彝是上海大学优秀的学生,是上海大学优秀的共产党员,是大革命时期革命青年的楷模,他永远值得我们学习和缅怀。

何尚志：
敢于向康有为叫板的大学生

何尚志

1923年11月，康有为应直系军阀、陕西督军刘镇华的邀请，到西安作为期两个月的讲学。在讲学过程中，康有为又大弹尊孔读经、"尊君主"、"畏大人"的老调。正在上海大学读书的学生何尚志见到这消息以后，立即给上海大学代理校长邵力子和《民国日报》写信、写文章，公开对康有为进行了批评和抨击。邵力子以《康有为和陕西》为题，在《民国日报》上以"通信"的形式回应了何尚志这封信，对何尚志给予有力的支持①。一个年轻的大学生，敢于在报纸上公开与所谓"圣人"康有为叫板，成为当时比较轰动的一件事。

何尚志，笔名上止，1897年出生，陕西耀州（今属铜川）人。他于1919年春天，考入三原渭北中学。进学校不久，"五四"运动爆发的消息就传到三原，何尚志立即投身到这一反帝爱国浪潮中。他和同学一起，到市民中演讲，张贴标语，散发传单，小小年纪的何尚志，充满着爱国热情。1921年12月，为反对列强瓜分中国的太平洋会议，何尚志又带头组织参加了演讲团，编印和散发传单，并冲破县当局的阻挠，上街游行示威。

1923年春，中学毕业的何尚志来到北京，准备报考大学。在京期间，他结识了一批旅京的陕西青年，并加入了他们组织的进步社团"共进

---

① 《民国日报》1924年1月20日。

何尚志：敢于向康有为叫板的大学生

社"，参加了他们的爱国活动。这年秋天，何尚志来到上海，考入了上海大学中国文学系。1924年4月编印的《上海大学一览》之《学生一览表》中的"中国文学系一年级"一栏中，记有"何尚志"之名。他是和戴朝寀（即戴望舒）、丁冰之（即丁玲）、孔令俊（即孔另境）、王剑虹等一届的。他也是这一栏中唯一的只有姓名，不见年龄、籍贯、通讯处记载的学生。在上海大学学习期间，何尚志受到了邓中夏、瞿秋白、蔡和森、恽代英、张太雷等在上海大学担任教授的中国共产党早期领导人的教诲，思想觉悟和马克思主义的理论水平有了很大的提高。1923年冬加入社会主义青年团，1924年转为中国共产党党员。在学习期间，何尚志还根据党组织的安排，利用业余时间，深入小沙渡、杨树浦等工人集中的地区，办工人夜校，到工人家中搞调查研究，访贫问苦，帮助工人提高思想认识和阶级觉悟。在上海大学举办的平民学校里何尚志义务为学员讲课，帮助市民学文化，提高思想觉悟。作为陕西籍的学生，何尚志一直坚持对当时盘踞在陕西的军阀刘镇华进行斗争，除了对刘镇华邀请康有为在西安讲学进行批评以外，他还在《共进》半月刊上发表文章，对某大学教授在其所写的《游秦记》中对刘镇华的吹捧行径进行揭露批评，呼吁陕西人民团结起来，将刘镇华赶出陕西。1924年9月13日，《民国日报》刊登题为《上海大学西北省区学生李秉乾等来函》的稿件，稿件批评了《民国日报》于12日刊登的关于"旅沪豫晋秦陇四省协会通电"四则，指出"当此举国讨贼之际，吾人唯有团结国民。一致作国民革命，根本推翻军阀制度"，而四则通电，却"求贼攻贼，何竟愚蠢"，献媚于直系军阀刘镇华之流。函稿要求报纸主笔主持大义，予以更正。这份函稿于12日从上海大学发出，共有李秉乾等8人署名代表上海大学西北省区学生30余人，其中何尚志署名在列。1925年1月，何尚志和马凌山等人一起，以上海大学陕西同乡会的名义发起创办了《新群》半月刊，宣传马克思主义思想和中国共产党的政治主张，揭露帝国主义及军阀孙传芳的罪行。3月12日孙中山逝世以后，《新群》于4月6日即出版了第七期"中山先生纪念专号"。在这期专号中，何尚志以"尚志"的笔名发表了题为《中山先生之死》的纪念文章。在文章中，何尚志列举了孙中山先生为中国革命作出的贡献，号召同胞"我们要真正地敬爱与永久地纪念我们的国父，惟有赶快团结起来，谨守

国父的遗嘱,完成国父未竟的工作"。5月30日,根据党组织的统一安排,何尚志和上海大学的师生一起,积极投身到反帝爱国的集会、示威和演讲活动中去。"五卅"惨案发生后,又日夜赶制印刷传单、标语,揭露帝国主义屠杀中国工人和学生的残暴罪行。还根据党组织的决定,发动市民募捐,援助罢工工人。

"五卅"运动以后,受党组织之命,何尚志来到张家口,担任国民革命军第一军苏联顾问团的翻译。1926年秋,何尚志接到党组织通知,要到苏联学习。9月上旬,他正式离开上海大学,来到北京,准备赴苏。正在这时,北京的"共进社"遭到奉系军阀的查抄,数十名社员被捕,其中大多数是共产党员和共青团员。中共北方区执委会和李大钊指派何尚志和方仲如负责营救工作。何尚志和方仲如利用各种社会关系,经过半个多月的努力,将被捕人员先后保释出来。

10月,何尚志来到苏联中山大学学习。1930年奉调回国。1931年1月,党中央派何尚志和其他同志一起到鄂北,参与创建鄂北苏区。9月,中共鄂豫边特委恢复红九军第二十六师,何尚志被任命为师参谋长。在鄂北枣阳指挥红军反击国民党军队"会剿"的战斗中,负伤被捕。在被国民党军队关押期间,他面对敌人的威逼利诱,软硬兼施,宁死不屈,表现出一个共产党员的高贵品质,使敌人在他面前无计可施,一无所得。最后,何尚志在敌人的枪弹下英勇就义,年仅34岁。

何挺颖：
文武双全的红军优秀指挥员

在电视连续剧《井冈山》第29集中，有这样一个桥段：在黄洋界保卫战中，何挺颖将唯一的一发炮弹装进炮筒，炸毁了敌军的指挥所，最终取得了黄洋界保卫战的胜利。毛泽东为此写下了著名的《西江月·井冈山》："山下旌旗在望，山头鼓角相闻。敌军围困万千重，我自岿然不动。早已森严壁垒，更加众志成城。黄洋界上炮声隆，报道敌军宵遁。"黄洋界保卫战是红军在井冈山时期赢得的一次以弱胜强、以少胜多的经典战役，这次战役的

何挺颖

胜利，保卫了井冈山战略基地，为红四军主力返回，打破敌人围剿，恢复根据地创造了条件。当时担任红四军第十一师党代表兼三十一团党代表的何挺颖，和团长朱云卿，同为黄洋界保卫战的前线指挥员。

何挺颖，字策庸，生于1905年，陕西南郑（今属汉中）人。其父何根山虽为清末秀才，却颇有一些新思想，被时人视作"欺圣灭祖""离经叛道"之人。而在何挺颖眼里，父亲则是个了不起的"新人物"，因此，何挺颖自幼就从父亲那里接受了一些新思想。何挺颖曾在私塾读书两年多，1915年进入南郑县大西区第二中心小学上学，1920年考入汉中联立中学。在中学期间，阅读了《改造》《新青年》等进步书刊，组织了读书会，办起流动图书箱，倡导白话文。1923年，18岁的何挺颖就联络家乡的同学发起反帝爱国运动，他针对当地一些丧失民族自尊心的悲观论调，写下了"散

从上海大学走出来的英雄烈士
(1922—1927)

沙柽多四万万,热度只有五分钟!'中国不亡无天理?!',午夜徘徊心如焚"的诗句[①]。1924年5月,何挺颖从汉中联立中学毕业,到省城西安和北京报考求学。在北京期间,何挺颖加入陕西旅京同学会,编纂会刊《共进》。6月25日在《共进》半月刊上发表《吴新田祸汉纪实》一文,揭露和批判了军阀吴新田在陕南横征暴敛、荼毒百姓的罪行。6月底,来到上海,在浦东中学补习数理课程。秋天,加入汉中旅沪同乡会,担任了会刊《汉钟》旬刊的编辑。8月1日,在上海主持召开汉中旅沪同乡会会议,为同乡学生赵仲衡筹集医疗费、丧葬费,结果由何挺颖父亲何根山慷慨解囊,拿出了资助费。9月10日和次年的1月10日,何挺颖先后在《汉钟》第6期、第8期上发表《中俄交涉经过之梗概(一)》和《中俄交涉之梗概(二)》。

　　1925年的秋天,何挺颖经过认真准备,怀着科学救国的思想,考上上海大同大学数学系,准备走学者的道路。但1925年的"五卅"运动,使他的思想发生了根本的变化。5月30日这一天,他参加了大同大学的队伍,上街宣传,游行示威,亲眼看到工人、学生、市民在示威游行中表现出来的反帝爱国热情和团结一致的斗争精神,目睹了英国巡捕下令开枪屠杀中国同胞的血腥罪行。通过亲身参加"五卅"运动,他思想上受到极大的震撼,受到了革命思想的教育和影响,开始服膺马克思主义。6月,他加入了中国共产主义青年团。随后,他又毅然转入上海大学社会学系。

　　何挺颖选择进入上海大学,是他思想上的一次升华,是他自觉投身革命的体现。对于何挺颖进上海大学,他的好友谢左明并不理解,何挺颖在给谢左明的信中剖明了自己的心迹。他说:"对数表里查不出救国的良方,计算尺不能驱逐横行的豺狼",并附上了自己写下的一首诗:"南京路上圣血殷,百年侵略仇恨深;去休学者博士梦,愿做革命一新兵。"[②]这首诗真切地表明,"五卅"惨案使何挺颖毅然决然地放弃了曾经有过的成为"学者博士"的梦想,自觉走上了革命的道路。他在大同大学的系主任也曾劝他,不要辜负自己的数学天才,并许诺何挺颖不到毕业就可以留校担

[①] 胡华主编:《中共党史人物传(第一卷)》,陕西人民出版社1980年版,第244页。
[②] 胡华主编:《中共党史人物传(第一卷)》,陕西人民出版社1980年版,第246页。

薄一波同志题写的"何挺颖烈士永垂不朽"

任助教,希望何挺颖走学者的道路。但何挺颖还是拒绝了系主任的好意,最终放弃了走学者道路的念头,来到了他心仪的上海大学。在上海大学,何挺颖自知革命理论的缺乏,就拼命地阅读有关马克思列宁主义的理论书籍,还到校外自购了一些革命理论书籍,弄得自己连车费都没有了。由于自学时间长,房东甚至要他多出5角钱的电灯费。在上海大学教授、中国共产党早期领导人恽代英等的直接教育和影响下,何挺颖思想上进步很快。这一年的冬天,何挺颖在上海大学这座红色学府正式加入了中国共产党。从目前保留下来的史料看,1926年7月,中国共产主义青年团江浙区委关于组织情况的各项统计,在"各青年团体党团书记"这一栏中,记录了何挺颖分别担任"彩仪社""仪中旅沪学生会""陕西青年社"这三个青年团体的书记。作为陕西籍的学生,何挺颖一直惦记着向家乡传播革命思想,于是在上海大学,何挺颖和陕西籍同学以及其他学校的陕西籍学生约定,每一个星期天,在青云路恒裕里24号楼上开一次座谈会,了解和讨论国家大事,以便统一认识、提高思想觉悟。每次座谈会大体都是由何挺颖和尚莘友主持的。何挺颖还和刘平衡、谢左明等人一起创办《汉钟》杂志,寄回汉中,向知识青年进行革命教育。其间,他还于1925年底到过北京,在北京帮助建立了汉中旅外学生的统一团体新汉社。回到上

从 *上海大学* 走出来的英雄烈士
(1922—1927)

海大学后,又将《汉钟》改成《新汉》继续出版,其内容和形式都仿照《中国青年》,仍然面向汉中地区的知识青年。1926年初,何挺颖还根据党组织的安排,来到一个工人夜校担任工作。在工作中,他广泛接触了工人群众,逐步了解了处于社会底层的工人群众的生活状况和思想感情。何挺颖将自己对工人群众的这种认识和感情,写进了题为《赠陆阿毛》这首诗里:"我不过仅仅教你认识了几个字,你却教我懂得了不少的事。我照着书本给你讲'阶级斗争',你的行动却讲得多么有色有声。在过去无产阶级对于我只是一个概念,今天啊!我才认识了你们这一伙英雄好汉。你们是天生的革命战士,我多荣幸做了你们的同志。"[1] 在实际的斗争中,何挺颖完全消退了身上的书生意气,认识到中国共产党的伟大力量,认识到人民群众的伟大力量,认识到团结一致的伟大力量。他在给好友谢左明的一首诗中,表达了自己这种认识:"四万万人发吼声,火山爆发世界惊。中国有了共产党,散沙结成水门汀。"[2] 可以说,在上海大学学期的这一段时间,是何挺颖一生中的一个重要转折点。

何挺颖在上海大学学习的时间只有一年左右。1926年的夏天,他奉党组织之命,投笔从戎,离开了上海大学,到国民革命军第八军第三师担任团指导员,参加了北伐战争。1927年"七一五"汪精卫叛变革命后,党组织又派何挺颖到原武汉政府警卫团干部连任党代表。同年9月,在团长卢德铭率领下,何挺颖参加了湘赣边界秋收起义,任工农革命军第一团一连党代表,9月29日三湾改编中,被任命为第一团党代表,随部进军井冈山。12月,将部队带上井冈山,被任命为第一团党代表。从此,何挺颖在毛泽东的直接领导下,参加了开创井冈山革命根据地的工作。

1928年4月,朱德、毛泽东率领的两支红色武装在井冈山会师,组建了中国工农革命军第四军,下辖四个团,何挺颖任第三十一团党代表。在毛泽东、朱德的领导下,何挺颖参加了攻打龙源口、围困永新城和黄洋界保卫战等一系列战斗。10月,任红四军第二十八团党代表兼团党委书记。1929年1月14日,何挺颖随毛泽东、朱德、陈毅率领的红四军主力离

---

[1] 林道喜著:《井冈元戎何挺颖》,中国社会出版社2007年版,第39页。
[2] 胡华主编:《中共党史人物传(第一卷)》,陕西人民出版社1980年版,第248页。

开井冈山,转战赣南闽西,开辟新的根据地。1月24日,何挺颖在江西大庾战斗中身负重伤,次日随部转移途中又遭敌袭击,不幸壮烈牺牲,年仅24岁。

2018年6月8日《人民日报》刊登新华社记者李浩写的《何挺颖:不朽井冈英雄》一文,称何挺颖"政治坚定,作战勇敢,指挥果断,成为井冈山时期我军著名的军事指挥员和党的优秀干部,为井冈山革命根据地的创建做出了重要贡献"。从这个评价中可以看出,何挺颖从上海大学到井冈山,从拿笔杆子到紧握枪杆子,堪称文武双全的红军优秀指挥员。

贺 昌：
坚持赣南游击战争的红军高级指挥员

贺昌

1926年7月，共产主义青年团江浙区委整理出一份关于组织情况的统计表，其中称上海大学有特别支部1个，人数为175人。在各青年团体党团书记一览中，注明所在地为上海大学和上海大学附中的各类青年团体社团有26个之多。该统计特别注明，各青年团体的总党团书记由贺昌担任。这份珍贵的档案资料表明，贺昌是中国共产党在上海大学青年工作方面的领导。

贺昌，原名贺颖，又名其颖，字悟庵，又字伯聪，1906出生于山西离石县柳林镇（今属山西柳林）。贺昌自幼聪明好学，喜好文史，尤其喜欢听父亲讲中国历史上民族英雄的故事。他曾对同学说："大丈夫不做岳飞死，也当做班超名震天下。"他于1918年毕业于柳林小学堂，考入离石县立高级小学。1919年"五四"运动爆发，消息传到离石，13岁的贺昌也立即投身到反帝反封建的洪流中。1920年春，贺昌随父到太原，考入山西省立第一中学。在中国共产党早期活动家、理论家高君宇的影响下，他开始接触马克思主义，读了《共产主义ABC》《列宁传》等书，并担任了由高君宇帮助成立的马列主义学习研究小组副组长。1921年5月1日，太原社会主义青年团成立，15岁的贺昌成为首批团员。10月，贺昌和青年团员刘廷英在省立一中创办青年学会，编辑出版《青年》旬刊。1922年5月，作为太原团组织的代表，到广州出席社会主义青年团第一次全国代表大会。9月初,任中国社会主义青年团太原地方执行委员会书记。1923年7月,贺昌从山西省立第一中学毕业,也在这一时期,正式转为中国共产党员。

1923年9月,根据党组织的安排,贺昌调到上海团中央工作,并送他到上海大学学习。当时,邓中夏、瞿秋白等中国共产党早期领导人也都在上海大学任教,在他们的引导下,贺昌的思想更加成熟,马列主义理论水平提高很快。贺昌还积极参加学校的社团活动,如"社会问题研究会"等。在上海大学,贺昌虽然是一名学生,但作为一名党员,他被编在中共上海地方兼区直接领导的第一党小组,即上海大学党小组。这个党小组的成员包括邓中夏、瞿秋白、施存统、王一知、贺昌、张春木(张太雷)、严信民、黄让之、彭雪梅、许德良、林蒸等11人。其中既有像邓中夏、瞿秋白、张太雷、施存统这样在上海大学担任教师的党员,也有像王一知、贺昌、黄让之那样在上海大学求学的学生。在上海大学读书期间,根据党的工作需要,贺昌于1924年2月被派到江西安源,任工人俱乐部文书股长、《安源旬刊》编辑等职。在安源期间,他先后组织了"五一"纪念大会、"五九"纪念游行大会。到了5月28日,全面负责安源团地委工作。1925年1月26日至30日,贺昌到上海参加了中国社会主义青年团第三次全国代表大会。在这次会上,贺昌当选中央执行委员会委员,并和张太雷、恽代英、任弼时、张秋人一起组成团中央局,兼任工农部主任、《平民之友》编辑。在上海,贺昌参加了"五卅"运动,6月初,参加和领导了上海各界反对英帝国主义的"三罢"斗争。到了10月上旬,又兼任共青团上海地委书记。1926年4月,担任中共江浙区委委员及共青团江浙区委书记。11月间,北伐军前锋接近南昌,奉命和关向应、顾作霖等一起奔赴南昌、九江一带,负责北伐战争的支前工作。

贺昌对工作认真负责,党性很强。1925年11月11日,担任青年团上海地委书记的贺昌给"曾延"(共青团中央的代号)写信,严肃指出上海大学支部的青年团员郭肇唐在奉命赴苏联莫斯科学习时,竟将团体刊物、通告等文件,裹成一束,任意抛弃,幸被同学拾得,不至秘密外扬。贺昌在信中表示,像郭肇唐这种忽视革命纪律的行为,应当予以处分。并通报团中央,经地委研究,决定给郭肇唐以留团察看的处分,并请团中央将这一处

分决定转告郭肇唐所在的团组织。

1926年5月18日，中共上海区委为加强"五卅"惨案周年纪念工作的领导，开会决定由罗亦农、贺昌、汪寿华、李硕勋等9人组成行动委员会。5月25日，中共上海区委又向各部委、各独立支部发出紧急通告，布置"五卅"惨案周年纪念活动工作，提出做好29日各团体举行"五卅"烈士公墓奠基礼并进行和平游行和演讲；30日各学校、工厂罢课、罢工，在公共体育场开追悼大会，组织四五千学生和工人到租界演讲；31日外国人开设的工厂继续罢工1天、学校继续罢课2天等一系列工作。为了加强领导，中共上海区委指定由罗亦农、汪寿华和共青团上海区委书记贺昌担任秘密总指挥。1926年6月18日，中共上海区委召开全体委员会议宣布，区委任命罗亦农、汪寿华、赵世炎、贺昌等9人为区委正式委员。贺昌还参与组织发动上海工人三次武装起义，是中共江浙区委的负责人之一。

贺昌在上海大学学习和工作期间，写下了大量的文章。在1925年8月26日出版的《上大五卅特刊》第八期上，他以"昌"的笔名，发表了《内外交杀中的民众》一文，在文章中贺昌提出："我们应该坚决地反对一切帝国主义及其走狗军阀，我们在目前，尤其要极力反对英、日帝国主义及最反动的军阀。我们绝对不能放过日本帝国主义及日本帝国主义的走狗，在这内外交杀中的中国民众，应该从血泊中认识了这一条正确的道路呵！"他为《中国青年》撰写了《中国共产主义青年团五年来的奋斗》《青年学生与职工运动》等一系列文章，从理论上阐述了青年运动与工农运动相结合的重大意义。

1927年7月中旬，贺昌离开上海，被指定为中共前敌军委委员参加了南昌起义，后又参加了广州起义的准备工作。1928年，参与了重建湖南省委的工作；1929年夏，任中共广东省委书记，主管两广及湖南等地党的工作。贺昌还协助邓小平策划了百色起义。1930年春，贺昌任中共中央北方局书记。1931年，贺昌奉命来到中央苏区，先后担任过中华苏维埃共和国中央革命军事委员会总政治部代主任，中国工农红军总政治部副主任、代主任，红一方面军政治部主任。后参加南雄水口等战役和中央苏区反"围剿"。贺昌对部队党的建设和政治教育一直非常重视，他曾协助王稼祥主持召开了红军第一次全国政治工作会议。

贺昌烈士纪念碑

　　1934年10月,中央主力红军长征后,贺昌奉命同项英、陈毅等留在赣南坚持游击战争,任中共中央苏区分局委员、中央军区政治部主任。1935年3月10日,贺昌率部向粤赣边突围,在江西会昌河畔遭到敌军伏击,壮烈牺牲,年仅29岁。

　　1919年,年方13岁的贺昌,曾写下表达自己理想和志愿的《壮志歌》:"扛罢笔杆再扛枪,经文纬武干一场。颈血常思敌国溅,寸心久欲报家邦。"16年以后,年轻的共产党员贺昌正是用自己的鲜血和生命践行了自己少年时许下的革命誓言。

　　为了纪念贺昌为革命立下的丰功伟绩,1946年8月15日,晋绥边区政府批准把在山西离石的建新中学改名为贺昌中学。新中国成立以后,山西省柳林县为贺昌修建了烈士陵园,"贺昌烈士纪念碑"七个大字由胡耀邦题写,聂荣臻为烈士陵园题词:"忠诚的共产主义战士贺昌永垂不朽"。1987年,贺昌烈士陵园被山西省政府列为省级重点文物保护单位。1995年,贺昌烈士陵园被确定为吕梁地区爱国主义教育基地。

贺威圣：
浙江最早为革命牺牲的共产党领导人

贺威圣

1927年1月，上海人道互济会整理10名烈士传略，上海大学共有黄仁、何秉彝、刘华、贺威圣4名烈士在列。传略称贺威圣："贺同志籍隶浙江象山，上海大学社会学系学生，历在上海担任党与团部委书记，去年（指1926年）七月派赴杭州担任地委书记，工作很是努力。在夏超独立前后，号召群众，不遗余力。尤以发展职工运动，组织杭州总工会最著成效；数万机织工人及其印刷、烟业等工人，都受指挥。浙变失败以后，敌人拼命搜索党人，地委交通机关竟被破获，贺同志因而被捕，系狱约一星期，于十一月十二日遭枪决！"[1]

贺威圣，字刚峰，曾化名珊瑚、吴威，生于1902年，浙江象山人。在村塾受过两年启蒙教育，先后就读于竞化小学、县立高等小学。1919年"五四"运动爆发，17岁的贺威圣和同学林庆训等联合师范讲习所学生组织了象山学生联合会，贺威圣被推举为会长。在贺威圣的领导下，象山县的学生投入了"五四"浪潮，他们上街游行，散发传单，张贴标语，进行街头演讲，并分头到县内各镇的码头查禁日货，将查禁的日货集中焚毁。

---

[1] 中央档案馆、上海市档案馆编：《上海革命历史文件汇集（一九二四年——一九二七年）》，1988年（内部资料），第485—486页。

"五四"运动使贺威圣的思想有了很大的提高,他开始关注国家和民族的命运。同时,在家乡象山领导的学生运动,也使他经受了锻炼,初步显示了他的才能。

1920年春,贺威圣来到上海,进上海公学读书。一年以后,又转学到东吴二中,于1923年毕业,旋考进沪江大学。在大学里,由于贺威圣积极从事反对帝国主义侵略和军阀混战的宣传活动,为学校当局所不容,被勒令退学。贺威圣又转入南方大学就读,但不久他又发现这所大学也不是他理想中的学习和深造之处,于是干脆自动离校而去。直到1924年春,他进入上海大学社会学系,才自觉得偿所愿。1924年4月,上海大学编印的《上海大学一览》之《学生一览表》中的"社会学系"栏里有:"姓名:贺威圣;年龄:二十二;籍贯:浙江;通讯处:上海邮务管理局挂号间王志新转"。

1924年的上海大学,正集中了一大批中国共产党早期党员如邓中夏、瞿秋白、张太雷、萧楚女、施存统、沈雁冰等在校任教,校长于右任、副校长邵力子也都代表着国民党左派,倾向革命。贺威圣来到这所大学,尤其是在社会学系,他切实感到和沪江大学、南方大学完全不一样的风气和氛围。在学校里,贺威圣聆听了这些共产党前辈的课程,听他们讲解马克思主义的理论,参加了他们领导的活动,顿觉心胸为之开朗,思想觉悟为之提高。他很快接受了共产主义的信仰并认真系统地学习马克思主义理论,树立起革命的世界观,积极参加党组织安排的各种活动,经受了党组织的考验,在入校的当年,就被批准加入了中国共产党。

作为学生,贺威圣积极参加校内学生团体组织的各项活动。1924年11月16日,上海大学浙江同乡会举行会议,贺威圣和杨之华、朱义权以及老师施存统一起被选为执行委员。1925年3月17日,贺威圣被推选为上海大学学生会新一届候补执行委员。3月25日,《民国日报》刊登消息,称上海大学演说练习会完成换届改选,杨贤江、恽代英、张太雷等共产党员应邀担任社团指导员,贺威圣被推举为社团的会计。4月3日,上海大学浙江同学会召开改选大会,贺威圣主持了这次会议,并继续被选为新一届执行委员。1925年"五卅"惨案以后,上海大学被租界当局封闭,6月6日下午2时,上海大学校长于右任在西门少年宣讲团召集上海大学教职

员及全体学生开紧急大会,讨论学校被封以后及应对此次惨案的方法。到会师生人数达160多名。在会上,于右任校长发表讲话,总务长韩觉民报告学校被封经过,贺威圣作为学生会代表也在会上发言。会议决定组建上海大学临时委员会,由教职员方面推出3人,学生方面推出4人为委员。经过选举,贺威圣和施存统、韩觉民、侯绍裘、秦治安、韩步先、朱义权等7人当选为委员。贺威圣和其他委员一起,担负起上海大学被封闭以后另觅校舍重整旗鼓的重任。

作为共产党员,贺威圣还积极参加校外的各种活动。1924年12月25日,贺威圣和他的老师恽代英一起,在宁波组织发动了有四五百名青年人参加的反基督教示威游行。1925年3月22日,上海各公团追悼孙中山大会筹备委员会召开会议,贺威圣参加了这次会议,并负责承担追悼大会召开的宣传工作。9月,国民党上海特别市党部改组,他被推选为市党部执行委员兼工人、青年两个部的部长。10月18日,由上海学生联合会、上海工人代表会、全国学生总会、反帝国主义大同盟等团体所发起的上海市民大会在闸北天通庵路止园对面空场内举行,到会人数达8万余人。上海大学、上海大学附中等单位和团体派代表出席了会议。贺威圣代表上海大学在会议开始前登台发表了自由演讲。在上海大学读书期间,贺威圣还根据党组织的安排,负责共产主义青年团的工作。他在1925年到1926年3月,一直担任青年团闸北部委书记职务。

作为浙江象山人,贺威圣一直关心着家乡的革命事业。他在1924年冬天上海大学放寒假期间,根据党的指示,在家乡发展了王家谟、杨永清等青年加入共产党。1925年1月23日,贺威圣又主持了象山县第一个中国共产党的支部成立大会,由杨永清担任支部书记。在家乡,贺威圣为党的统一战线工作也作出了自己的贡献。他以象山党支部为核心,联络全县各界进步人士和团体,筹建象山国民会议促进会。2月4日,在象山丹城城隍庙举行了成立大会,会上通过了《象山国民会议促进会章程》,并通电北京,拥护孙中山北上发起召开国民会议,在当地掀起了争取国家和平统一和废除不平等条约的国民革命运动高潮。3月12日,孙中山在北京逝世,贺威圣即电告象山党支部,要求组织隆重的追悼活动。不久,贺威圣又赶赴宁波、象山等地,参加了当地的追悼活动。他还在共青团宁波地委主办的革命刊物《火曜》上发表了题为《追悼孙中山与被压迫民众》的悼念文章。

1926年6月,中共上海区委正式任命贺威圣担任中共杭州地委书记,他告别了上海大学的学生生活,成为一名职业革命家。7月,他化名珊瑚,来到杭州。根据党组织的指示要求,贺威圣要在杭州扩大党的组织,开展工农运动,以做好驱逐军阀、迎接北伐军进入浙江的准备。虽然当时贺威圣大病初愈,但他立即以忘我的精神投入工作,召集党团员骨干开会,布置工作。他

贺威圣烈士百年诞辰纪念碑

还到杭州闹市区散发传单,发表演说,揭露反动军阀的罪行,宣传国民革命的大好形势。他还领导了杭州市的印刷、丝织等行业的工人举行示威游行,建立工会组织和工人纠察队。贺威圣还成功地说服了当时浙江省省长夏超公开与反动军阀孙传芳决裂,反正独立,使浙江地区反对军阀的斗争达到了一个新高潮。10月,夏超兵败,孙传芳军的宋梅村部进占杭州,大肆搜捕和镇压进步人士,使浙江地区陷入一片白色恐怖之中。贺威圣不畏艰险,随即带领党组织转入地下坚持秘密斗争。11月3日,贺威圣在与汪性天讨论工作时,被敌探侦知,不幸被捕。

在狱中,敌人对贺威圣百般用刑折磨,企图从他的嘴里获得杭州地区中共党组织的秘密,以便一网打尽。但在贺威圣百折不挠的钢铁意志面前,敌人的如意算盘失效了。他们在贺威圣身上只看到一名共产党员威武不能屈的大无畏精神和气概,其他什么也得不到。1926年11月12日,

贺威圣故居

贺威圣正面对着敌人的枪口,英勇就义于刑场,年仅25岁。贺威圣是中国共产党在浙江第一个在对敌斗争中牺牲的领导人。

北伐军打下江浙沪地区以后,国民党上海市党部、浙江省党部和象山县党部,联合在象山丹城中山公园兴建了"贺刚峰烈士纪念塔"。中华人民共和国成立以后,贺威圣被追认为革命烈士。"壮士岂为儿女泣,要将投袂兴神州。"这是贺威圣在1921年写下的抒怀诗句,烈士用自己的热血践行了自己当年发出的誓言。

侯绍裘：
一个立场坚定,极有才干的共产党员

侯绍裘是中国共产党早期的革命活动家。"五四"时期,是学生运动的中坚;在教育战线上,是革新教育的先导;国共第一次合作时期,任国民党江苏省党部常委(曾主持工作)、中共党团书记等职,在我党统一战线工作中,是一位坚强的战士。陆定一同志称颂"他是一个立场坚定,并且极有才干的共产党员"。

侯绍裘

侯绍裘,乳名鏊,字墨樵,生于1896年,江苏松江(今属上海市)人。他4岁读私塾,13岁上华娄高小,17岁进江苏省立第三中学(今松江二中),1918年考入上海南洋公学(今上海交通大学),攻读土木工程专业。

侯绍裘自幼好学,多才多艺,擅于演讲,爱好绘画、篆刻和箫笛吹奏,写一手好文章,尤其酷爱科学,喜欢历史,崇尚中国历史上的民族英雄。他常在作文簿空页上工笔描绘岳飞、文天祥、史可法等绣像。1913年5月5日,他随学校集体到上海参观徐汇公学,回校以后即撰《上海旅行记》,其中写道:"我中国物产之富,亦可见一斑矣,乃患贫若斯,其故当别有在。"这表明,17岁的侯绍裘已在探索中国贫弱的原因和救国之路了。1918年,他考入南洋公学,攻读土木工程专业。1919年"五四"运动爆发以后,他经常组织联络松江地区的进步青年汇聚醉白池,一起批判旧制度,探讨救国新思想,追求革命真理。他还曾专程赶到上海,参加在西门公共体育场举行的国民大会。他积极投身"五四"运动,接受新文化新

思想洗礼。他组织"救国十人团",建立演讲队,和同学自费合办油印通俗校报《劳动界》,宣传爱国主义和劳工神圣思想。也就是在这一时期,他阅读到了《新青年》杂志,思想受到深刻影响。1920年春天,由施存统介绍,他多次到渔阳里听施存统等人作关于社会主义的演讲,并加入了"马克思主义研究会"。夏天,侯绍裘与赵祖康等6位青年,利用假期,创办《问题周刊》,刊物封面上印了个大"?",意为请大家听听道理,想想问题。《问题周刊》宣传社会革新,反对因循守旧,提倡科学,反对迷信,深受读者欢迎。松江老百姓亲切地将这份刊物称为"耳朵报"。在创刊号上,侯绍裘发表了《我们对于社会的贡献》一文。侯绍裘的激进表现,引起南洋公学当局的不满,他们竟以"举动激烈,志不在学"的理由勒令侯绍裘退学。侯绍裘退学以后,在宜兴的一所中学任教。1921年夏天,他从宜兴度假回到松江,正值松江私立景贤女子学校因经费不济欲停办,侯绍裘就会同朱季恂等好友自筹资金,接办了这所女校,并改名为松江景贤女子中学。松江景贤女子中学也成为侯绍裘进行教育改革,从事革命活动的一个基地。1922年秋,侯绍裘由朱季恂介绍参加了中国国民党。

1923年5月,侯绍裘与朱季恂、高尔松、姜长林等创办了革命刊物《松江评论》,以"批评地方时事,唤起革命精神,介绍新的思想,提高民众常识"为宗旨,积极促进社会的改革。侯绍裘主持了《松江评论》,并在上面发表了许多重要的文章。党的早期理论家、青年运动领导人萧楚女曾撰文向青年推荐《松江评论》。1923年6月19日,侯绍裘、朱季恂等在松江联合各界爱国人士组成松江救国同志会,以"打倒军阀,打倒帝国主义,铲除官僚政治、提倡社会服务"为宗旨。同时与沈联璧、钱江春等组织"新松江社",参加者有当地进步青年40余人,邓中夏、邵力子、恽代英、萧楚女、沈雁冰、陈望道等先后应邀到"新松江社"演讲。

侯绍裘在松江开展的一系列革命活动,引起了中共上海地方兼区执行委员会的重视,决定由邓中夏和王荷波负责松江地区的建党工作。1923年7月,邓中夏、王荷波赴松江,发展党的地下组织。在松江景贤女中与侯绍裘取得联系,通过侯绍裘开展工作。这一年的秋天,侯绍裘光荣地参加了中国共产党,景贤女中也成为中国共产党在松江最早的活动基地。1924年4月27日,侯绍裘等发动松江14个团体联合举行列宁追悼大会,他和邓中夏、恽代英等都在会上发表演说。侯绍裘并在《松江评论》上发表《列宁略传》,介绍俄国十月革命的胜利,讴歌列宁的光辉事迹。1924年5月,侯绍裘陪同毛泽东、罗章龙秘密到松江,指导当地开展革命工作。在侯绍裘和他的战友共同努力下,反对帝国主义、反对封建军阀的国民革命运动在松江地区迅猛发展,在斗争中,侯绍裘还培养和发展了一批革命积极分子,并从中吸收了优秀分子加入中国共产党。

1925年2月22日,侯绍裘受聘担任上海大学中学部主任,从而正式开始了他在上海大学从事教育和革命工作的短暂而又光辉的经历。

侯绍裘在上海大学期间,主要有这几方面的工作成就:

一是恪尽职守,办好上海大学中学部。上海大学中学部原来与大学部同属于学校行政委员会,自侯绍裘执掌中学部以后,根据学校行政委员会开会议决,成为独立的办学单位。1925年6月6日,也就是上海大学被租界当局蛮横无理地查封以后,假小西门少年宣讲团开会,会议由校长于右任主持。会议议决组织上海大学临时委员会,来处理学校善后事宜及今后"进展计划"等。刚到上海大学工作不久的侯绍裘与施存统、韩觉民一起作为教师代表和朱义权等4位学生一起临危受命,当选为委员;7月,侯绍裘写成《整顿上海大学计划书》委托朱季恂带到广州,呈送国民党中央执行委员会。在这篇近2 000字的计划书中,侯绍裘指出:"上海大学是我党(指国民党)在上海的一大机关,其于吾党之利益有三:(一)可以灌输革命的学理,建设的学术,以造就革命的领袖人才;(二)可以训练实际活动,造就革命的中坚分子;(三)可以做上海活动中心。"为此,根据上海大学决定"自建校舍"的问题,他向国民党中央提出,希望得到经费上的补助支持。国民党中央执委会第88次会议讨论了侯绍裘提出的《整顿上海大学计划书》,议决"当努力设法,但时间与数目应视本会经济情形为断"并及时给了侯绍裘正式回复。[①] "五卅"运动以后,各地教会学校出现勒令参加运动的学生退学事件,根据上海大学决定,收容这些退学学生。8月17日,《民国日报》刊登有关上海大学中学部消息,称:本

[①] 台北:中国国民党中央委员会文化传播委员会党史馆汉口档案14971,见本书编委会编:《20世纪20年代的上海大学》,上海大学出版社2014年版,第109—111页。

期起因容纳各地教会学生之要求,特增设特别转学生。报道还称:主任侯绍裘对于聘请教师,极为注意。兹悉各级教员业已完全聘定。18日,《申报》刊登由上海大学中学部主任侯绍裘等署名的招生广告,决定宽予收容因此次"五卅"风潮而退学之教会学校学生。凡属该类学生一经证实,即予免考收录。1926年1月17日,中国国民党召开第二次全国代表大会,上海大学成立募捐团为上海大学自建校舍募捐,侯绍裘担任了募捐团团长,向大会递交了《上海大学募捐团致代表大会书》。3月21日,上海大学在四马路(今福州路)倚虹楼召开会议,出席会议的有教职员60多人。会议报告了在江湾建造新校舍情况以后即选举学校行政委员会,侯少裘当选委员,参与学校的行政领导工作。6月26日,上海大学校长于右任致函张静江,请张静江转国民党中央执行委员会,函请中央迅催财政部将原允拨的余下的1万元补助费交侯绍裘具领回沪,以应急需。①8月4日,还在《民国日报》发布《上大附中之新计划》。1927年3月24日,上海大学发布由大学行政委员会主席陈望道、中学部主任侯绍裘联合署名的《上海大学暨附属中学开课招生通告》,称:本校新校舍已全部告成,刻定4月1日起正式上课。可以说,侯绍裘和陈望道在上海大学是坚持到最后时刻的两位负责人。侯绍裘在中学部,除了做好大量的行政领导工作外,也要给学生讲课。据1924年秋季进入上大附中的宋桂煌回忆,侯绍裘"年轻有为,讲课生动,关心青年,深受学生的爱戴,成为学生运动的核心人物"②。

二是积极开展革命工作。作为中国共产党的一名党员,侯绍裘时刻牢记自己的政治身份和政治使命,在中共党组织的领导下,他积极参加各种革命活动。1925年4月24日,侯绍裘和上海大学教师、共产党员恽代英、施存统、杨贤江、董亦湘等在《民国日报》副刊《觉悟》刊登题为《发起孙中山主义研究会征求同志》的启事。5月1日晚上7时,上海大学平民学校举行纪念"五一"国际劳动节大会,学生和家属共500多人参加。朱义

---

① 台北:中国国民党中央委员会文化传播委员会党史馆汉口档案7951,见本书编委会编:《20世纪20年代上海大学》,上海大学出版社2014年版,第355—356页。
② 中国人民政治协商会议上海市虹口区委员会文史资料工作委员会编:《文史苑(二)》,1988年(内部资料),第66页。

1957年9月,为纪念侯绍裘烈士殉难30周年,松江县在松汇路选址新建侯绍裘、姜辉麟烈士纪念碑,图为奠基典礼现场(吴四一摄)

权主持会议,侯绍裘和恽代英、向警予、林钧等先后发表演说。1925年5月28日,中共上海地方委员会召开会议,上海大学学生黄正厂在发言中说,上海大学组织了60人出发演讲,由侯绍裘担任总指挥。"五卅"惨案发生后,侯绍裘和恽代英一起,参与指挥学生游行示威;6月4日,按照中国共产党的决定,侯绍裘和沈雁冰、韩觉民、杨贤江、董亦湘等30余人发起成立"上海教职员救国同志会",从事救国运动,联络全国教职员工一致行动,与当局交涉"五卅"善后事宜等;7月,侯绍裘和恽代英、沈雁冰、董亦湘等上海大学教授应邀去吴江县黎里镇举办的夏令演讲会上讲课;10月28日,在中学部读书的王稼祥,和蔡和森、李立三、向警予等经过中共党组织批准,离开上海到莫斯科中山大学学习,行前,侯绍裘代表党组织找王稼祥谈话,征询王稼祥本人的意见,并告诉王稼祥苏联留学的生活将会很艰苦,要王稼祥作好充分的思想准备。这次谈话,给王稼祥留下了深刻的印象,也对他今后革命生涯产生了积极的影响。1926年1月,侯绍裘还在上海举办郊区小型农民运动训练班。1927年3月,上海工人举行第三次武装起义时,侯绍裘在中共上海区委领导下,通过国民党系统,积极参加起义的组织工作。3月12日,上海市民代表会议选出上海市临时政府委员19

人,侯绍裘与中共上海市委书记罗亦农、上海总工会委员长汪寿华等当选为委员。3月22日,上海特别临时政府宣告成立。3月26日下午,国民党省、市党部在公共体育场召开上海市补行纪念孙中山逝世二周年暨欢迎北伐军市民大会,到会各界群众30余万人。侯绍裘主持了大会,并在大会上作报告。侯绍裘说:"向为帝国主义者暨军阀压迫之上海,已由革命的民众与武装的工人之联合,将军阀势力消除,建立市民政府,上海已为民众所有。"他要求全市民众努力拥护市民政府,最后号召:"革命的民众与革命的军队应立即联合起来,打倒帝国主义。"① 对于侯绍裘的革命热情和表现,他的学生唐棣华是这样评价的:"我们的校长侯绍裘,是共产党员。他对革命事业很积极,他总是亲自带领我们参加革命活动。"②

三是积极开展革命的统一战线工作,向国民党右派作坚决的斗争。1925年8月23日,国民党江苏省党部正式在上海成立,根据中共党组织的安排,侯绍裘参加了国民党江苏省党部的工作,并与柳亚子、朱季恂一起,担任常委。10月1日,由中共上海区委任命为国民党江苏省党部中共党团书记。侯绍裘革命立场坚定,忠于党的事业,坚持党的统一战线方针政策,真诚地团结国民党左派,坚持孙中山先生的联俄、联共、扶助农工三大政策。同时,坚持原则,敢于和国民党右派作坚决斗争。针对国民党右派戴季陶全面反对三大政策的《孙文主义之哲学基础》《国民革命与中国共产党》等反动小册子出笼下发一事以及戴季陶种种的右派言论、破坏国共合作的反动行为,侯绍裘、柳亚子等领导的国民党江苏省党部,向广州国民党中央控告和揭露戴季陶的反动行径,要求立即取缔戴季陶的反动小册子。国民党中央执行委员会讨论了江苏省党部的控告,向全国各级党部发出通告,指出这是戴季陶"个人意思,并未经中央签订"。③ 江苏省党部接到通告,迅即通知各地党部,取缔戴季陶的反动小册子并组织批驳。1926年1月,侯绍裘代表国民党江苏省党部出席国民党二大,被选为青年运动报告审查委员会和提案审查委员会委员。他还和毛泽东一起被

---

① 胡华主编:《中共党史人物传(第八卷)》,陕西人民出版社1983年版,第159页。
② 王家贵、蔡锡瑶编著:《上海大学(一九二二—一九二七)》,上海社会科学出版社1986年版,第85页。
③ 胡华主编:《中共党史人物传(第八卷)》,陕西人民出版社1983年版,第153页。

侯绍裘：一个立场坚定，极有才干的共产党员

侯绍裘烈士汉白玉雕像，陆定一题词（松江二中校园）

指定为农民运动决议案审查委员会委员。在会上，侯绍裘和毛泽东等共产党人以及国民党左派一起，控告西山会议派的背叛行为，同国民党内新老右派作坚决斗争。

1927年3月30日，侯绍裘遵照中共上级组织的决定，率领国民党江苏省党部人员去南京办公。这样，侯绍裘便正式辞去在上海大学的工作。侯绍裘从1925年初到上海大学中学部任职，直到1927年3月到南京主持国民党江苏省党部，他在上海大学工作达两年多的时间，是上海大学办学最后两年的核心栋梁之人，为上海大学后期办学作出了杰出的贡献。

对于此次到南京工作，侯绍裘是有充分的思想准备的。临行前他对即将随他一起赴南京的上海大学附中教务主任钟伯庸、训导主任高尔柏说："这次去南京，不能一无准备，我们随时会碰到不测的变化，刀子会随时搁在我们的头颅上。"[①] 这是侯绍裘作为一名革命家政治敏锐性的表现。

4月10日，蒋介石在南京发动反革命政变，侯绍裘被秘密逮捕。侯绍

[①] 王家贵、蔡锡瑶编著：《上海大学（一九二二—一九二七）》，上海社会科学出版社1986年版，第106页。

裘被捕以后，一度下落不明。中共上海区委领导指派专人打听侯绍裘下落，以便设法营救。在狱中，敌人对侯绍裘软硬兼施，威胁利诱，蒋介石还提出以江苏省政府主席一职来换取侯绍裘的投降。但侯绍裘大义凛然，坚贞不屈，严词拒绝，表现了共产党人的高贵品质和崇高的革命气节。在南京市档案馆里，有一份材料，记载着侯绍裘在被害前讲的几句话："我无一言，我就是这样对得起国家了，你们要我卖国，我不干。"4月15日，无计可施的敌人终于对侯绍裘下毒手。南京卫戍司令兼公安局局长温剑刚亲手用刀将侯绍裘杀死，并将侯绍裘的尸体砍成数段，塞在一麻袋中，偷偷抛进秦淮河里。侯绍裘遇难时年仅31岁。

1928年，中共中央刊物《布尔什维克》载文深切悼念侯绍裘烈士。新中国成立以后，上海各报在1950年4月纪念烈士遇害23周年时出了纪念特刊，刊登了陆定一、柳亚子、沈雁冰、邵力子、罗章龙、杨之华、叶圣陶、赵祖康、施蛰存等人的悼念文章。南京雨花台烈士陵园纪念馆第一位展出的革命先烈就是侯绍裘。在侯绍裘的家乡上海松江，党和人民更没有忘记烈士。党和政府为烈士建了纪念碑，坐落在松江烈士陵园。陆定一同志为侯绍裘烈士撰写了纪念碑文《悼念侯绍裘》，对侯绍裘作了高度的评价。1987年，他的坐像被安放在松江二中，他的英雄事迹在学生中传诵着。这一年，又出版了《侯绍裘纪念集》，到1995年又出版了《侯绍裘文集》。侯绍裘烈士成为松江乃至上海人民心中一座永远的丰碑。

黄让之：
皖东地区第一位共产党员

1924年夏天的一天，在安徽的天长县铜城镇的一条小街上，新开了一间图书室。在图书室里，存放着许多革命进步书籍和报刊。这个图书室的创办者，就是皖东地区第一位共产党员黄让之。

黄让之

黄让之，原名舜融，生于1902年，安徽天长人。他出身于天长铜城镇一户平民家庭。自幼聪颖，喜读书。在上高小时就订阅了《新青年》杂志，还借给同学传阅。1920年，来到上海做工。1922年进入安徽公学就读。1923年考进上海大学。在1924年4月编印的《上海大学一览》之《学生一览表》中的"中国文学系二年级"一栏里明确记载："黄让之，年龄22岁；籍贯：安徽天长；通讯处：上海西门旅沪安徽公学、安徽天长铜城镇"。在上海大学求学期间，他受到正在上海大学任教的中国共产党早期领导人、理论家、宣传家邓中夏、瞿秋白、蔡和森、恽代英、张太雷、施存统、沈泽民等的直接教诲，系统学习了马克思主义理论，政治思想觉悟有了很大的提高，在1923年就被批准加入中国共产党。入党以后，他被中共上海地委兼区委员会编在第一党的小组。据目前看到的1924年1月3日下午中共上海地委兼区委会议记录，记载了当时党组织的编组名单，其中第一组组长刘剑华（即刘华），组员有邓中夏、瞿秋白、施存统、王一知、黄让之、龙康庄（即龙大道）、薛卓汉、徐梦

秋、向警予、林蒸等共17人。在上海大学，黄让之除了学习中文系专业知识、社会科学知识和理论以外，还积极参加由学校党组织安排的各种革命活动。在党的领导下，他和同学来到沪西小沙渡、沪东杨树浦以及吴淞、浦东等工人集中的地区开设工人夜校，深入工人中间，教他们识字学文化，给他们讲革命道理，提高工人的政治思想认识和觉悟，宣传中国共产党的革命主张。

1924年夏天，黄让之利用暑假相约了另一位在外读书的同乡陶振誉回到天长。他们带回来大量的革命书刊，在铜城镇开设了一间图书室，利用这个图书室来宣传和传播马克思主义。黄让之还成立了旨在团结革命青年的进步组织"励志会"，可以说，他在家乡点燃了最早的革命火种。这一时期是天长乃至皖东及盱眙等地马列主义传播和党组织发展比较快的时期，黄让之的行动为后来天长共青团和党组织的建立奠定了基础。在上海大学，黄让之除了积极参加党组织安排的革命工作以外，对学校和本系组织的各项活动也都热心参加。1926年4月，他所在的中文系以及英文系各推举出委员组成毕业活动筹备委员会，黄让之被推选为编辑委员；7月1日，上海大学隆重举办了中文系和英文系丙寅级（丙寅年即1926年）毕业典礼，陈望道、周越然、周由廑、韩觉民等教授和学生、来宾600多人参加了典礼。黄让之、郭伯和等32名中文系学生和张崇德等18名英文系学生都获得了学校颁发的文学士学位证书。黄让之、郭伯和、张崇德是从上海大学走出来的众多英雄烈士中仅有的获得学位证书的3位烈士。

黄让之从上海大学毕业以后，根据党的安排，离开上海到达广州参加北伐。他在邓演达领导的国民革命军总政治部宣传科任股长。1927年4月以后，蒋介石、汪精卫先后叛变革命，捕杀共产党人。黄让之便潜回天长，但却与党组织失去了联系。在那段革命处于低潮的白色恐怖的岁月里，他隐匿身份在家乡任铜城小学校长。不久有叛徒告密，他闻讯即连夜离开天长，辗转来到上海。此时，邓演达正酝酿成立"中华革命党"（后改名"中国国民党临时行动委员会"，即中国农工党前身，也称"第三党"），进行反蒋斗争。1927年底，黄让之由他在国民革命军总政治部的至交、原总政治部组织处长章伯钧的介绍下，到北平开展"第三党"的筹建活动。

黄让之：皖东地区第一位共产党员

安徽电视台播放的电视片《黄让之：皖东地区第一位共产党员》

1930年10月，中国国民党临时行动委员会北平支部成立，黄让之为负责人之一。1933年他又不畏艰险赴福建帮助李济深及十九路军蔡廷锴组织反蒋斗争，建立革命政府。失败后秘密回上海，被人告密被捕，经多方营救才出狱。十多年艰苦卓绝的革命斗争生涯，终至积劳成疾，1934年初，黄让之抱病返回家乡天长铜城镇，10月不治逝世，终年32岁。

为了纪念黄让之这位先烈，更好地宣传和传播黄让之的革命事迹，让更多的人了解这位共产党员，2016年8月26日，安徽电视台在安徽新闻联播节目中，播放了题为《黄让之：皖东地区第一位共产党员》的电视片。其中黄让之的侄孙黄尧时在接受采访时说："他（指黄让之）的女儿，几个侄子，都先后参加革命，我们家党员很多，他的这个正面的、积极的影响对我们家是深远的。"可见，黄让之作为一个革命者，在为革命鞠躬尽瘁的同时，还为自己的家庭、自己的家乡，留下了一个影响深远的好家风。

黄 仁：
国共合作时期上海大学最早牺牲的革命青年

黄仁

1924年10月，《民国日报》副刊《觉悟》第11卷第3期发表署名"喋血余痕"的诗作《闻黄仁死耗告同志们》，其中写道：

黄仁！你为主义而死，我们除了格外的努力，还有何话可说！

同志们！革命花本是用血花培养出来的！

我们都是未来的黄仁，更何用替他呼冤，向他哭泣！

同志们！

我们尚有未完的事业！

努力！努力！

我们快为我们的主义增些成绩！

黄仁，字人觉，生于1904年，四川富顺人。他出身于一个普通木材商家庭。在6岁那年，父亲病亡，他和母亲、妹妹依靠舅父接济及祖父留下的十多亩薄田为生。舅父是前清秀才，黄仁从舅父学习，打下了比较好的文化基础。民国初年，黄仁插班于本县自流井香炉寺小学就读。"五四"运动爆发以后，黄仁受到新思想的影响，深感国家工业之落后，产生实业救国的念头。1920年初，黄仁考入成都叙州旅省中学。

黄仁：国共合作时期上海大学最早牺牲的革命青年

1922年,18岁的黄仁毅然出川,先是入江苏省立第一工业学校,学工科。第二年,到上海并考入中华职业学校机械班。在学校,他加入中国社会主义青年团,并根据组织决定,加入了中国国民党。在读书期间,他成绩优良,"所习科目,皆出人头地"。他热心参加各种进步活动,并作为学校代表,参加上海学生联合会工作。又参加了由上海学联主办、上海大学具体组织的夏令讲学的组织工作。通过这些社会活动,他认识到在当时的社会条件下自己实业救国想法的幼稚,因此决定弃工从文,重新选择自己的学习道路。1924年1月22日,为了集中力量领导开展上海地方的统一战线工作,中共上海兼区委和青年团上海地委举行联席会议,讨论国民党委员会的组织问题,上海国民党委员会的工作划为7个区,黄仁负责第二区,他为当时国共合作做了大量工作。

1924年9月,黄仁正式被上海大学社会学系录取。9月22日,《民国日报》刊登《上海大学录取新生》广告,其中有社会科学院社会学系"一年级（正式生）黄仁"。黄仁入学以后,认真学习文化知识,积极学习理论,各方面提高很快,不久,正式加入了中国共产党。在上海大学,黄仁积极参加各项活动和实际革命斗争。9月27日,他撰文号召革命青年组织团体,来"唤醒一般民众迷信洋教的迷梦"[①]。黄仁虽然以前是学工科的,但他对文学、诗歌很感兴趣。著名作家、诗人、共产党员蒋光慈正在这时到上海大学任教,黄仁经常就文学创作上的问题向蒋光慈老师请教,蒋光慈很关心这位好学的青年,经常将自己的作品送给黄仁,还向黄仁介绍俄国的十月革命等,使黄仁思想上受到教育。为了减轻家里的经济负担,黄仁坚持在学习、工作之余,到外校兼课,甚至到工地打工。他在家信中说:"在上海,大学生也干建筑工的活,我有一双手靠自己。"[②]

这一年的10月10日,上海各界在北河南路（今河南北路）天后宫举行纪念辛亥革命13周年国民大会。当时,在国共合作的大形势下,已经出现国民党右派破坏国共合作的暗流,这次国民大会,其筹备领导权实际

[①] 中共上海市委党史资料征集委员会、上海市民政局编:《上海英烈传（第一卷）》,1987年（内部资料）,第4页。
[②] 中共上海市委党史资料征集委员会、上海市民政局编:《上海英烈传（第一卷）》,1987年（内部资料）,第4页。

从上海大学（1922—1927）走出来的英雄烈士

1883年的天后宫（位于今河南北路）

上是被国民党右派分子喻育之、童理璋等把持的。在大会召开之前，中共上海大学党组织在听汇报时就明确指出，出席会议的代表要密切注意国民党右派的活动，随时准备揭穿他们的阴谋，团结群众和他们进行针锋相对的斗争。黄仁、何秉彝、林钧、郭伯和等7人作为上海大学代表出席会议。在会议开始前，黄仁等就散发了"打倒一切帝国主义，打倒一切军阀"的传单。在会上，全国学生会总代表郭寿华在演讲时说到"我们应当推翻一切军阀、一切帝国主义"时，下面爆发出热烈的掌声，不料遭到国民党右派童理璋的阻挠。黄仁与同学郭伯和即上主席台与童理璋评理，表示支持郭寿华的演讲。随即遭大批冲上来的流氓围攻殴打。黄仁被推下七尺高台，倒在石板地上，当即昏迷。急送至医院抢救，终于不治，于12日凌晨身亡，年仅20岁。

黄仁在纪念辛亥革命13周年国民大会上被国民党右派唆使流氓推下高台受伤并不治身亡这一事件在社会上引起巨大反响。10月11日，即事发的第二天，上海大学学生会就致电国民党中央，向全国各阶层发出《上海大学学生横被帝国主义与军阀走狗摧残的通电》。通电指出："在国民大会之中，不仅有少数军阀与帝国主义者的走狗，而且还有国民党的党员，并且在会场上指挥最出力的所谓国民党党员，反而阻止学生的爱国演讲。"12日，《民国日报》刊登题为《双十节天后宫之惨剧·上大黄仁君已因伤毙命》的报道；13日，国民党上海执行部举行会议，讨论了黄仁事件，会议主席、上海大学校长于右任报告了黄仁事件的经过，会议讨论了关于处理黄仁事件的具体条件和要求。在会上，瞿秋白提出了两项提案，即国民党上海执行部应就流血事件发表宣言案和国民党执行部关于黄仁事件宣言的方法案。同一天,上海大学教授叶楚伧在《民国日报》上发表题为《悼黄仁同志》的文章;14日,《民国日报》刊登《中国国民党上海执行部对于上海双十节国民大会流血事件之宣言》,指出:"当时负有会场秩序责任及未能拥护宣传主义者之国民党员,本党固认为不忠于党;至于阻止宣传主义及参加或指使凶殴之人,则不论为党员与否,本执行部敢以国民党名义,正式宣告其为国民之公敌,凡我国民,其速而讨之!"国民党中央执行委员会也几次致函国民党上海执行部,要求将黄仁事件"查明见复"。

中国共产党领导人也对黄仁事件迅速作出反应。陈独秀在《向导》周报上发表《这是右派的行动吗,还是反革命?》一文,文章尖锐指出:"一个党的左右派分化,不但是应有的现象,而且或者是进步的现象。不过近来国民党中所谓右派的反动行为,说他是右派实在还是太恭维了,实在只是反革命的帝国主义及军阀之走狗。"施统存也在这一期《向导》周报上发表文章,指出:"这一次的'所谓上海国民大会',到底是什么东西?我们应该认识童理璋等背后帝国主义及军阀之势力!"邓中夏在《中国青年》第50期上发表题为《黄仁同志之死》的文章,谴责国民党右派"一方面勾结军阀,一方面依

邓中夏在《中国青年》上发表的《黄仁同志之死》一文

附帝国主义,厉行种种违反宣言政纲的行动";18日,恽代英发表声明,抗议国民党右派制造的血案。

10月26日下午1时,"黄仁烈士追悼大会"在上海大学校内举行,上海大学等30余团体参加了追悼会。上海大学教授陈望道任大会主席,上海大学四川同乡会致诔文,上海大学学生、黄仁同乡何秉彝介绍了黄仁简历和英勇事迹,上海大学教授瞿秋白、恽代英、沈玄庐等人先后发表演说。当天,出版了《黄仁纪念号》专刊,发表了黄仁的同学、共产党员郭伯和的长诗《哭黄仁同志》,诗中说:"我为正义而牺牲的朋友哟,我祝你光荣的死,成为猛烈的导火线,使革命的炸弹早日在赤日光中飞进!"28日,《民国日报》刊登了《黄仁烈士传》。

黄仁烈士是上海大学学生中在国共合作时期为革命最早牺牲的革命青年、共产党员,他在上海大学学习的时间虽然不长,却在上海大学革命史上留下了永不磨灭的一页。

吉国桢：
高唱《国际歌》，昂首走向敌人刑场

1926年7月，青年团江浙区委有一份关于组织情况的统计报告，其中在"各青年团体党团书记"一栏中，载有"姓名：吉国桢；团体名：共进社；所在地：上大""姓名：吉国桢；团体名：陕西旅沪各团体联合会；所在地：上大"。这份档案清楚地表明，当时上海大学的"共进社"和"陕西旅沪各团体联合会"这两个社团的党团书记，都是由吉国桢担任的。

吉国桢

吉国桢，字干卿，生于1899年，陕西华县（今属渭南）人。1920年春考入咸林中学，开始接受新思想，并参加了进步团体青年励志社。1924年夏天，考进上海大学社会学系。当时，上海大学社会学系的系主任是中国共产党早期领导人瞿秋白，主持学校行政事务的则是中国共产党另一位早期领导人邓中夏。在教师和学生中，共产党员和青年团也占有相当的比例。在这样一个充满着革命和进步氛围的学校中，吉国桢的思想觉悟提高得很快。无论是在课堂上还是在课外的社会工作中，吉国桢都受到了马克思列宁主义理论的教育和影响。他在进上海大学的当年，便加入了社会主义青年团。在上海大学，吉国桢于文化和理论学习之余，积极参加社会工作。他参与发起成立了上海大学陕西同乡会，参与创办了由同乡会主办的半月刊杂志《新群》，结合时事，宣传马克思主义和国民革命的主张，揭露和批判帝国主义和反动

吉国桢参与创办的半月刊杂志《新群》

军阀的罪行。"五卅"运动爆发以后,吉国桢和大多数上海大学的老师、学生一样,怀着满腔热血和悲愤,积极投身到这股革命洪流中去,经受了革命的洗礼和考验。他深入工厂,向工人们揭露帝国主义剥削欺压工人、镇压工人的种种罪行,来启发工人的觉悟。上海大学的学习和战斗生活,使吉国桢在思想理论、革命意志和工作能力等方面,都有了新的进步和提高。1926年5月,陕西地区党团组织的创建人之一的王尚德遭直系军阀刘镇华通缉,潜至上海,就是通过吉国桢接上党的关系,然后给原为上海大学教授、已在黄埔军校任政治总教官的恽代英去信,由恽代英介绍赴广州在黄埔军校政治部宣传科任科员[①]。正因为吉国桢在上海大学的突出表现,党组织决定派他和其他同志一起,到莫斯科中山大学学习深造。1926年的夏天,吉国桢在党组织的安排下,告别了上海大学,到达莫斯科,开始了他新的学习和战斗生活。也就是在这一年秋天,吉国桢正式转为中国共产党党员。

1929年,吉国桢奉命回国。他担任了中共陕北特委书记,其间主持开办党员、团员训练班,秘密开展学运、农运和兵运,使陕北的党、团组织和革命运动有了很大发展。至1930年夏,陕北党、团组织遍及十余个县,党员、团员达2 000余人。从1930年7月起,吉国桢先后任中共陕西省常委兼西安市委书记、陕西临时省委书记。1931年5月,任中共河南省委书记。在严酷的白色恐怖下,他不避艰险,努力工作,整顿各地党组织,使遭

---

① 胡华主编:《中共党史人物传(第十一卷)》,陕西人民出版社1983年版,第308页。

受敌人严重破坏的河南党组织迅速得到恢复和发展。同时,他领导党、团组织深入基层,发动农民开展游击战争,在敌军部队中发动兵变,组织城市工人罢工,有力地回击了国民党反动派的屠杀政策。1931年春,吉国桢向党中央建议开展对国民党二十六路军的兵运工作,并派遣省委一位在二十六路军有广泛关系的干部到该军进行策动工作,为促成宁都起义作出了贡献。

1931年"九一八"事变爆发后,吉国桢在河南领导成立抗日组织,大力开展抗日救亡运动。由于长期在艰苦的环境下坚持工作,积劳成疾,于这一年的冬天,一度半身瘫痪,卧床不起。但当病情稍有好转,他即继续投入紧张的革命工作中去,表现出一位共产党员鞠躬尽瘁、舍生忘死的革命精神。

1932年7月下旬,因叛徒告密,吉国桢在郑州被捕,后被押至开封。在狱中,吉国桢被敌人用各种刑具拷打折磨得遍体鳞伤,但他始终坚贞不屈。面对敌人的叫嚣拷打,他充满豪气地对敌人说:"共产党人是不怕死的!要命有一条,要党的机密一个字也没有!"敌人从吉国桢身上,尝到了什么是共产党人的钢铁意志。色厉内荏的敌人只得绝望地下令处决吉国桢。8月22日凌晨,吉国桢与其他战友一起,高呼着"中国共产党万岁!""中国革命万岁!"的口号,高唱着《国际歌》,昂首走向刑场,英勇就义,年仅33岁。

季步高：
英勇就义于广州红花岗的年轻烈士

季步高

成立于1922年10月的上海大学，是从上海东南高等师范专科学校改制改名而来的。上海大学成立以后，原上海东南高专的学生也就成为上海大学最早的一批学生，季步高就是其中的一位。

季步高，名大纶，号凌云，笔名布高，生于1906年，浙江龙泉人。6岁入私塾开蒙，9岁就读于安仁仁山书院、大舍村小学。1920年春，偕表兄李逸民考入浙江省立第十一师范学校，第二年考入杭州法政专门学校。在校期间，他读遍了严复翻译的《天演论》等数种社会科学著作和林琴南翻译的欧美文学名著，还千方百计地找来《新青年》《浙江潮》等刊物阅读，眼界大开，初步接受了新文化、新思想。1922年夏，考入上海东南高等师范专科学校。10月，学校风潮陡起，更名为上海大学，季步高遂转入上海大学中国文学系学习。

在目前保留的季步高家信中，有几封是季步高在上海大学求学期间写给父亲的，其中谈到了东南高专风潮及上海大学最初成立的一些情况。信中说："此次风潮之起，由于办事人以学校为营利之场，激起众怒，遂宣言改组学校，结果改东南专科师范为上海大学，请革命伟人于右任先生为校长，孙文为校董。于先生系前清翰林，民国革命家，曾做过陕西督军，后先生自不愿做，弃职来沪，热心教育事业，出洋三十万，为本校建筑校舍之费。校址拟宋教仁墓旁，明年五月始能落成。""总而言之，上海大学与北京大学、中国大学一样资格，办事人则尤热心。男（季步高自称）等以中学未毕业，法校（指季步高原先就读之浙江法政专门学校，校址在杭州）不能更名（指更改校名）之人得入大学，亦千载一时之机会也……"

编印于1924年4月的《上海大学一览》，在《学生一览表》里，季步高列"中国文学系二年级"的名单中，年龄为19岁，成为这个年级中年龄最小的一位。

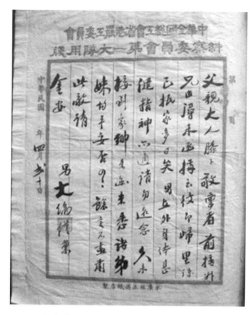

季步高写给父亲的家书（署名大纶）

正因为季步高年龄小，学历低，中学未毕业，因此，他非常珍惜在上海大学读书的这一机遇。他在给兄季步升的信中，坦露了自己对学习的看法。他说："人之作事须自始而及终，中途辍业，见异思迁，识者不取也。况乎吾辈今日之求学，为毕生事业之始基，年华易逝，转瞬白头，今日不加奋勉，将见日暮途穷，悔恨晚矣！"①

季步高在上海大学求学之时，正是邓中夏、瞿秋白等共产党人在校负责行政和教务工作的时期。季步高在如饥似渴学习知识的同时，也受到了马克思主义理论的教育和进步思想的影响。上海大学成为季步高以后走上革命道路的一个起点。

1925年6月，季步高考入广州黄埔军校第四期，同年9月，他加入了中国共产党，参加了以共产党员和共青团员为骨干的"中国青年军人联合会"。1926年春，季步高根据党的指示，从黄埔军校退学，转到中华全

---

① 中共浙江省委党史资料征集研究委员会、浙江省档案馆编：《浙江革命烈士书信选》，浙江人民出版社1986年版，第62页。

从 *上海大學* 走出来的英雄烈士
(1922—1927)

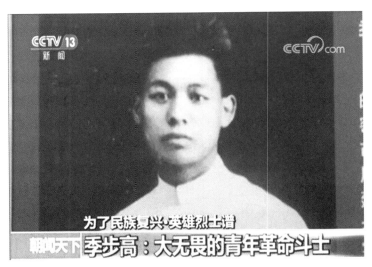

中央电视台"朝闻天下"介绍季步高烈士

国总工会省港罢工委员会工人纠察队训育处工作,先后任训育处副主任、训育长,又重新在上海大学的老领导邓中夏领导下工作。在这一期间,他积极投身于工人运动,在协助邓中夏培训工人武装的同时,又参加《工人之路》的编辑工作。1927年蒋介石发动"四一二"反革命政变以后,广州反动当局也向革命者举起了屠刀,在一片白色恐怖下,季步高临危不惧,转入地下斗争。1927年11月,他参加了广州起义,并在广州苏维埃政府中担任军事委员会军械处处长;1928年1月30日,在敌人的追捕屠杀中,中共广州市委再次重建,季步高临危受命,担任广州市委书记,领导党、团组织进行艰苦卓绝的斗争。7月,季步高在香港向中共广东省委汇报和请示工作时,不幸被港英当局逮捕,旋被引渡回广州反动当局。在狱中,虽经敌人百般折磨拷打,但他以共产党员的浩然正气经受了生死考验。这一年的冬天,季步高英勇就义于广州红花岗,年仅22岁。

1945年在中国共产党第七次代表大会上,季步高的英名被载入革命烈士史册,成为从上海大学走出来的最年轻的英雄烈士之一。1983年8月,在季步高的故乡龙泉,建立了季步高烈士纪念碑,成为当地红色革命和爱国主义教育的一部生动教材。

蒋光慈:
大学讲台上的诗人和作家教授

1925年12月17日,共产党员、上海大学学生、上海市总工会副委员长刘华被反动军阀孙传芳秘密杀害于上海高昌庙。上海大学教授、著名作家和诗人蒋光慈怀着悲愤的心情,写下了一首题为《在黑夜里——刘华同志之灵》的悼诗,诗中控诉了帝国主义和反动军阀的暴行,赞颂刘华是"上帝的叛徒,黑暗的劲敌",坚信"黑夜总有黎明的时候"。

蒋光慈

蒋光慈,原名如恒,又名侠僧、侠生、光赤等,1901年生于安徽霍邱南乡白塔畈(现属金寨),祖籍安徽六安。他7岁入私塾,聪颖异常,有"神童"之称。14岁时进河南固始县志成小学高小读书,深受国文教员詹谷堂器重。詹谷堂后来成为共产党员,并为革命献出了宝贵的生命。詹谷堂在任教时,给了年幼的蒋光慈极大影响。他参加了詹谷堂组织的"读书会",阅读进步刊物,追求真理,萌生了对不平社会的反抗念头,还写下了"昔日思班子(即东汉时期投笔从戎,出使西域的军事家、外交家班超),今朝慕列宁"这样仰慕无产阶级革命导师列宁的诗句。詹谷堂烈士可以说是蒋光慈思想上的启蒙者。1917年夏,蒋光慈考进芜湖省立第五中学就读。在芜湖五中,蒋光慈在思想上又深受进步教员高语罕、刘希平等人的影响。高语罕、刘希平经常利用上课时间,给学生们介绍和讲解《新青年》等进步刊物上刊登的文章,还讲授中国历代传诵的爱国诗词,激发学生的爱国热

情。就在芜湖五中，蒋光慈将自己的名字"如恒"改为"侠生"，表示要一生行侠仗义，反抗不平的社会。还和外校的钱杏邨（即现代作家阿英）、李克农等人成立"安社"，主编油印小报《自由之花》。"五四"运动爆发后，他主编校刊《自由魂》，积极领导芜湖地区的学生运动，被推选为芜湖学生联合会副会长。

1920年4月，蒋光慈作为芜湖学生联合会和各界联合会的代表，离开芜湖去上海，出席全国各界联合会。当时，正值北京政府屈从于日本的压力，密谋鲁案直接交涉。中华民国学生联合会总会为此发出通电，决定自4月14日起，实行全国罢课，誓死反对鲁案直接交涉。芜湖各中等学校学生从4月16日起开始罢课。蒋光慈抵达上海后，立即投入了这场震撼全国的罢课斗争。4月18日，他与芜湖学生联合会的另一名代表李宗邺联名在上海《民国日报》发表了《代表通告书》。这是年仅19岁的蒋光慈到上海后第一次公开发表的署名通电，是他在"五四"时期从事革命活动的一个历史记录。与此同时，蒋光慈还积极组织并撰写了一批反映芜湖学生罢课斗争进展情况的报道，在上海《民国日报》上陆续刊出。

这年秋天，经高语罕推荐，蒋光慈进入由共产国际开办的"外国语学社"学习。冬天，经陈独秀介绍，他加入了中国社会主义青年团。1921年四五月间，蒋光慈被派往苏俄莫斯科东方劳动者共产主义大学学习，同行的有刘少奇、任弼时、萧劲光、曹靖华、韦素园、吴葆萼等。1921年，共产国际在莫斯科筹备召开远东各国共产党及民族革命团体第一次代表大会，蒋光慈被调去担任翻译和招待工作。会上，他结识了中国共产党代表张太雷。最使蒋光慈引为自豪的是，会议期间，他见到了仰慕已久的革命导师列宁。不久，东方大学中国班开始建立中共组织，蒋光慈即由团员转为中共党员，并和其他党员同学一起，组成中国共产党旅莫支部。

在东方大学学习的课余时间，蒋光慈在瞿秋白的指导下，写作及翻译了一些宣传唯物论和革命文学的论文，寄回国内在《新青年》《向导》等刊物上发表；还编写了一部《列宁年谱》，热情宣传列宁的伟大功绩。他精通俄文，尤其在阅读和研究苏俄文学作品、从事新诗创作方面，成绩斐然，从而奠定了后来从事革命文学运动的基础。

1924年初夏，蒋光慈奉命回国。他在到上海的途中，专程来到他高小时的母校固始县志成小学。6月30日,他主持了他小学老师、引导他走上革命道路的詹谷堂等5位同志的入党仪式,成立了豫皖边区比较早的一个党小组,由詹谷堂担任组长。到上海以后,经瞿秋白介绍,蒋光慈来到上海大学担任教授。1924年8月21日,《民国日报》《申报》刊登题为《上海大学新聘之教授》的报道,称:社会学系新聘教授蒋光慈,讲授"世界史""俄文"课程。

在上海大学,蒋光慈积极参加学校的教学、文学创作和社团组织活动。如这一年的11月7日,上海大学平民学校召开纪念苏联十月革命大会,到会者有五六百人,蒋光慈应邀在会上介绍了俄国革命后的情况。1924年11月,蒋光慈欣然接受上海大学副校长邵力子的邀请,参加《民国日报》副刊《觉悟》的编辑工作。他亲自设计刊头,撰写卷首语。他还与同校教师沈泽民和学生王秋心、王环心等成立"春雷文学社"。11月15日,《觉悟》上发表了《春雷文学社小启事》,提出办社的宗旨是:"想尽一切力量,换一换现代文学界的'靡靡之音'的潮流,预备每星期在《觉悟》上出文学专号。"在《文学》创刊号上,蒋光慈发表《我们是些无产者》的诗作:"朋友们呀,我们是些无产者,有钱的既然羞与我们为伍,穷人们当然要与我们交悦。我们的笔尤要为穷人吐气,我们的呼吼能为穷人们壮色。呵,我们是些无产者,我们要联合全世界命运悲哀的人们,从命运的宝库里,夺来我们所有的一切。"以特有的艺术个性,表达了自己的世界观和文学观。同期还发表了蒋光慈的《现代中国的文学界》,提倡既要有好的文学创作,也要有好的文学批评。12月2日,上海公共租界工部局《警务日报》刊登题为《上海大学瞿秋白等活动》的报道,称"其他地位较低之教授而为《向导》写稿的则有蒋光赤(即蒋光慈)、张太雷、刘含初"。1925年3月28日下午2时,上海大学召开追悼孙中山先生大会,参加者达1 000余人。会议由中国文学系主任陈望道主持,蒋光慈和恽代英、叶楚伧、邵力子、施存统、任平正等教授相继发表演说。30日晚上7时,上海大学平民学校召开追悼孙中山先生大会。到会学生、教职员和来宾有300余人。蒋光慈又应邀在会上大学部发表演说。"五卅"惨案发生后,蒋光慈义愤填膺,写了一首题为《血花的爆裂》的诗,向为争取自由而英勇献身的先烈表达了崇高的敬意。1925年12月17日,共产党员、上海

从 *上海大学* 走出来的英雄烈士
(1922—1927)

大学学生、上海市总工会副委员长刘华被反动军阀孙传芳秘密杀害于上海高昌庙后,蒋光慈即怀着悲愤的心情,写下了悼诗《在黑夜里——刘华同志之灵》;1926年1月12日,蒋光慈、沈雁冰、周建人等上海大学教授与社会知名人士郭沫若、叶圣陶等,又为刘华遭秘密杀害一事,发表《人权保障宣言》,谴责军阀当局暴行。1926年3月19日,《申报》刊登题为《上大附中之近讯》的报道,称又新聘各科教员如蒋光慈任社会学教师。蒋光慈从1924年8月被上海大学聘为教授,一直到1927年5月上海大学被反动当局封闭,除了1925年4月到11月奉命到北京中共北方执委会工作以外,一直在上海大学任教。蒋光慈是在上海大学任教时间比较长的教授之一。

根据上海大学学生回忆,23岁的蒋光慈,风华正茂,才华横溢。讲课神态安逸从容,语调抑扬顿挫,没有华丽的辞藻和空谈,侧重深入浅出地分析问题,颇能理论联系实际。同学们都称赞蒋光慈的课讲得精彩,有人说他有才气,有人说他俄语好,有人说他很用功。后来有学生到他成都路福康里的亭子间,发现他满架子的西文书籍和厚厚的讲义,书桌上堆放着许多参考书,顿时恍然大悟,知道他几乎全在这里备课编讲义,为报刊写文章或进行文学创作[1]。

在上海大学,师生关系融洽,既是同志又是朋友,没有严格的师道尊严。据阳翰笙回忆,蒋光慈与瞿秋白、施存统经常到同学住处访谈。他们一来,同学就将他们团团围住,探讨、辩论各种问题,有时觉得他们的解答难以理解,就跟他们争辩,互不相让,气氛活跃。蒋光慈喜欢喝点酒,有时他们到附近小店买点酒、花生米、豆腐干之类,边喝酒边谈问题,尽兴时还唱起歌来,可见师生关系之和谐[2]。上海大学的学生不仅在课堂上接受教育,而且在业余时间还能拓展新知、提高理论素养。

作为作家,蒋光慈在文学评论、文学创作以及文学活动方面都在中国现代文学史上留下了重重的一笔。1925年2月,参加创造社;1926年,中篇小说《少年飘泊者》问世,在读者中引起很大反响;1927年11月,反

---

[1] 张元隆著:《上海大学与现代名人(1922—1927)》,上海大学出版社2011年,第126页。
[2] 阳翰笙:《回忆上海大学》,载《新文学史料》1984年第2期。

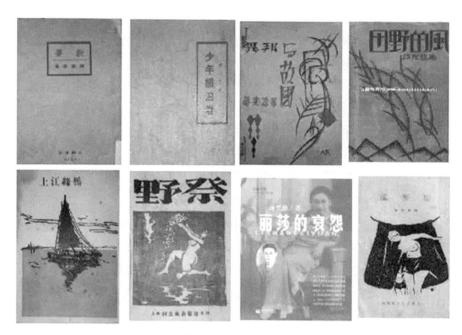

蒋光慈部分文学作品

映上海工人武装起义的中篇小说《短裤党》出版,为中国无产阶级革命文学最初的成果之一;1928年1月,与钱杏邨、孟超等成立革命文学团体太阳社,编辑《太阳月刊》《拓荒者》等文学刊物。太阳社在中国现代文学史上具有重要地位,其成员全部是共产党员。除了蒋光慈、钱杏邨、孟超、杨邨人这四个发起人之外,还有林伯修(杜国庠)、洪灵菲、戴平万、任钧、楼建南、楼适夷、殷夫等。当时在中共中央的瞿秋白和高语罕、杨匏安等,也参加了太阳社,这是现代文学史上由中国共产党领导和组织的第一个文学团体;1929年8月下旬,蒋光慈因病赴日疗养期间,主持成立太阳社东京支部,在坚持文学创作的同时,写了不少文学论文。回国后与鲁迅、柔石、冯雪峰等人组成中国左翼联盟筹备小组。1930年3月,"左联"成立时被选为候补常务委员。11月,长篇小说《咆哮的土地》完稿,作品反映了1927年大革命前后农村中尖锐的阶级斗争,是作者最成熟的一部作品。不久,因对当时党内立三路线的"左"倾冒险主义不满,自动要求退党。1931年8月31日,蒋光慈病逝于上海同仁医院,年仅30岁。

同年9月15日,上海出版的左联外围刊物《文艺新闻》,专门出了一期"追悼号",哀悼蒋光慈等同志的不幸逝世。钱杏邨以方英的笔名在"追悼号"上发表的一篇悼念蒋光慈的文章,指出:"他生活了三十年,在他的全部生命之中,他是以无限的精力献给了革命。"著名作家郁达夫在一篇纪念文章中,沉痛地指出:"他的早死,终究是中国文坛上的一个损失"。

中华人民共和国成立以后,党和人民给予蒋光慈崇高的评价。1953年,纪念蒋光慈逝世22周年前夕,上海市文学艺术界联合会经过多方追寻,终于找到蒋光慈的遗骸,于5月23日正式迁葬上海虹桥公墓,他生前的老战友夏衍主祭,陈毅市长书写墓碑:"作家蒋光慈之墓"。尽管蒋光慈自参加革命之后从未回过家乡,但是大别山的人民并没有忘记这个为革命文学事业作出卓越贡献的儿子。1957年2月,安徽省六安县人民政府决定追认蒋光慈为革命烈士。同时上报安徽省民政部门,由省民政部门追认他为革命烈士。2010年5月,经当地教育部门批准,将蒋光慈家乡的金寨县白大小学改名为光慈小学,以对烈士作永远的纪念。

李汉俊：
由毛泽东亲自签发纪念证书的革命烈士

1952年8月，中华人民共和国中央人民政府主席毛泽东亲自签发了一张《革命牺牲工作人员家属光荣纪念证》，证书上写着："李汉俊同志在大革命中光荣牺牲，丰功伟绩永垂不朽！"

李汉俊，原名书诗，又名人杰，号汉俊，生于1890年，湖北潜江人。中国共产党第一次全国代表大会代表。李汉俊于1902年12岁时就东渡日本求学。1918年在日本东京帝国大学毕业。在日期间，受到日本著名马克思主义经济学家河上肇的影响，接受并信仰马克思主义。回国后在上海从事撰述和翻译工作，积极宣传马克思主义，鼓吹革命，大力推进党的建设工作。

李汉俊

对于中国共产党的建立，无论在筹备过程中还是在中国共产党第一次全国代表大会召开期间，李汉俊都作出了不可磨灭的贡献。早在1919年9月，李汉俊就萌发了在中国建党的思想。1920年初，他和李大钊、陈独秀等开始着手组建中国共产党的工作。5月，他和陈独秀组织成立了"上海马克思主义研究会"。8月，和陈独秀、李达等共同发起组织了上海共产主义小组，这是中国第一个共产党早期组织。12月，代理上海中共发起组的支部书记，负责全面领导工作。在这期间，李汉俊还负责帮助各地建立共产党早期组织，并担任联络工作。1920年夏，李汉俊写信给董必武，希望武汉也建立共产党组织。对此，董必武曾回忆说："1920年，李汉俊这个

从*上海大学*走出来的英雄烈士
（1922—1927）

从日本归国的学生，我的马克思主义老师，在上海帮助建立中国共产党，并到武汉来同我商量，我决定参加，并负责筹组党的湖北支部。"可见，李汉俊在中国共产党正式成立之前，是做了许多实际而有效的工作的。

1921年7月23日，中国共产党第一次全国代表大会在上海召开，会议地点为法租界望志路（今兴业路）106号，就是李汉俊和他的胞兄李书城的家。会前，李汉俊受陈独秀委托，为会议起草了党纲；7月25日、26日休会期间，李汉俊和董必武、张国焘、刘仁静一起起草了党的纲领、工作计划和成立宣言；会议结束以后，又由李汉俊和董必武共同起草了大会向共产国际作的关于中国情形的报告。李汉俊对中共一大成功召开还有一个历史性的贡献，就是他用智慧和胆识保卫了会议的安全。7月30日晚上，代表们举行第六次会议，会议刚刚开始，突然有一中年男子闯入。陌生人的突然出现，引起大家的警觉，会议当即作出决定，代表立即撤离，只留下李汉俊和陈公博两人。几十分钟后，十多名法国警察带着几名中国密探闯入室内进行搜查。李汉俊以房东的身份镇静地用法语从容应对，终于使法国警察一无所获，悻悻离去。这才使党的一大在第二天，也就是31日在浙江嘉兴南湖得以继续召开，完成了中国开天辟地的一件大事。

李汉俊对党的贡献，还有一个就是在马克思主义理论的传播和宣传方面。李汉俊是中国共产党创立时期最有影响的理论家、思想家之一。他通晓日、德、英、法四国语言，对马克思主义的原著研读很精深。从1918年从日本回国开始，就致力于马克思主义理论的翻译和

李汉俊翻译的《资本论》

传播，撰写了大量介绍马克思主义的文章，创办《劳动界》，参加编辑《新青年》《星期评论》《共产党》。这些刊物成为马克思主义在中国初期传播的最重要刊物，影响了包括毛泽东、刘少奇、周恩来、董必武等在内的整整一代革命青年。

党的一大以后，李汉俊于1922年去武汉从事革命工作，曾任湖北全省工团联合会教育主任委员。1923年，参与京汉铁路总工会成立大会领导工作，是京汉铁路"二七"大罢工的领导人之一。

1925年春，李汉俊担任了上海大学教授。关于李汉俊在上海大学任教的情况，早在1923年6月14日的《民国日报》上就刊登了一篇题为《上海大学革新之猛进》的报道，披露了上海大学拟定的今后发展的大体计划，称上海大学自下年起已预订的教职员有：总务长为邓安石（中夏），教务长为瞿秋白，社会学系主任为李汉俊。同年6月22日北京《晨报》也在题为《上海大学革新之猛》的报道中透露上海大学拟聘李汉俊担任社会学系主任的消息。但实际上李汉俊当时并没有到上海大学任教。李汉俊正式到上海大学担任教授是在1926年春。在上海大学，李汉俊在社会学系主讲"唯物史观"。关于他在上海大学任教和所担任职务的情况，从目前留下来的中共上海区委的会议记录来看，中共上海区委至少在1926年的5月8日、6月5日、6月12日、6月18日四次召开的各部书记会议上专题讨论过。会议记录还披露李汉俊在上海大学任教的问题曾惊动了中共中央，如6月5日下午2时，中共上海区委召开各部书记会议，由各部委汇报工作情况。上海大学在汇报中称："关于上大主任问题，中央回信不要包而不办，对李汉俊要好。"[①]

李汉俊在上海大学任教的时间并不长。1926年8月，北伐军进驻武汉，9月，湖北政务委员会成立，李汉俊为委员并任接收保管委员会主任委员。1927年1月，国民党湖北省第四次全省代表大会召开，李汉俊当选为执行委员。4月10日，湖北省政府成立，李汉俊任省政府委员兼教育厅厅长。"七一五"汪精卫叛变革命后，李汉俊继续坚持革命立场和孙中山

---

① 《上海区委会议记录（1926年4月—1926年6月）》，见中央档案馆、上海市档案馆《上海革命历史文件汇编》，1989年11月印。转引自《20世纪20年代上海大学》，上海大学出版社2014年版，第503—505页。

先生的"三大"政策,同反共右派势力进行了坚决的斗争,在险恶复杂的形势下掩护了一些共产党人。11月,在桂系军阀占领武汉后,李汉俊与詹大悲等以省政府的名义下令释放在武汉被捕的共产党嫌疑分子300多人,营救和保护了大批共产党的干部。12月17日,被武汉卫戍司令、桂系军阀胡宗铎以"赤色分子"罪名逮捕,并惨遭杀害。就义时年仅37岁。

李硕勋：
人民的坚强战士，党的优秀党员

由中国电力出版社、中国文献出版社于2014年7月联合出版的《李鹏回忆录》，在第一章《我的出生》中一开始就写道："我出生在一个革命家庭。我的父亲叫李硕勋，母亲叫赵君陶（原名赵世萱），他们于1926年8月在上海大学结成良缘，成为一对志同道合、相亲相爱的革命伴侣。"李鹏同志的父亲李硕勋和母亲赵君陶这一对佳偶，是上海大学众多革命伴侣中的一对。

李硕勋

李硕勋，原名李开灼，字叔薰，又名李陶，生于1903年，四川庆符（今属高县）人。5岁时入私塾开蒙，1912年转入庆符镇梧岗书院初级小学读书，1915年升入庆符县立高等小学。他聪颖好学，但并不追求死记硬背，不愿在寻章摘句中讨生活。他曾对同学说："吾不欲为学者，愿成功一事业家。"[①] 在小学读书时就显露出他不同一般的号召力和组织力。1918年7月，李硕勋考入叙州联合县立中学，由于父亲逝世，只得停学回家治丧。1819年1月，久有成为一名军人愿望的李硕勋来到成都投考四川讲武堂，由于年龄不到，未被录取，后来考入成都一家私立学校储才中学。"五四"运动起来之后，他积极参加宣传新思想和抵制日货的爱国运动，没有继续在储才中学读下去，于1920年春重

---

① 中共广东省委党史研究委员会：《李硕勋》，广东高等教育出版社1986年版，第157页。

从 上海大学 走出来的英雄烈士
（1922—1927）

新考入叙州联合县立中学。在校期间，他积极参加宜宾地区学生的反帝斗争，成为当地学生运动领袖。1921年1月，他和同学阳翰笙来到成都，插班进入四川省立第一中学。在这里，他开始阅读了《共产党宣言》《阶级斗争》等马克思主义理论书籍，思想上受到很大影响，初步确立了对马克思主义的信仰。这一年秋天，李硕勋和阳翰笙等经过酝酿，正式成立了成都社会主义青年团，不久改称四川社会主义青年团。李硕勋是四川青年团创始人之一。

1923年，李硕勋来到上海，考入上海大学社会学系。在1924年4月编印的《上海大学一览》之《学生一览表》中，在"社会学系"一栏里，称"李硕勋，年龄十九，籍贯四川，通讯处四川庆孚东街李宅"。在上海大学，李硕勋接受了系统的马克思主义和共产主义的思想教育，政治上进步很快，于1924年在上海大学加入了中国共产党。在校期间，李硕勋读书很用功。据李硕勋的上海大学社会学系同学、好朋友阳翰笙回忆，"当时'上大'的课程抓得很紧，白天照样上课，你去参加工人运动，回来就得自己补功课"。1925年3月，阳翰笙患病，组织上就安排阳翰笙和李硕勋、刘昭黎、雷晓晖等几位同学一同到杭州养病并补习功课。李硕勋随身带了许多关于马列主义哲学和社会科学的书籍，在杭州葛岭山庄租了房子，在那里苦心钻研理论，补习落下的功课。李硕勋和赵君陶也就是在杭州用功读书期间偶然相识，并结成革命伴侣的。

在上海大学，李硕勋除了认真学习、完成学业以外，还积极投身校内外的各种革命活动，并根据党的要求和安排，担任着各种职务。在校内，他参加各种进步的社团活动。如1924年12月17

李硕勋与赵君陶

日,上海大学四川同学会召开会议,选举由9人组成的委员会,李硕勋当选为委员。1926年1月,李硕勋还亲笔写信介绍张崇文进入上海大学社会学系学习。张崇文后来参加了党的革命军队,身经百战,成为中华人民共和国的开国少将。课余,李硕勋还和同是四川籍的同学郭伯和、余泽鸿等人发起组织平民世界学社,出版《平民世界》半月刊,宣传平民要起来当家作主人,反帝反军阀的思想。

在校外,李硕勋更是怀着满腔革命热情,积极参加各项社会活动并忘我地工作。他经常利用晚上业余时间,深入沪西工人补习学校,启发工人觉悟;又根据组织安排,深入日资内外棉纱厂的工人中,支持工人为反对日本资本家欺压中国工人而发动的罢工斗争。1924年10月10日,在纪念辛亥革命13周年的大会上,他的同学黄仁被国民党右派唆使流氓殴打致死,李硕勋悲愤无比,召集上海大学四川同乡会为黄仁牺牲一事通电全国,强烈要求惩办凶手。"五卅"运动爆发,正在杭州养病和补习功课的李硕勋、阳翰笙等人闻讯,即从杭州赶回上海,投身到"五卅"反帝爱国的洪流中去,经受了血与火的考验。在斗争中,李硕勋显示了他的成熟与才能,迅速地成为学生领袖。他被选为上海学生联合会代表和全国学生联合总会会长,还受命担任全国学生联合总会党团书记。上海大学学生、工人领袖、共产党员刘华遭反动当局枪杀以后,上海各团体联合会于1926年1月17日举行代表大会,李硕勋被推选为大会主席。在李硕勋的主持下,大会发表宣言,谴责反动当局枪杀刘华,出席会议的200名代表全体起立,表示对刘华烈士的哀悼。5月18日,中共上海区委为加强"五卅"惨案一周年纪念工作的领导,

李硕勋在上海

从上海大学（1922—1927）走出来的英雄烈士

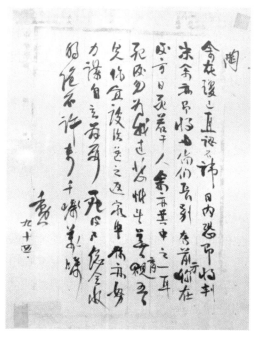

李硕勋烈士遗书（在狱中给妻子赵君陶的信）

决定成立由9人组成的行动委员会，李硕勋也名列其中。在这期间，李硕勋还担任了共青团上海南市部委书记。从1925年到1926年，李硕勋先后主持召开了第七、第八届全国学生代表大会。

李硕勋不但是学生、工人运动的一位杰出组织者、领导者，也是一位杰出的青年理论家。他在紧张的读书、工作之余，写了大量的文章，宣传党的理论和方针，批判和驳斥国民党右派和国家主义派的种种谬论。针对中国青年党曾琦、李璜在《醒狮周报》上宣传国家主义、与中国共产党争夺青年的行径，李硕勋在恽代英、萧楚女等上海大学教授、中共早期杰出理论家的指导下，撰文批判"醒狮派"的种种谬论。1926年5月22日出版的《中国学生》周刊第28期，就刊登了李硕勋以"硕埙"的笔名发表的《〈狮子周报〉一再攻击全国学生总会的真面目》，指出"醒狮派"不惜用卑鄙的手腕要想全国学生都信仰国家主义，"然而全国多数同学都知道，凡真爱国的，不必都信国家主义，而像'狮子'牌的国家主义并不是真爱国的，且将为真正爱国主义者所不齿！"[①] 作为全国学生联合总会会长、全国学生联合总会党团书记，他在《中国学生》周刊上发表了大量文章，如1926年5月1日出版的《中国学生》周刊第25期上，他以"硕埙"的笔名发表《今年"五四"之中国政治状况与中国学生的责任》一文，号召青年"不要因为反动势力的复来而退缩消极，我们更要认清我们的责任，防止敌人的挑拨离间，统一、坚固我

---

① 中共广东省委党史研究委员会：《李硕勋》，广东高等教育出版社1986年版，第137页。

李硕勋烈士雕像

们的团结,重振'五四'的精神,更努力奋勇地领导大多数被压迫民众集中于国民革命旗帜之下,再接再厉地与帝国主义及其工具斗争,以获取我中华民族之独立与自由"①。此外,李硕勋还在《中国学生》上发表了大量的"时事述评",来引导学生关心时事和正确认识和分析时事。

1926年10月,国民革命军北伐攻占武汉,李硕勋接受党的指派,奔赴武昌,接受新的工作和任务,从而结束了在上海大学三年的学习和战斗生活。

李硕勋到武汉先后担任中共武昌地委组织部部长、共青团湖北省委书记。12月,又奉命担任国民革命军第4军第25师政治部主任。1927年春,率师主力一部继续北伐,在河南上蔡战役大败奉军,后又回师武汉,参与平定夏斗寅叛乱。又率部参加了"八一"南昌起义,任第11军第25师党代表兼政治部主任。起义部队南下广东途中,参与指挥会昌战役并取得胜利。10月,接受朱德派遣,赴上海向党中央汇报和请示工作,被党中

---

① 张松林主编:《不朽的丰碑——纪念李硕勋烈士诞辰100周年文集》,南海出版公司2002年版,第42页。

央留在上海,从事党的地下工作。

1931年春,党组织决定调李硕勋到中央革命根据地任红7军政委,5月下旬到达香港,后转任中共广东省委军委书记,7月在琼州(今海南岛)指导工作途中不幸被国民党当局逮捕。在监狱中,李硕勋经受了敌人的严刑拷打,但敌人始终无法从李硕勋嘴里得到任何想要的东西。9月16日,气急败坏的敌人用竹筐将被打断双腿的李硕勋抬到海口东校场执行死刑,在刑场上,李硕勋大义凛然,从容就义,年仅28岁。

在临刑前,李硕勋给妻子赵君陶留下遗书,其中说:"余在琼已直认不讳,日内恐即将判决,余亦即将与你们长别。在前方,在后方,日死若干人,余亦其中之一耳。死后勿为我过悲。惟望善育吾儿。"[1] 表达了他甘愿成为千千万万个为革命为理想而捐躯的革命者之一的豪情壮志。新中国成立以后,朱德作为李硕勋的上级领导和战友,满含深情地为李硕勋烈士题词:"硕勋同志临危不屈,从容就义,是人民的坚强战士,党的优秀党员。""人民的坚强战士,党的优秀党员",正是李硕勋短暂而光辉的一生的写照。

---

[1] 中共广东省委党史研究委员会:《李硕勋》,广东高等教育出版社1986年版,第198页。

林　钧：
上海特别市临时市政府秘书长

1927年3月22日，上海第三次武装起义取得胜利。就在胜利的当天，在中国共产党的推动下，各界代表4 000余人举行代表大会，成立了上海历史上第一个联合民主政权——上海特别市临时市政府。共产党人罗亦农、汪寿华等各界代表共19人被选为市政府委员。其中，上海大学学生、共产党员林钧，被选为市政府委员兼市政府秘书长。

林钧

林钧，又名林少白，1897年出生，江苏川沙（今属上海浦东新区）人。1910年在川沙小学堂毕业，到南汇县（今属上海浦东新区）周浦镇布庄当了一名学徒。不久，考入江苏省立第一师范学校，因家贫而中途辍学，在南汇和川沙的小学任教谋生。1919年"五四"运动爆发以后，深受新文化、新思想的影响，燃起了追求进步、追求真理的热情，开始学习革命理论，接受马克思主义。他和几个志同道合的朋友创办了一本刊物，发表文章，抨击不合理的社会现实，传播进步思想。他还经常发表演说，批判帝国主义和国内的卖国贼，痛斥贪官污吏误国害民的行为。1924年春，他由于与南汇县万竹堂小学学监克扣学生膳费、侵吞公物等行为作斗争而被校方解聘。这一年7月，他考进了上海大学。

1924年7月14日，《民国日报》刊登了题为《上海大学第一次录取新生》的广告，其中社会科学院社会学系录取的正式生共有15人，林钧就在

131

其中。在进上海大学之前，林钧已经接触并接受了马克思主义。到了上海大学以后，更是在当时在学校担任教授的中国共产党早期领导人、第一流的马克思主义理论的宣传家、传播者和实践者邓中夏、瞿秋白、蔡和森、恽代英、张太雷、施存统等的直接教育和领导下，系统地学习了辩证唯物主义和历史唯物主义，马克思主义的思想理论水平有了质的提高。除了学习社会学专业知识和马克思主义理论以外，林钧还积极热情地参加学校组织的各种活动，很快在学生中崭露头角。这一年，林钧被批准加入了中国共产党。

林钧的政治觉悟、思想理论水平、社会活动能力在同期学生中都是很突出的，这集中体现在他在上海大学求学期间，在校内外从事的各项活动和革命工作中。

在校内，林钧积极参加学生会的各种活动。1924年10月13日，上海大学学生会召开成立大会，会议推选杨之华、王秋心、王环心、郭伯和、刘华等为执行委员，刚入学不久的林钧则被推选为候补委员。上海大学平民学校是在1924年上半年的4月15日成立的，根据章程，下半年对委员会进行了改选，结果，还是一年级学生的林钧被全体教职工公推为平民学校主任委员。11月7日晚上7时，上海大学平民学校召开纪念苏联十月革命大会，到会者有五六百人，林钧以平民学校主任的身份主持会议，介绍了会议宗旨。教授蒋光慈应邀在会上介绍了苏联十月革命以后建设和发展的成就。到了12月9日，上海大学学生会进行执委会改选，林钧由原来的候补执委被推选为执委会委员。到了1925年3月17日，上海大学学生会执委会再次进行改选，林钧又连任新一届执委。这一年的5月1日，上海大学平民学校举行纪念"五一"国际劳动节大会，学生和家属共500多人参加了会议。林钧以平校教员的身份和恽代英、侯绍裘、向警予等先后发表演说。5月16日，上海大学平民学校召开学生会成立大会，林钧又以教员的身份应邀在会上发表了演说。可见林钧是学校内的学生社团活动和平民学校的建设的热心而又积极的参与者。

在校外，林钧在党的领导下同样以极大的革命热情投入各种工作和活动。1924年10月10日，上海各界各团体在北河南路（今河南北路）天后宫举行国民大会纪念辛亥革命13周年。国民党右派喻育之、童理璋等

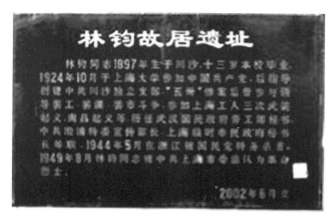

林钧故居

把持大会。这次大会发生了上海大学学生黄仁被流氓推下高台身受重伤而不治而亡的惨剧。当时在天后宫和国民党右派斗争的除了黄仁以外，还包括林钧、郭伯和、何秉彝、王环心、王秋心等上海大学学生。在这次斗争中，林钧被打成重伤送宝隆医院救治。上海大学教授、共产党员施存统专程到医院探望林钧，并将和林钧的对话记录整理成文，以《林钧被打之报告（存统笔记）》为题，发表在《向导》周报1924年第87期上。在这份笔记的最后，施存统表示："我们应该认识童理璋等背后帝国主义及军阀之势力！应该认识这是中国法西斯帝运动之发端。"11月28日，上海大学代理校长邵力子召集教职员和全体学生开会，赞成孙中山关于产生国民会议代表的建议，决定发表宣言，林钧和邵力子、彭述之、施存统、张太雷、韩觉民、刘华等7人被推举为代表，来与国内各大学联络，促成国民会议的召开。到了12月7日，上海国民会议促成会筹备处召集第二次代表大会，上海大学等92个公团共127人参加了会议。会议决定增加筹备委员人选，结果邵力子、林钧、郭伯和等8人当选。12月14日，上海国民会议促进会召开成立大会，到会团体共143个，代表计400余人，邵力子任大会主席。大会通过成立宣言，选举领导机构。邵力子、林钧、向警予等21人被选为正式委员。12月28日，上海国民会议促成会召开第三次委员会会议，决定派出宣传员来宣传孙中山先生关于通过召开国民会议以谋中国统一与建设的主张。林钧被安排到南汇、川沙两县进行宣讲。1925

年3月,林钧代表上海学生界到北京出席"国民会议促成会全国代表大会"。

"五卅"惨案发生以后,林钧立即投入这场反帝爱国斗争中去。他根据党组织的安排,组织和推动全市的罢工、罢市、罢课斗争。6月4日,上海工商学联合会成立,林钧和郭伯和被选为工商学联合会总务委员。6月7日,上海工商学联合会提出同帝国主义交涉的17项条件,林钧与上海总工会李立三、上海学联梅电龙等4人被推选为交涉条件审查员。6月11日,上海工商学联合会在南市公共体育场举行市民大会,林钧担任了大会主席,李立三、李鸣钟任大会副主席。参加大会的有各工团、各商界联合会、各学校500余团体,近10万人。会议通过反帝宣言和决议,会后举行反帝示威游行。11月2日,林钧、刘荣简等代表学界与工商各界组织"五卅"烈士丧葬筹备处,由林钧担任主任。6月22日,工部局《警务日报》刊登报道,称在"五卅"运动期间"罢工运动中最著名最活跃的华人领袖林钧、刘一清、李立三、刘华(沪西工会的组织人)、刘贯之(沪西工会秘书长在沪西工会所举行的多次会议中,此人是个重要人物)、孙良惠(著名共产党人,工部局警务处正在通缉此人)"。林钧成为工部局警务处盯紧的人物,正好显示了他在"五卅"运动中的杰出表现。

除了在校内外积极参加各种活动、担任各种职务领导革命斗争以外,林钧作为党员,认真参加党内的各种会议和完成党组织交给的各项任务。1926年5月18日,中共上海区委召开主席团会议,讨论"五卅"惨案周年纪念活动问题。为了便于指挥,会议决定组成"五卅纪念行动委员会",林钧和罗亦农、贺昌、汪寿华、梅电龙、韩光汉、余泽鸿、杨之华、李硕勋等9人被指定为委员,由罗亦农任主任。5月20日晚上10时,中共上海区委"五卅纪念行动委员会"召开会议,林钧向会议作了相关报告。5月26日、27日、28日连续三天,"五卅纪念行动委员会"都召开会议,落实各地区的准备情况,林钧都就大会的准备工作等作了发言。5月29日,上海各界在闸北方家桥举行"五卅"烈士公墓奠基礼,参加典礼的各界代表5 000余人,林钧主持了奠基仪式。上海总工会代表陶静轩为哀悼"五卅"烈士和刘华烈士发表了沉痛演讲,会后进行了游行示威。

1926年10月11日,国民政府军事特派员钮永建派代表来上海,中共上海区委派了汪寿华和林钧与之接洽,商谈国共合作组织上海工人武装起义之事。10月23日,上海工人第一次武装起义失败以后,中共上海区委指示林钧等在奉贤、南汇、川沙三县成立联合会。12月,上海工商学联合会改名为上海市特别市民公会,12月6日,中共上海区委特别市民公会党团召开会议,在会上,罗亦农指出说,特别市民公会,关系全上海自治运动,非常重要,我们非有严密的党团组织不可。会议决定任命林钧任市民公会党团书记,来领导市民公会的党团工作。1927年3月21日,上海第三次工人武装起义爆发以后,林钧在南市区的前线指挥战斗。3月22日武装起义成功以后,在随即召开的上海市民大表大会上,成立上海特别市临时市政府,林钧当选为市政府委员兼秘书长,受命主持市政府的日常工作。当天下午,林钧又以市政府委员兼秘书长的身份主持了上海市民欢迎北伐军大会。3月28日,中共上海区委召开会议,决定成立上海特别市临时市政府党团干事会,林钧和罗亦农、丁晓先组成了干事会。4月7日,上海临时市民代表大会召开第五次大会,上海共有800多职业团体代表3 000多人出席了大会,林钧以临时市政府委员、市政府秘书长的身份向大会作了报告。

"四一二"反革命政变发生以后,南京国民党中央发出通缉令,通缉共产党人及"跨党分子"197人,林钧名列其中。5月,根据党的指示,林钧来到武汉,并作为上海代表出席了在武汉召开的中国共产党第五次全国代表大会。8月,林钧参加了南昌起义。在随起义部队南下广东途中,因遭敌人进攻而与部队失去联系,又辗转回到上海。1927年9月,根据中共江苏省委的指示,在奉贤曙光中学秘密召开奉贤、南汇、川沙三县的党团骨干会议,传达了党的"八七会议"精神。之后他先后任中共浦东工作委员会书记、中共淞浦特委宣传部部长等职,领导和参与了浦东各县以及青浦、太仓等10个县的农民运动,组织发动农民、盐民开展抗租抗税斗争。抗日战争爆发以后,在八路军驻上海办事处从事情报、策反和军事组织工作。1938年,组建川沙边区人民抗日自卫总团第四大队,在川沙、崇明地区开展武装抗日斗争。1941年夏,奉命去浙东国民党江南挺进总队开展工作。1944年5月9日,在和国民党驻德清县浙西联防处联系商借军米之事时,被国民党特务秘密杀害,时年48岁。1949年8月,中共上海

从 上海大學 走出来的英雄烈士
(1922—1927)

川沙烈士陵园内的林钧烈士雕像

市委追认林钧为革命烈士。

  值得一提的是,1936年3月3日,国民党中央执行委员会第8次常务会议通过上海大学校长、国民党中常委于右任提出的追认上海大学学生学籍与国立大学同等待遇案,并致函国民政府令主管院部遵照办理。10月20日,上海大学同学会总会在南京公园路民众教育馆召开成立大会。会议选举了由林钧等21人组成的理事会和由张治中等9人组成的监事会。11月17日,上海大学同学会总会召开第一次理事会,出席理事16人,林钧担任会议主席,并在这次会上被推举为由7人组成的常务理事会。

刘含初：
一位担任过上海大学校务长的革命烈士

1924年12月2日，上海公共租界工部局《警务日报》刊登了一篇题为《上海大学瞿秋白等活动》的报道，称"其他地位较低之教授而为《向导》写稿的则有蒋光赤、张太雷、刘含初"。这篇报道提到的瞿秋白、蒋光赤（即蒋光慈）、张太雷、刘含初都是中国共产党党员，其中刘含初则是本文要着重介绍的一名革命烈士。

刘含初

刘含初，又名刘翰章，1895年出生，陕西黄陵人。他幼年进私塾读书，后考入西安三秦公学。他学习刻苦认真，阅读广博，尤喜读文史，并写得一手好字，远近闻名。1916年中学毕业，考入北京大学。刘含初在北大求学时期，正值新文化运动发轫，刘含初得以大量阅读《新青年》等进步书刊，接受了新思潮、新文化的浸淫和影响，思想上有了很大的变化和进步。1919年"五四"运动爆发，作为北京大学一名在校学生，刘含初以极大的热情投身到这场运动中去。他参加了包围曹汝霖住宅，痛殴章宗祥的爱国行动，被当局逮捕，后经校方和社会各界呼吁营救才获释。"五四"运动使刘含初在人生道路上走上一个新的起点。他在李大钊等人的直接教诲和关心下，开始认真学习马克思主义著作，积极参加各种革命活动。1920年，他从北京大学毕业，便和在北京的同乡杨钟健、刘天章、李子洲、魏野畴等人一起整顿了陕西旅京学生联合会，创办了《秦钟》月刊。1921年10月，他们又创办

从 上海大学 走出来的英雄烈士
（1922—1927）

刘含初参与创办的《共进》（半月刊）杂志

了《共进》（半月刊）。一年以后，也就是1922年10月，他们创办了革命团体共进社，以此作为团结进步青年，和黑暗社会作斗争的阵地。在共进社，刘含初除了主持繁重的行政事务以外，还不断为杂志撰写文章，揭露帝国主义列强和反动军阀当局的种种罪恶，启发和提高广大读者的思想觉悟，唤起民众和黑暗势力进行抗争，在社会上产生了积极影响。《共进》杂志在陕西地区有着广泛的影响，其中一个重要的原因是这份杂志在驱逐陕西督军刘镇华的斗争中起到先锋作用。刘镇华是直系军阀，在陕西到处横征暴敛，残杀人民，陕西人民恨之入骨。将刘镇华赶出陕西，是陕西人民从1918年刘镇华入陕时就开始了。《共进》杂志从第5期到最后一期（第105期），几乎每期都刊有驱刘的文章。1923年2月，刘含初和屈武等130多人，在北京宣武门外大街关中会馆召开了"驱刘大会"。刘含初在演讲中指出："在刘未赶出以前，我们现在陕西做合法事业，那简直是梦想，解决陕局的根本办法只有驱刘，并驱逐客军出境。"刘含初、屈武都成为陕西民众驱刘运动的领袖人物。此后，刘含初又应邀南下广东到岭南大学担任教授。由于他大胆改革教学内容，抨击时政和旧教育的弊端，在学生中宣传新思想，结果，被校方以"鼓动"学生闹事为由解除了教授职务。就在这一时期，上海大学校长于右任正式聘请刘含初到上海大学来担任教授。

刘含初到上海大学任教时，正值中国共产党早期党员邓中夏、瞿秋白、蔡和森、萧楚女等在上海大学任职最活跃的时期。在工作中，刘含初和邓中夏、瞿秋白等不仅结下了深厚的同事关系，更是在思想上受到这批杰出的中国共产党人的深刻影响。他逐渐从一个追求民主自由的进步青年,转变为一名有着崇高革命理想和共产主义思想觉悟的革命战士。1924年春天,刘含初就在上海大学这座革命的熔炉中加入了中国共产党。1924年10月10日,在上海各界纪念辛亥革命13周年的大会上,发生了国民党右派纠集流氓殴打黄仁、林钧、郭伯和等上海大学学生并将黄仁推下七尺高台致死的事件。10月27日,上海大学等30多个团体在上海大学召开追悼黄仁烈士大会。刘含初和瞿秋白、恽代英等都在追悼会上发表了演说,谴责国民党右派倒行逆施,一手造成的惨案。对于刘含初、瞿秋白、恽代英等人的演说,《民国日报》在报道中称:"会场演说极悲壮激昂之至,闻者色动焉。"1925年2月5日,《申报》刊登了一篇题为《上海大学新聘教职员》的报道,称:"上海大学校务长刘含初辞职,现经行政委员会将校务长改为总务主任,现由代理校长邵力子改聘北京大学理学士韩觉民担任,已于前日就职。"当天的《民国日报》也刊登了这一消息。据此可以确定,刘含初在上海大学曾经担任过校务长一职。

1925年的春天,刘含初应聘回到陕西,先在陕西省教育厅任职,后到西北大学和杨虎城主办的耀县三民军官学校任教。这一年夏天,在上海"五卅"运动斗争浪潮的推动下,陕西地区的反帝反封建斗争形势也发展到一个新的阶段。在此新的革命形势下,为了进一步加强党对革命群众运动的领导,更好地开展革命统一战线工作,中共中央决定成立中国国民党陕西临时省党部。8月10日,刘含初和李子洲、杨明轩、魏野畴、王授金等根据中共中央指示,在西安南四府街25号,发起成立了陕西省国民党党员俱乐部,并着手进行党员登记和宣传工作。刘含初被公推为俱乐部主席。9月26日,成立了国民党陕西省临时党部,刘含初等9人被推选为执行委员。陕西地区的国民党组织,从省到县都是在共产党员直接领导下建立和发展起来的。因此它一成立,就立即开始各种革命活动。在大革命时期,刘含初和他的战友们充分利用这个统一战线的组织,积极有效地开展中共组织的建设工作,领导陕西人民进行各种革命斗争。1927年春天,国民党陕西省党部正式成立,刘含初被选为常务委员,与赵葆华、魏野畴等一起主持党务工作。在他们的共同努力下,共产党成为国民党陕西省党部的核心和主要决策者,为我们党在陕西地区的革命统一战线工作作出了贡献。

1926年底,由于革命进入高潮和革命运动的迅速发展,需要大批骨

干。为了适应革命的需要，1927年3月10日，根据中共陕甘区委的指示，刘含初、魏子洲利用国民军联军总司令部西北临时政治委员会的名义，在改组西北大学的基础上，成立了西安中山学院，由刘含初担任院长、李子洲担任副院长兼总务长。在刘含初和魏子洲这两位共产党员的共同努力下，西安中山学院为党革命培养了一大批骨干力量和优秀干部。

蒋介石在上海发动"四一二"反革命政变以后，陕西地区和全国其他各地一样，国民革命的形势急转直下，在这危难之际，刘含初和他的战友们挺身而出，同国民党反动派进行了坚决的斗争。4月25日，刘含初和李子洲、魏野畴、赵葆华、杨明轩等以国民党陕西省党部的名义，向全国发出讨蒋通电号召陕西人民与全国各界共同声讨蒋介石背叛革命，"摧残党部，杀戮党员，破坏民众团体，把持政府财政"的罪恶行径，号召陕西民众与"全国各界共同声讨"[①]。同时，刘含初指示各级党部组织好民众的讨蒋运动。5月5日，在西安召开了有10万民众参加的讨蒋大会，刘含初在大会上致辞，愤怒声讨蒋介石新军阀勾结美英帝国主义，破坏孙中山先生三大政策，大肆屠杀共产党人的罪行。4月28日，李大钊在北京惨遭奉系军阀张作霖杀害的消息传到北京，刘含初即以国民党陕西省党部的名义，向全省各级执行委员会发出通告，高度评价李大钊是"中国自五四运动以后新思想界的泰斗，为共产党的发起人之一，是北方中国革命的导师，指导国民革命最忠诚、最努力、最勇敢之领袖"，指示各界执行委员会"必须郑重追悼此次死难诸同志"。6月以后，西安中山学院被反动当局封闭，刘含初的院长职务横遭撤销，刘含初也被当局列入缉捕名单，中共党组织决定派刘含初去苏联学习。刘含初即返回家乡，准备取道太原北去，但被陕北军阀井岳秀派出的特务一路跟踪追捕，8月15日，刘含初在宜君县石铺村向民众宣传革命道理时，遭闯进的特务枪击而壮烈牺牲，年仅32岁。

刘含初牺牲后，被安葬在黄陵备村故里。1934年夏，刘志丹率领红二十六军一部经过备村时，全体将士以鸣枪的方式祭奠了刘含初的英灵。1957年10月15日，中华人民共和国民政部追认刘含初为革命烈士。1975年5月10日，党和政府又将刘含初遗骨移葬黄陵桥山。

---

① 《新民主主义革命时期陕西大事记述》，陕西人民出版社1980年版，第138页。

刘 华：
学生身份的上海工运领袖

刘华

1925年5月30日，震惊中外的"五卅"惨案发生，当天晚上，中共中央在上海召开紧急会议，决定由瞿秋白、蔡和森、李立三、刘少奇、刘华组成行动委员会，建立各阶级反帝统一战线，发动全上海罢市、罢工、罢课，抗议帝国主义者屠杀中国人民。会议决定公开上海总工会组织，由李立三担任委员长，刘华担任副委员长兼第四办事处主任。当时，刘华26岁，还是上海大学附属中学的一名在校学生。

刘华，原名刘炽荣，字剑华，生于1899年，四川宜宾人。刘华自幼好学习、爱劳动，少年时代即胸怀大志，以中国历史名人的行为节操自励自勉。他9岁进小学，16岁高小毕业后因家贫而失学。为了谋生，他离开家乡，在川北、乐山等地的工厂、茶馆打工，还到军队中当过兵。"五四"运动爆发以后，使他人生观受到进步思想的洗礼。1920年秋，他远赴上海进入中华书局印刷厂工作，成为一名工人。他虽然生活在社会底层，但他并不满足于通过劳动来糊口谋生。在辛苦劳作之余，抓紧一切时间看书学习，补习外语，并接触到了《共产党宣言》《向导》等革命书刊，同时加深了对"劳工神圣"这一思想和观点的认识。

1923年8月13日，在上海大学总务长、中国共产党早期领导人邓中夏的介绍和经济担保下，刘华正式考进上海大学中学部。当时，上海大学中学部，直接由上海大学领导，因此，刘华从那时起正式成为上海大学的

一名学生。编印于1924年4月的《上海大学一览》之《学生一览表》中刊登"高级中学一年级"学生名单时,刘华名列第一。称:"姓名:刘剑华(即刘华);年龄:廿五;籍贯:四川;通讯处:上海大学"。在进入上海大学的第二天,刘华就给叔叔刘选皋写了一封信。信中说:"我收到你这封信,正是我由中华书局脱离而入上海大学的那一天,——十三日、七、初二日。——心里十分喜欢。"信中还说,进入上海大学,"也是我这一生的历史上大大的一件幸事","我们现在年轻人,只要认清了前途,就是拼命也要去干,总希望有一个好结果"①。

刘华非常珍惜到上海大学读书的这次机会,他除了如饥似渴地学习知识以外,又坚持半工半读,发挥自己所长,帮助学校刻写蜡纸、印刷讲义,来解决生活和学习的费用。据上海大学学生许德良于1980年和1982年的回忆,称:"刘华在上大附中高中部读书,是半工半读,帮助学校刻蜡版……他刻苦努力,学习疲倦了,就用冷手巾敷在头上或冷水冲头,继续坚持学习。"刘华热爱文艺,是十足的"文青",参加了于1923年12月7日成立的学生文艺社团"湖波文艺研究会",并成为10名创会会员之一。刘华最初在闸北青云路中学部读书时,中学部主任是国民党右派陈德徵。陈德徵看到刘华经济情况很不好,提出每月给他两块大洋作零用,目的是要刘华听他的话,政治上跟他走,但遭到刘华坚决拒绝。

在上海大学,当时革命和进步的氛围很浓,中国共产党早期杰出的领导人邓中夏、瞿秋白等都在上海大学担任行政和教学的主要职务。在邓中夏、瞿秋白等人的直接教育和影响下,刘华思想品德和政治觉悟进步很快,不久就加入了社会主义青年团组织。在学校的各项政治活动中,他都积极参加,锻炼和提高了他的社会活动和组织能力。他先后担任过上海大学学生会的执行委员、上海大学四川同学会的主席。

作为曾经的一名工人,他响应上海大学党组织"到工人群众中去"的号召,积极投身工人夜校和平民教育工作。1924年4月,在上海大学校务长邓中夏的领导下,建立上海大学平民学校,刘华等8人当选为执行委员。4月16日,在上海大学平民学校开学典礼上,刘华代表执委会发表了

---

① 马静编:《革命烈士书信》,吉林人民出版社2010年版,第123—124页。

演讲。在上海大学平民学校，刘华担任教务主任，具体负责学校的教务工作，并且还担任"国音"课的教员。上海大学举办的工人夜校和平民学校，对于帮助工人和底层劳苦大众学习文化知识、明白革命道理、提高阶级觉悟，都有着重要的作用。刘华也正是在这些革命活动的锻炼实践过程中，更加迅速地成长起来，他先是担任上海大学中学部社会主义青年团支部书记，后来光荣地加入了中国共产党。

1924年2月7日，上海各团体和京汉铁路及河北工会等外地工会代表20余人，在沪举行京汉铁路"二七"大罢工一周年纪念会，刘华等人在会上愤慨陈词，痛斥军阀屠杀工人的罪行，并提出进一步开展工会工作的要求。秋天，刘华根据党组织安排，到小沙渡沪西工友俱乐部工作。俱乐部设有识字班和文化补习班。在俱乐部，刘华工作主动深入，积极负责，和工人们打成一片，从早到晚和工人们在一起，叫他们识字学文化，给他们讲革命道理，帮助他们解决问题，深受工人们的爱戴。在上海大学从事工人运动的学生中，刘华可以说是最受工人欢迎的一位革命者。

1925年1月，党的第四次代表大会讨论并通过了关于职工运动的决议案，为了加强工人运动的组织领导，决定成立中共中央职工委员会，由张国焘、李立三、刘少奇、项英、刘华等组成。

1925年2月9日爆发的震惊中外的上海"二月罢工"，是上海工人在中国共产党的领导下第一次举起反帝国主义的大旗而发动的工人运动，目的是为抗议上海日本纱厂无故开除40余名工人、拘捕4名工人代表的恶劣行径。刘华是这次罢工的前沿总指挥之一。他与工人奋斗在一起，担任谈判代表，与日本资本家进行针锋相对的斗争，最终赢得了斗争的全面胜利。刘华在罢工斗争中表现出来的能力和无畏勇敢的精神，受到邓中夏、瞿秋白的充分肯定。

5月15日下午5点多，上海内外棉第七厂日本资本家无理枪杀工人、共产党员顾正红。16日，沪西工友俱乐部召开各日商纱厂工人代表会议，讨论对罢工工人、特别是死伤者的援助办法，刘华主持了会议。会议同时决定，成立罢工委员会，由刘华、孙良惠、张佐臣任总主任。当天，中共中央发出关于援助上海日商内外棉纱厂罢工工人第32号通告。刘华在党的领导下，用这血的事件，充分揭露帝国主义的反动本质，进一步发

上海烈士陵园陈列的刘华（右）和顾正红（左）像

动群众开展反帝爱国运动。5月24日，顾正红烈士追悼会在潭子湾沪西工友俱乐部附近的广场上举行，近1万多人参加。刘华任大会总指挥，孙良惠为主席。讲台上顾正红遗像两边，悬挂着刘华写的挽联："先生虽死，精神不死；凶手犹在，公理何在？"遗像上的横额是"工人先锋"。刘华致悼词，恽代英、向警予、项英、杨之华和各界代表等先后发表演说。刘华在演说中指出："打死一个有十个，倒下十个有一百个。火，是扑不灭的！"鼓励工人和广大群众继承烈士遗志继续斗争。

"五卅"惨案发生后，刘华在潭子湾工会办事处紧急召集各厂工会干部开会，宣布工会将发动工人扩大罢工。5月30日当天晚上，中共中央作出决定，号召工人罢工、学生罢课、商人罢市，全市人民联合起来，掀起反帝爱国的新浪潮。中央指定由李立三、刘华等组成"五卅"运动罢工委员会来直接领导工人方面的斗争。5月31日晚上，上海开会宣告公开上海总工会组织，由李立三担任委员长，刘华担任副委员长。为了加强各工厂区的领导，会议决定在工人集中的区域成立总工会办事处，小沙渡为第四办事处，由刘华兼任办事处主任。6月1日，上海"三罢"斗争如火如荼地开展起来。6月22日，工部局《警务日报》刊登报道，称"罢工运动中最著名最活跃的华人领袖林钧、刘一清、李立三、刘华（沪西工会的组织人）、刘贯之（沪西工会秘书长在沪西工会所举行的多次会议中，此人是个重要人物）、孙良惠（著名共产党人，工部局警务处正在通缉此人）"。

刘华：学生身份的上海工运领袖

在党的领导下，刘华和他的战友、同志一起，始终走在斗争前列，在血与火的生死考验中，以上海大学学生的身份，成为全上海工人的领袖。

在"五卅"运动期间，他收到家信，得知老家遭土匪洗劫，弟弟被杀，父亲遭绑架，母亲身受重伤，祖母病危。家中希望他立即回老家探亲。面对家国之间的两难取舍，刘华毅然复信："国家衰弱，强邻欺负，神圣劳工，辄为鱼肉，我亦民主分子，我亦劳工分子，身负重任，何以家为？须知有国方有家也。"① 刘华非不孝也，非不顾家也，实乃此时家国难以两全，只能舍家为国。93年过去了，捧读刘华此信，仍让人唏嘘和感动不已。

刘华的舍身为国，与帝国主义及北洋军阀作不屈不挠斗争，被国内外反动势力视作眼中钉。日本商团总头目和英国驻沪副领事都称"刘华是中国劳工运动的领袖，上海屡次罢工皆为其煽动，如不重办，上海的秩序十分危险"。上海总商会会长虞洽卿也向军阀孙传芳进言，要孙对刘华"杀一儆百"。结果，年仅26岁的刘华，于1925年11月29日被反动当局逮捕，于12月17日深夜被孙传芳下令秘密杀害于上海高昌庙（今高雄路一带）。

12月20日，上海总工会通电全国，称刘华是"我们最亲爱最勇敢的领袖"；号召"工友们一致起来，……踏着我们领袖的血，继续奋斗！"12月21日，上海大学教授、著名作家、诗人，也是刘华的老师、战

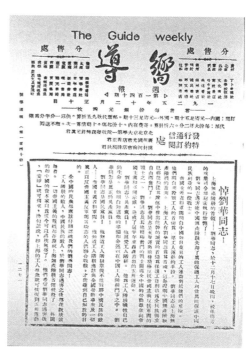

《向导》周报刊发的《悼刘华同志》（1925年12月30日）

---

① 上海市地方志办公室、普陀区地方志办公室编：《话说上海·普陀卷》，上海文艺出版社2009年版，第148页。

友蒋光慈,怀着悲愤的心情,写下题为《在黑夜里——致刘华同志之灵》的悼诗,诗中控诉了帝国主义和反动军阀的暴行,赞颂刘华是伟大的战士、不幸者的代表、成千上万被帝国主义资本家奴役的工人的"一个光明的柱石",还称颂刘华是"上帝的叛徒,黑暗的劲敌",在"领着数万被压迫者寻找解放的路,努力为自由、人权、正义而奋斗"中表现了"伟大的身手",坚信"黑夜总有黎明的时候"。蒋光慈的这首长诗后来发表在《洪水》第2卷第3期上。12月22日,中共上海区委发出追悼刘华烈士的通告,通告称"刘华是真正的革命领袖"。12月30日,中共中央机关报《向导》周报在头条用醒目标题刊出《悼刘华同志》,称刘华是为"真能保护工人利益,真能拥护中华民族利益的一位战士",是"真正的共产党员"。

2018年4月23日的《人民日报》在《为了民族复兴·英雄烈士谱》专栏上,刊登了新华社记者吴文诩题为《五卅运动领袖刘华:舍生取义为劳工》的文章,高度评价这位从上海大学走出来的烈士短暂而又光辉的一生。

刘晓浦：
"只有自首才能出去，那是永远办不到的"

1929年7月，中共山东省委遭到破坏，省委执行委员兼秘书长刘晓浦被捕。10月，他的二哥刘云浦携巨款来到济南狱中，向弟弟刘晓浦说明，要花钱赎他出狱。不料刘晓浦坚定地表示："二哥，不要花钱了，只有自首才能出去，那是永远办不到的。"在用金钱赎买通过"自首"换来自由和坚持党的理想和革命气节而走向死亡这两者之间，刘晓浦毅然选择了后者。刘晓浦当年在狱中平静回答哥哥的这番话，90年以后的今天，依然使我们对他肃然起敬。

刘晓浦

刘晓浦，又名刘太和、刘昱厚、刘小甫，生于1903年，山东沂水（今属蒙阴）人。他出生于当地有名的大户家庭"燕翼堂"，但他和同样出生于这个富裕家庭的侄子刘一梦一样，都背叛了自己家庭的阶级属性，走上了革命的道路。

刘晓浦先后在临沂、济南求学，中学毕业以后，怀着实业救国的愿望考入江苏南通职业纺织学校。刘晓浦在南通读书期间，"五四"运动这股反帝爱国浪潮很快波及南通地区。在这股潮流影响下，刘晓浦和当地的广大学生一起，投入这场运动中。他多次走上街头，走进集市，向市民宣传爱国思想，揭露帝国主义及军阀政府的罪恶行径。他的表现，引起了校方的不满，结果被校方开除。后来，刘晓浦来到上海，考进了上海大学。刘晓浦究竟是哪一年进入上海大学的，目前并没有确切的记载。《民

从 *上海大学* (1922—1927) 走出来的英雄烈士

国日报》在1926年9月16日刊登过一则题为《上大非基同盟之改组》的消息，报道了上海大学非基督大同盟召开改组会，刘晓浦当选为文书。由此可断定至迟到1926年9月，刘晓浦还在上海大学学习，并参加了学校组织的革命活动。在1923年到1926年期间，在上海大学的教师队伍中，汇集了邓中夏、瞿秋白、蔡和森、恽代英、沈泽民、张太雷、任弼时、萧楚女、施存统、蒋光慈等中国共产党早期党员和领导人。刘晓浦在这样的学习环境中，无论是课堂上还是在活动中，都从这些杰出的中共理论家、宣传家、革命家那里系统地接受了马克思主义的教育，树立了为共产主义而奋斗的理想。在读书期间，每逢假期，刘晓浦都会和同在上海大学读书的侄子刘一梦来到济南，住在他担任山东省参议员的二哥刘云浦的公馆里，以刘公馆为掩护，协助山东省党的负责人王尽美通过"平民学会"开展工作。刘晓浦也正是在王尽美的介绍下，于1923年夏天就加入了中国共产党。1925年"五卅"惨案爆发以后，刘晓浦和刘一梦叔侄都积极参加了"五卅"运动。刘晓浦根据党组织的安排，深入工厂、学校，发动工人、学生，投入运动当中去，同时也经历了革命的锻炼。

离开上海大学以后，刘晓浦根据党的指示，先后在上海、南通、南京等地从事革命工作。1927年，担任中共江苏省委组织部部长。1929年，中共山东省委遭到严重破坏，4月，刘晓浦奉党中央之名，同刘谦初一起到济南重建山东省委，由刘谦初任省委书记，刘晓浦则担任省委执行委员兼秘书长。在省委的领导下，刘晓浦在充满艰险的恶劣环境下，做了大量工作。他参与制定省委军运工作计划，确定了山东军运的中心区域应该是济南、潍县、青岛、泰安等驻有重兵的地方，工作的重点是士兵运动这样工作的总方针。为了打开工作局面，他四处联系党员，通过和党员个别谈心，鼓励党员在白色恐怖的威胁之下，树立信念，不惧危险，提高斗争的勇气和策略，整顿和恢复党的基层组织。他还秘密走访被反动当局杀害的革命者的家属，在省委的统一领导下，营救出被捕的共产党员。他还把家中寄来的钱，拿出来作为党的经费。这一年的7月2日，由于叛徒的出卖，重建的山东省委遭到破坏，刘晓浦和妻子曹更新同时被捕。在敌人的监狱里，他面对敌人的严刑拷打，大义凛然，表现出共产党员的崇高气节。面对哥哥刘云浦变卖家产用巨款来赎买他出狱的举动，他用共产党员宁

燕翼堂碑文

折不弯的凛凛正气表示拒绝。他的这个举动,也影响和教育了自己的哥哥。1931年4月5日,刘晓浦和妻子还有他的侄子刘一梦以及刘谦初等22人,在济南英勇就义。刘晓浦遇难时年仅28岁。

刘晓浦拒绝通过花巨款赎买换取自由的举动,深深影响和教育了他的二哥刘云浦。作为"燕翼堂"的当家人,他号召家人以刘云浦、刘一梦叔侄为榜样。他自己则立志报国,毁家纾难,在抗战初期,"燕翼堂"就担负起我军驻垜庄一带部队的后勤供应。肖华就曾带领一一五师的东进支队驻扎在"燕翼堂"。在刘云浦的带领下,"燕翼堂"全家动员,投入抗战,连家里的长工和佣人都不甘落后,奋勇当先。全家上下先后有26人参加革命,有6人为革命献出了生命。其中刘晓浦的女儿刘增蕊,担任中共山东分局的机要员,1941年牺牲于大青山战役,年仅18岁。

现在,刘晓浦和他的侄子刘一梦长眠于蒙山脚下的孟良崮烈士陵园。他们的革命事迹将像巍巍孟良崮一样,永远激励着我们不忘初心,牢记使命,为共产主义事业而奋斗终生。

刘一梦：
一位受到鲁迅称赞的年轻作家

刘一梦

1930年4月1日，鲁迅在《萌芽月刊》第一卷第四期上发表《我们要批评家》一文，文章说："这两年中，虽然没有极出色的创作，然而据我所见，印成本子的，如李守章的《跋涉的人们》，台静农的《地之子》，叶永蓁的《小小十年》前半部，柔石的《二月》及《旧时代之死》，魏金枝的《七封信的自传》，刘一梦的《失业以后》，总还是优秀之作。"其中刘一梦的《失业以后》共收短篇小说8篇，1929年由上海春野书店出版。当时刘一梦24岁，是个年轻的作家。

刘一梦，原名刘增溶，又名刘大觉，生于1905年，山东沂水（今属蒙阴）人。他出生于县内有名的大户人家"燕翼堂"，是革命烈士刘晓浦的侄子，但他和刘晓浦只差2岁，是小叔叔和大侄子的关系。刘一梦和他的叔叔刘晓浦一样，虽然出生在一个富裕的家庭，但他们都先后走上革命的道路。刘一梦中学就读于位于临沂的山东省立第五中学，毕业以后，考入南京金陵大学文学系。1923年转入上海大学社会学系。在校期间，深受学校教授、中国共产党早期领导人瞿秋白、邓中夏、恽代英、蔡和森等人的教诲和影响，学习了马克思主义理论，接受了共产主义思想。同年，由王尽美介绍加入了中国共产党。在上海大学读书期间，刘一梦利用寒暑假时间回到家乡宣传革命。为此，沂水县当局还曾派员对他进行拘捕，在他大伯父的掩护下才脱险。刘一梦虽然出生在大户人家，但为了便于革命

刘一梦：一位受到鲁迅称赞的年轻作家

工作、接近贫苦农民，他在农村总是穿着朴素，连平时架在鼻梁上的金丝边眼镜都摘掉，因此在农运工作中很受农民欢迎。1925年"五卅"运动爆发以后，刘一梦和上海大学师生一起，在党的领导下，投身到这场反帝爱国运动中。他根据党的指示，和叔叔刘晓浦一起，深入工厂，向工人宣传反帝爱国思想，声讨帝国主义的野蛮行径。同时通过实际斗争的锻炼提高了自己。

刘一梦在南京金陵大学读书时选的是文学专业，进了上海大学以后虽然改选了社会学专业，但这并不妨碍他对文学创作的爱好。刘一梦在上海大学读书期间，共产党员、作家蒋光慈也正在上海大学担任教授，爱好文学创作的刘一梦有机会向蒋光慈请教，接受文学创作上的指点。大革命失败以后，1927年冬，蒋光慈、钱杏邨、洪灵菲等共产党人在上海创办革命文化团体"太阳社"，刘一梦积极参加，并为社内党组织负责人之一。他在这一段时期，除了做好太阳社的日常工作以外，还积极从事革命文学的评论和创作。他的小说不断在《莽原》《北新》《小说月报》和《太阳月刊》等进步文学杂志上发表。1929年由上海春野书店结集出版、被鲁迅先生称为"优秀之作"的小说集《失业之后》，还被列为太阳社丛书

刘一梦《诀别诗》

从 上海大学 (1922—1927) 走出来的英雄烈士

之一。太阳社的负责人之一、曾任上海大学教授的蒋光慈对自己的学生刘一梦的创作成就很重视,他将《失业之后》编入《中国新兴文学短篇创作选》第一集,选集书名依然定名为《失业之后》。

1928年5月1日,北伐军攻克济南,5月3日,日本以保护侨民为名,在济南进攻国民革命军驻地,在城内肆意烧杀劫掠,制造了惨绝人寰的"五三"惨案。刘一梦与数十名进步作家一起公开发表了《中国著作家文艺家自由联合对济南惨案的三个宣言》,义正词严地向中国和全世界揭露日本帝国主义的罪行,号召全国人民团结起来,洗雪国耻,维护民族尊严。

1928年秋,刘一梦离开了上海文化界,根据党组织安排,到山东省任共青团省委书记,全面领导山东省的青年运动。之后,又奉中共山东省委之命,到诸城一带开展农民运动。他建立了山东第四贫民会,领导当地农民开展"抗租抢坡"斗争,为潍河沿岸的农民暴动打下了基础。他还经常在济南、青岛一带,以饭馆跑堂、拉洋车等为掩护,从事革命工作。1929年初,共青团山东省委利用《济南日报》办了《晓风》周刊,宣传马列主义文艺理论和无产阶级革命文艺思想,由刘一梦兼任主笔。刘一梦以"大觉"的笔名,先后发表《论新现实主义》《当前文艺运动之趋势》《论文学上的现实主义》等评论文章,在山东文艺界和文化界都产生了重大影响。

刘晓浦、刘一梦革命烈士纪念馆

刘一梦通过《晓风》周刊，团结和引导了大批进步文艺青年，但也引起敌人的注意。4月9日，刘一梦遭敌人逮捕。在监狱里，敌人对他百般折磨，软硬兼施，但他始终坚贞不屈，坚不吐实。面对敌人的诱降，刘一梦回答说："这是妄想，你们看太阳是从哪边出来的！"意为要我自首投降，除非太阳从西边出来。1931年4月5日，刘一梦与其叔叔刘晓浦以及山东省委书记刘谦初等人一起在济南从容就义，年仅26岁。

龙大道：
出色的上海工人运动的领导人

在一个深夜里，我站在客栈的院子中，周围是堆着的破烂的什物；人们都睡觉了，连我的女人和孩子。我沉重的感到我失掉了很好的朋友，中国失掉了很好的青年，我在悲愤中沉静下去了，然而积习却从沉静中抬起头来，凑成了这样的几句：

惯于长夜过春时，挈妇将雏鬓有丝。
梦里依稀慈母泪，城头变幻大王旗。
忍看朋辈成新鬼，怒向刀丛觅小诗。
吟罢低眉无写处，月光如水照缁衣。

龙大道

这是鲁迅先生在《为了忘却的纪念》中写下的一段文字，全文是为了纪念1931年2月7日被国民党反动当局枪杀于上海龙华淞沪警备司令部刑场的柔石、殷夫、冯铿、胡也频、李伟森等"左联五烈士"。和柔石等同日遇难的共有24人，史称"龙华二十四烈士"。其中，从上海大学走出来的有两位烈士，即龙大道、罗石冰。

龙大道，字坦之，原名龙康庄，生于1901年，贵州锦屏人。父亲是苗族人，母亲是侗族人，龙大道随母称自己为侗族人。7岁时进入村塾接受启蒙教育。他先后在茅坪小学、天柱中学读书，学习刻苦用功，成绩优良。在读书期间,受到爱国知识分子、同盟会会员吴志宾、黄竺笙宣传民主革命主张和进步思想的影响,初步萌生反抗民族压迫、铲除不合理社会现象的思想。1918年春,龙大道考进私立武昌中华大学附中读书。当时恽代英正在这所学校任教,龙大道在读书期间深受恽代英影响。他阅读了大量进步书刊,接受了许多新文化、新思想,多次聆听恽代英的课堂讲课和演讲,有了一定的阶级觉悟,唤起了他立志变革现实的革命热情。"五四"运动爆发以后,他积极参加学生反帝爱国运动,思想上得到进一步提高,经受了实际斗争的锻炼。1922年冬,龙大道来到上海,后考进了上海大学社会学系。1924年4月,上海大学编印出版《上海大学一览》,在《学生一览表》中的"社会学系"一栏里,明确记载:"龙康庄(即龙大道),籍贯:贵州锦屏;通讯处:贵州三江茅坪。"

在上海大学求学期间,龙大道有机会在邓中夏、瞿秋白、恽代英、萧楚女、蔡和森、张太雷等中国共产党早期领导者的直接教导和影响下,系统地学习了马克思主义的理论,思想觉悟有了根本的转变。1923年11月,由上海大学教师、中国共产党早期党员施存统介绍,经过中共上海地方兼区执行委员会讨论通过,龙大道光荣地加入了中国共产党。参加这次会议的还有中共上海地方兼区执委会成员、上海大学教师瞿秋白、沈雁冰以及另一名执委会成员、龙大道的战友徐梅坤。在徐梅坤眼里,龙大道"对党忠诚,对同志诚恳,对工人疾苦十分关心。他不论做全国学总工作还是做工人运动工作,态度始终是积极认真,和同志们关系也相处得很好"[①]。也就在这时,龙大道将自己的姓名由"龙康庄"改为"龙大道",以寓自己获得新的政治生命,走上一条为共产主义奋斗的光明大道。在上海大学,龙大道在学习之余,除了参加校内组织的各项活动以外,还在中共上海地方兼区执委会领导下开展各种活动和参加革命斗争。在党内,他和邓中夏、瞿秋白、施存统、向警予、林蒸等17名党员编在第一组,即上海大学组,组长为刘华。

1924年9月,龙大道接受党组织派遣,到莫斯科东方大学学习。1925年上海"五卅"运动爆发后,根据党的安排,他中断学习,于7月回到上

---

① 陆景川编写:《龙大道传》,贵州人民出版社1990年版,第127页。

从 *上海大学* 走出来的英雄烈士
(1922—1927)

海,到上海总工会曹家渡办事处任职,从事工人运动,后被任命为曹家渡部委书记兼部委职工运动委员会负责人。从现存的一份档案中,可以看到有这样的记载:1926年4月,中共上海区委组织系统、组织关系表及负责人、活动分子名单:上海地方活动分子名单:上总:龙康庄(即龙大道)。9月,龙大道调任上海总工会组织部干事,具体负责上海工人纠察队的秘密组织和训练工作,并参加了上海工人第一次武装起义。1927年1月4日,中共上海区委召开全体委员会议,决定由汪寿华、郑复他、李震瀛、龙大道等4人组成上海总工会主席团,同时,龙大道和赵世炎、汪寿华、李震瀛等9人为新的上海职工委员会常务委员会委员,由李震瀛担任主任。1927年2月,中共中央决定在上海宣布总罢工,并组织第二次工人武装起义。19日,上海总工会发出总罢工令和斗争宣言,龙大道成功地领导了店员的罢工,并参加了第二次工人武装起义斗争。23日,中共中央和中共上海区委决定准备第三次武装起义,并在上海总工会内部增设经济斗争部、交际部、纠察部,龙大道任经济斗争部负责人。3月21日,龙大道在周恩来、罗亦农、赵世炎等人组成的中共特别委员会的统一领导下,组织领导了闸北区和商务印书馆的工人武装起义。22日下午,上海工人第三次武装起义,在经过前两次的失败以后,终于迎来了胜利。28日,上海总工会召开第一次执行委员会议,会议选举汪寿华、杨培生为正、副委员长,龙大道被任命为经济斗争部部长,并和汪寿华、杨培生等7人组成上海总工会常务委员会。

"四一二"反革命政变发生以后,南京国民党中央和国民党淞沪警备司令部先后发布通缉令,通缉共产党人及"跨党分子",龙大道均名列其中。他根据党的指示撤离上海。4月27日,中国共产党第五次代表大会在武汉举行,龙大道作为上海代表出席了会议;6月19日,他又率领上海工人代表团在汉口出席了中国第四次全国劳动大会。会后,他奉命留在武汉全国总工会和湖北省总工会从事工人运动。1928年4月下旬,龙大道又奉命来到杭州,担任浙江省委工人部长。5月,中央决定由卓兰芳担任浙江省委书记,增加李硕勋、龙大道等4人为常委。由于卓兰芳在浙西的工作暂时无法脱身,省委决定由龙大道代理省委书记,主持省委工作。在龙大道的领导下,全省的农民运动和建党工作出现了新的面貌,有了新

龙大道：出色的上海工人运动的领导人

1930年4月摄于上海的全家福。中为龙大道父亲龙治藩，右为龙大道，左为金翊群

的发展。1930年，龙大道被调回上海，担任上海总工会秘书长兼上海市各界人民自由运动大同盟主席、党团书记。

1931年1月17日，由于叛徒的出卖，龙大道和林育南、柔石、胡也频等被捕，23日，被移解到龙华淞沪警备司令部。在狱中，龙大道和林育南、何孟雄等坚持斗争，并给党中央和共产国际写了报告，陈述王明"左"倾机会主义给革命事业造成的危害，强烈要求中央和共产国际予以纠正。这份报告充分体现了龙大道、林育南、何孟雄等共产党人对革命事业坚定忠诚和光明磊落的态度。2月7日，龙大道和他的23位同志被反动当局集体枪杀，时年30岁。

1934年，囚禁在龙华狱中的革命志士，在狱中墙上写下这样的诗句悼念龙大道等24位烈士："龙华千古仰高风，烈士身亡志未穷。墙外桃花墙里血，一样鲜艳一样红。"每当我们读到这首感人至深的诗篇时，总会想到龙大道等24位烈士为中国革命而流尽的最后一滴鲜血。

1950年，中共上海市委、市政府通过寻觅、挖掘，找回来龙大道等24名烈士的遗骸，并举行了隆重的迁葬仪式。1968年，又将24名烈士合葬

龙大道塑像

墓迁往上海革命烈士陵园。1985年,贵州省人民政府将龙大道烈士的故居列为省级文物保护单位。现在,无论是上海革命烈士陵园还是位于贵州锦屏的龙大道故居,都成为人们缅怀先烈、不忘初心、牢记使命、为实现中华民族伟大复兴而奋斗的爱国主义教育基地。

罗石冰：
江西吉安第一个党组织的建立者

在1931年2月7日被国民党反动当局杀害于龙华淞沪警备司令部刑场上的"龙华二十四烈士"中，从上海大学走出来的除了龙大道以外，还有一位就是罗石冰。

罗石冰，号子实，又名罗石彬、罗菁华、罗庆元，化名岩山、崖山，生于1896年，江西吉安人。7岁时就读于本村私塾。1911年，罗石冰进吉安高等小学，后考入南昌省立第一师范学校。1919年毕业后任教于吉安县立高等小学，结交了进步青年教师刘九峰

罗石冰

等。不久，"五四"运动浪潮掀起，罗石冰在刘九峰等教师的影响下，组织学生积极响应。他带领同学以吉安学生联合会的名义，要求县教育局撤换亲日派正、副校长谢邦宪、邹古愚，并要求在学校推广白话文，提倡新文化，改革陈旧的规章制度，扩大民主权利。在吉安各个学校的响应和支持下，县教育局被迫解聘了谢邦宪、邹古愚，并答应了学生关于学校改革的要求，使斗争取得了胜利。罗石冰也在这次学潮中初露锋芒，成为吉安地区公认的群众领袖之一。

1924年2月，罗石冰考进了上海大学。1924年2月24日《民国日报》刊登上海大学招生布告，公布了新生录取名单，其中罗石冰被录取在社会学系；同年编印成的《上海大学一览》，在《学生一览表》的"社会学系"一栏中记载："姓名：罗石冰；年龄：二十六；籍贯：江西；通讯处：江西

吉水阜田市瑞福泉号转大安村"。从与其他学生比较来看，在所有入学的新生中，罗石冰是年龄偏大的一位。在上海大学，罗石冰接受了马克思主义思想和理论的教育，同年加入了中国共产党。在求学期间，罗石冰一直关心着家乡的同事和同学，经常将《中国青年》《向导》等革命书刊寄回去，向吉安地区传播马克思主义和革命思想。在上海大学，罗石冰根据党组织的安排，利用课余时间，深入沪西小沙渡从事工人运动。他在工人俱乐部，用通俗易懂的语言，向工人讲解和宣传革命道理，启发工人觉悟，在工人中培养积极分子。

"五卅"运动爆发以后，党组织将罗石冰调到上海总工会工作，他实际上也离开了上海大学，结束了学生生活，投入了工人运动和革命斗争的第一线。他在工作中，领导广大工人，团结各界群众，和帝国主义和买办资产阶级作斗争，引起了敌人的恐慌和仇恨。1925年8月22日，敌人纠集雇用五六十名流氓，冲进上海总工会办公室，进行打砸抢，罗石冰和8位同志为保卫总工会，与流氓英勇搏斗，身负重伤。在住院期间，受到上海工人和各界人士的亲切慰问。敌人的这种下三滥行径，并没有把罗石冰吓倒，他出院以后，依然坚守岗位，继续领导工人和各界群众对敌斗争。

1926年1月，为了适应大革命形势的不断发展，加强江西地区党的领导工作，罗石冰受中共中央指派到江西巡视工作。他在自己的家乡吉安发展党员，领导建立了吉安第一个党组织中共吉安小组。4月，任中共江西地委书记兼宣传部主任，领导在江西各地建立党的组织，开展工农运动。8月，兼中共吉安特别支部书记，发动群众，迎接北伐军入城。1927年1月，当选为中共江西区委委员兼中共吉安地委书记。4月，任中共江西区委宣传部主任。6月，又根据党的指示，担任国民党江西省党部常务委员兼组织部部长，实际主持国民党省党部工作，为党的统一战线辛勤工作。大革命失败以后，罗石冰转入地下，在南昌坚持斗争。7月21日，在中国共产党江西省第一次代表大会上，正式成立中共江西省委，罗石冰当选为省委委员，随后参加了南昌起义，任革命委员会财务委员会委员。1928年秋任中共福州市委书记。1929年初赴苏联莫斯科中山大学学习，1930年秋又奉命回国，被中共中央派到山东担任青岛市委书记，负责建立新的市

罗石冰：江西吉安第一个党组织的建立者

罗石冰烈士铜像

委机构,恢复党的组织和活动。1931年1月,到上海参加会议,由于叛徒告密,17日在东方旅社与林育南等一起开会时被捕。敌人认定罗石冰是"共党要犯",用种种酷刑对他审讯折磨,但罗石冰在狱中始终坚强不屈,表现出一个共产党员的高贵品质和崇高气节。2月初,罗石冰自知敌人要下毒手,在一张旧报纸上写下便条:"请党营救失败,生命已无希望,决心在最后时刻坚持斗争。"这张便条设法带出以后最后辗转交到了他的战友,也是当年在吉安县立高等小学任教时的同事刘九峰手里,使我们今天能够了解到罗石冰为革命视死如归的大无畏精神。2月7日,在上海龙华淞沪警备司令部,被反动当局杀害,英勇就义,年仅35岁。和他同时遇难的还有龙大道等23人,这就是中国革命史上的"龙华二十四烈士"。

161

马凌山：
上海大学学生中的"笔杆子"

马凌山

　　1925年3月12日，孙中山先生在北京逝世。4月16日，由上海大学陕西同乡会主办的半月刊杂志《新群》出版第七期"纪念孙中山先生专号"。这期"专号"最后，刊登了《孙中山先生年谱》。在这份《年谱》的前言中说道："为民族为国家刻苦奋斗四十年如一日的孙中山先生，他竟与世长辞了，这是我们中国民众何等的不幸呵！他现在虽然逝世了，但是他一生的事业，都是和我们个个人有很密切的关系，我们个个人都应该明白他的事业。不但明白了之后就算了事，并且要进一步去完成他的事业，光大他的事业，然后我们才能不负先生'革命尚未成功，同志仍需努力'的遗训。编者本了这个意志，把先生毕生事业，提其梗概，列成年谱，以期国人的观感与努力。"这份年谱的编者，是上海大学的学生马凌山。

　　马凌山，又名生武，生于1904年，陕西郃阳（今合阳）人。他幼年丧母，家境贫寒，由其姑母照看抚养，并资助求学。1920年，考入郃阳中学。1923年来到上海，1924年初考入上海大学社会学系。1924年1月23日的《民国日报》刊登上海大学新生录取消息，称：马凌山、杨之华取入社会学系。同日，《申报》也刊登了同样的消息。编印于1924年4月的《上海大学一览》在《学生一览表》中的"社会学系"一栏里，记载称："马凌山，年龄：二十；籍贯：陕西郃阳；通讯处：郃阳中学转"。在上海大学，马凌山是和杨之华同一届进入社会学系学习的，在学习中，受到了邓中夏、瞿秋白、蔡和森、张太雷、恽代英等中国共产党早期领导人的直接教诲，除了在社会学理论和知识方面受到专业训练以外，在马克思主义的理论和革命道理方面都得到学习和提高。在社团活动方面，1924年11月18日，中国孤星社举行会议，改选社务委员会，马凌山当选为新一届委员；陕西籍同学组了陕西同乡会，出版《新群》半月刊，于1925年1月正式创刊出版，马凌山积极参加陕西同乡会活动，为《新群》撰稿；6月23日，上海大学学生会临时委员会召开会议，讨论加强暑期工作的事宜，决定推选暑期负责专员，马凌山等14名学生当选。1925年11月20日，上海大学成立"中山主义研究会"，马凌山被推选为由5人组成的执行委员。在这些实际的工作和活动中，马凌山在各方面都得到了锻炼和提高。从我们现有资料可以看到，马凌山在上海大学求学期间，最为突出的一个方面，就是在不同的杂志上写了大量文章，宣传革命思想，表达反对帝国主义及其走狗军阀势力的主张。如1924年6月15日，他在上海大学孤星社主办的旬刊《孤星》第十期上，发表题为《金钱制度下的读书运动》；1925年4月6日，在《新群》"纪念孙中山先生专号"上发表《孙中山先生年谱》；同年6月30日，在由上海大学学生会主办的《上大五卅特刊》第三期上发表《"作战的步骤"究竟应该怎样？——驳斥丁文江，并质胡适之》和《五卅惨史第三页》两篇文章；7月7日，在该刊的第四期上，又发表《"五卅"运动与废除一切不平等条约》；7月24日，在该刊第六期上发表《国人须注意口蜜腹剑的帝国主义》《"赤化"与"软化"》和《暴动与反抗》三篇文章；8月6日，在该刊第七期上发表《介绍大同大学暑期特刊》；8月26日，在该刊第八期上发表《本校同学在五卅运动中的奋斗工作》和《国民应注意帝国主义的走狗——买办阶级》两篇文章；1925年12月13日，在《上海大学三周年纪念特刊》上发表《我们的纪念》《本校同学三年来的奋斗工作》两篇文章；12月27日，又在由上海大学中山主义研究会主办的周刊《中山主义》第二期上发表《孙文主义学会的反动性》。这些文章，立场坚定，观点鲜明，语言犀利，对于帝国主义、反动军阀作了无情的揭露，对上海大学师生在反帝反军阀斗争中的无畏无惧、冲锋在前的表现和为真

理而抗争而牺牲的英勇事迹进行了赞扬和宣传,对中国民主革命先驱孙中山的丰功伟绩进行了歌颂,对反动的孙文主义学会进行了无情的鞭笞。这些文章仅仅是我们今天能收集到的,相信马凌山还有大量的文章由于期刊的散失使我们无法读到。就目前收集到的这十几篇文章,足以证明,马凌山可以称之为上海大学学生中的笔杆子。马凌山除了自己亲笔书写文章发表以外,还为教授们所做的演讲作记录并整理发表。如1925年12月20日在《中山主义》第一期上发表的施存统《研究中山主义应取的方法》和1926年1月10日《中山主义》第四期上发表的萧楚女《中山主义与国家主义》两篇文章,分别由施存统、萧楚女演讲,由马凌山作记录并整理。马凌山还怀着对孙中山先生深深的敬意,编成《中山主义讲演集》,由上海大学校长于右任先生题写了书名,于1926年4月,由三民公司出版发行。也就是在这一年,马凌山加入了中国共产党。

1927年3月,马凌山和保至善、胡廷珍、王孝锡等共产党人一起,根据党组织的安排,以国民党"西北政治委员会特派甘肃省党部党务委员"的身份到达兰州,对国民党甘肃省党部进行整顿,马凌山担任省党部宣传

由马凌山编、上海大学校长于右任题写书名的《中山主义讲演集》封面和目录

部部长。4月,成立了中共兰州特别支部,马凌山任宣传委员。为了统一领导兰州地区的青年革命运动,兰州特支建立了青年社,由王孝锡担任社长,马凌山为书记。青年社成立后,马凌山经常到青年社授课,给与会的青年讲革命道理,宣传中国共产党的主张,提高了兰州地区青年的政治思想觉悟。蒋介石叛变革命以后,5月30日,中共兰州特支以国民党甘肃省党部的名义,在兰州辕门广场举行"五卅"纪念大会。在会上,马凌山代表中国共产党作了演讲。他以洪亮的声音,介绍了纪念"五卅"运动的意义,介绍了上海工人武装起义和北伐战争的胜利,严厉谴责蒋介石发动"四一二"反革命政变、屠杀共产党人的罪恶行径,鼓励在场的各界爱国和进步人士起来和蒋介石为代表的国民党反动派作坚决斗争。马凌山的演讲,条理清晰,逻辑严密,语调铿锵有力,使参加纪念大会的市民受到极大的感染和教育。

6月下旬,马凌山奉命离开兰州,到西北军杨虎城部作兵运工作。后因生病回到家乡养病。但不久就遭到国民党的通缉,辗转到河北唐县,在一所师范学校当上一名教员。1931年2月17日,病情恶化,不幸去世,年仅27岁。

糜文浩：
从容就义于上海枫林桥刑场的革命烈士

糜文浩

上海枫林桥监狱，是蒋介石集团发动"四一二"反革命政变以后，为关押和杀害共产党人和革命进步人士而建立起来的。在监狱附近有一片荒草地，离监狱数百米处又有一荒地坟场。这块草地和坟场，是蒋介石反动集团屠杀共产党员和进步人士的刑场，许多共产党员和进步人士就是在这里英勇就义的。上海大学学生、共产党员糜文浩也在这里为革命献出了他宝贵的生命。

糜文浩，又名李仲苏，生于1901年，江苏无锡人。家境贫寒，以耕地为生。8岁时入小学读书，1915年高小毕业，考入位于苏州的江苏省立第二甲种工业学校应用化学科。这所学校学制五年，糜文浩读到第四年，终因家贫只得辍学回乡。糜文浩在苏州工专虽然只读了四年，未曾毕业，但却在学校里感受到了"五四"运动浪潮的冲击，参加了波及苏州、无锡地区的轰轰烈烈的"五四"运动。他积极参加这一运动，上街示威游行，四处散发传单，张贴标语，发表演讲，动员罢工、罢市，投身到这滚滚洪流中，使自己思想上受到一次反帝反封建和提倡新思想、新文化的洗礼，行动上受到了一次前所未有的锻炼。

回乡以后，糜文浩先在无锡堰桥胡氏小学任教，不久，又到无锡青城市立第七初等小学任教，并被推举为学校负责人。1922年，糜文浩来到上海谋职。起先他在一家交易所充当一名练习生，后考进上海邮政总局。

在上海，他受到了自己的同胞兄长、共产党员糜文溶的影响和教育。当时糜文浩就住在糜文溶家中，糜文溶家里订有《向导》《新青年》《中国青年》等党的刊物和其他进步书刊，阅读学习了这些刊物书报，糜文浩思想上受到极大教育，对不合理的社会有了新的认识。

1923年2月，党派糜文溶、董亦湘到无锡成立进步团体"青城导社"，这是无锡最早由共产党员发起组织的一个社团，糜文浩也参加了这个社团，并和糜文溶一起，编写出版《青城导报》，抨击不合理的社会，讴歌进步与革命。1923年3月2日的《新无锡报》在报道"青城导社"活动消息时称："该市青城导社系旅外中等以上学生所组织，以指导社会研究学术，联络乡谊为宗旨，以奋斗、实行、坚忍、牺牲为信条，成立以来社员已达60余人。兹闻该社演讲团主任顾咏高，前日（28日）偕演讲员顾庆、糜文浩等在浮舟村北土房等处举行演讲。其讲题为《我们为什么要组织团体》《布与米》《农夫苦》等，听者数十人或百余人，并闻该社员今日又在玉祁镇演讲云。"从这则报道可以看出，性情一向沉默寡言的糜文浩，已经成为一个能用通俗易懂的语言向普通群众宣传革命道理的演说员了。这一段经历对糜文浩来说，是具有人生转折意义的。

不久，糜文浩通过郑振铎介绍，进入上海商务印书馆编译所工作。当时商务印书馆有着一批中国共产党的早期党员如董亦湘、徐梅坤、杨贤江、沈雁冰等，糜文浩在工作期间，深受他们的教育和影响。加之在馆内，有条件阅读了大量进步书刊和马克思主义理论书籍，这使他对革命有了较为自觉的认识，开始信仰马克思主义。就在这一年上半年，他接受了中共组织的安排，来到了上海大学社会学系读书，开始了新的生活。

糜文浩在上海大学学习一共约有一年半的时间。1924年4月编印出版的《上海大学一览》，在《学生一览表》中，记载糜文浩为社会学系"试读生"，籍贯为"江苏无锡"，通讯处为"无锡石塘湾转新桥"。在上海大学，糜文浩有幸听到了邓中夏、瞿秋白、蔡和森、恽代英、张太雷、任弼时等早期中国共产党领导人和马克思主义理论家宣传家的授课和讲座，系统地学习了马克思列宁主义，并在各方面受到这些早期革命家的教诲，无论在思想理论修养还是在对革命的理解和认识方面都有了质的提高。糜文浩除了认真学习以外，还积极热情地参加各种活动。他是上海大学学生

从上海大学（1922—1927）走出来的英雄烈士

糜文浩与妻子王采贞

进步社团"中国孤星社"的发起人之一，并担任《孤星》旬刊的理事和编辑。1924年11月18日，中国孤星社在上海大学召开会员大会，糜文浩以委员的身份出席了这次会议。这一年，经杨贤江、徐梅坤介绍，糜文浩参加了中国共产党，成为一名共产主义战士。

当年冬天，根据党组织的安排，糜文浩赴苏联莫斯科东方大学学习。但一年以后，由于国内革命斗争形势的需要，急需工运干部，糜文浩即被召回国，来到上海，担任中共上海区委沪西部委组织委员，从事工会工作。他深入基层，来到工人中间，积极热情地投入工人运动。1926年4月，他和妻子、共产党员王采贞以小家庭为掩护，住进北四川路正德里4号中共中央秘书处所在地。当时，中共领导人周恩来、瞿秋白、王若飞等都在这里办公，糜文浩在秘书处担任秘书，负责文件起草、刻写、印刷和保管工作。妻子王采贞则担任党中央的秘密交通员。1927年上海在准备第三次武装起义时，糜文浩负责组织上海总工会工人纠察队，经管枪械、弹药以及其他各种军需物资的筹集和供应。起义开始后，糜文浩还直接参加了南市区的战斗，经历了战场上的浴血奋斗考验。上海工人第三次武装起义成功以后，糜文浩又接受党组织的安排，担任上海总工会机关报《平民日报》编辑部主任。这张报纸创刊于1927年2月17日，目的是"为我平民争人权，为我平民发挥痛苦的呼声并集中革命的意志，誓与一切压迫的势力奋斗到底"。糜文浩以满腔的革命热情投入这一新的革命工作中去。4月12日，蒋介石发动了反革命政变，这张报纸于第二天就被反动当局封杀。党组织立即采取应变措施，将《平民日报》改成《青天白日报》秘密出版发行。在一片白色恐怖的气氛中，糜文浩以大无畏精神，重组队伍，挑起了《青天白日报》秘密出版发行的重担。从1926年4月到1927年蒋介石发动"四一二"反

糜文浩：从容就义于上海枫林桥刑场的革命烈士

无锡惠山区革命遗址里的糜文浩烈士纪念碑

革命政变的一年时间里，糜文浩一直是在周恩来等中央领导的直接领导下从事革命工作的。

1927年5月8日，糜文浩在新闸路培德里印刷所校阅稿件时，被英国巡捕逮捕，第二天被引渡到国民党警备司令部。在监狱里，敌人对糜文浩进行了残酷折磨和严刑拷打。糜文浩表现出一名共产党员的浩然正气和崇高革命气节，虽遍体鳞伤，但丝毫不向敌人低头。在糜文浩的坚如磐石的意志面前，敌人万般无奈，只得于11日下午5时，将糜文浩绑缚至枫林桥刑场。年方26岁的年轻共产党员糜文浩，就这样为革命、为共产主义的崇高革命理想献出了宝贵的生命。

糜文浩英勇就义以后,党组织将《青天白日报》从第70期起,改名《满江红》继续出版。《满江红》第一期的头版头条,就刊登了纪念糜文浩的文章。中华人民共和国成立以后,党和国家没有忘记那些为民族解放和新中国建立而抛头颅、洒热血的英雄烈士。1953年初,国家内务部专门向糜文浩家属颁发了由毛泽东主席亲自签署的《革命牺牲工作人员家属光荣证》。同年,有着和糜文浩战友之情的周恩来总理专门邀请糜文浩家属到北京做客,还合影留念,表达了对糜文浩的怀念之情。在糜文浩的家乡无锡,当地政府还建立了糜文浩纪念碑和纪念堂。糜文浩烈士为革命奋斗、为理想献身的英勇事迹将永远成为家乡人民的红色革命传统教育的生动和感人的教材。

秦邦宪：
党的新闻事业的重要奠基人和开拓者

由中共中央文献研究室编、中央文献出版社出版的《毛泽东年谱（一八九三——一九四九）》（修订本）（下卷），在1946年4月8日这一天，是这样记载的："王若飞、秦邦宪、叶挺、邓发等乘美国飞机回延安，因遇恶劣天气，飞机在山西兴县黑茶山失事，机上人员全部遇难。因飞机失踪，毛泽东心绪不宁，不胜悬念。十三日，得知飞机失事。随即成立毛泽东等二十六人组成的治丧委员会。二十日，《解放日报》

秦邦宪（博古）

发表毛泽东为'四八'烈士的题词：'为人民而死，虽死犹荣'。同时发表他的《向'四八'被难烈士致哀》一文，文中说：'你们的死是一个号召，它号召全党党员和全国人民团结起来，为和平、民主、团结的新中国而奋斗到底！'""四八"空难，是震惊中外的一次空难事件，这次空难使中国共产党蒙受了巨大损失。遇难的有自重庆返回延安的王若飞、秦邦宪、叶挺、邓发等中国共产党高级领导人及其他烈士共13人和4名美国机组人员。其中，秦邦宪就是从上海大学走出来的一位英雄烈士。

秦邦宪，又名博古，乳名长林，字则民，1907年出生于浙江杭州，江苏无锡人。1914年7岁开始在秦氏公学接受启蒙教育。1915年考进无锡第二高等小学，不久转入无锡省立第三师范附小。1921年9月，考取苏州江苏省立第二工业学校预科。在校期间，开始接触阅读《新青年》《向导》等

从*上海大學*(1922—1927)走出来的英雄烈士

进步书刊,思想发生很大变化,有了长足的进步。1924年加入进步学社"锡社",并开始在"锡社"主办的《无锡评论》上发表时评和诗歌等作品,在无锡地区的思想界初露锋芒。1925年3月12日,孙中山先生逝世于北京,秦邦宪陪同恽代英参加无锡各进步团体、各界人士5 000余人于4月5日在省立第三师范礼堂召开的追悼孙中山先生大会。在这一年春天,秦邦宪加入了中国共产主义青年团。

震惊中外的上海"五卅"惨案发生以后,秦邦宪虽卧病在床,但他怀着激愤的心情,毅然全身心地投身于这场伟大的爱国运动。他说:"国之将亡,焉顾我身,宁愿生为中华人,死为中华魂。"[①]他当时已担任苏州学联负责人,他抱病于第二天,即31日下午,召开学生联席会,会上决定采取各种形式声援上海人民的反帝斗争。秦邦宪除了在无锡、苏州两地参加各种示威游行、演讲和声援募捐活动以外,还利用手中的笔,在锡社、中国孤星社联合出版的小报《血泪潮》上,连续发表文章,批驳社会上种种反对青年学生反帝斗争的奇谈怪论,详细介绍苏州、无锡地区声援上海爱国反帝斗争的情况,表达自己强烈的反帝爱国的决心。他的一系列文章,对于无锡、苏州地区反帝爱国斗争的舆论起到了推动和促进的作用。

1925年9月,秦邦宪考进上海大学社会学系。这一年的9月20日,《民国日报》刊登题为《上海大学录取新生布告》,其中称:社会学系一年级正式生:秦邦宪。其实,秦邦宪和上海大学的结缘,早在他正式进上海大学之前就开始了。1924年1月1日,上海大学社会学系学生安剑平、糜文浩等发起成立社团上海大学孤星社(后改为中国孤星社)。该社宗旨为:"研究学术,讨论问题,彻底了解人生,根本改进社会。"并规定校内外人士均可参加。该社倡导"大侠魂"精神,口号是"救急地宣传三民主义,须热情地走入民间,彻底地鼓吹世界革命,必勇敢地身先向导",并创办了《孤星》旬刊。1924年的夏天,秦邦宪正式加入了孤星社。7月15日,秦邦宪又被批准加入了无锡的学生社团"锡社"。8月17日,中国孤星社在无锡的社员举行会议,安剑平、秦邦宪等20余人参加了会议。会议决定"中国孤星社无锡社员全体加入锡社"以加强两社合作,并推定秦

---

① 吴葆朴、李志英、朱昱鹏编:《博古文选·年谱》,当代中国出版社1997年版,第354页。

邦宪为中国孤星社苏州委员会委员。1925年3月29日，中国孤星社无锡支部在无锡县教育会召开追悼孙中山先生大会，秦邦宪在会上发表了演说。"五卅"惨案发生以后，秦邦宪抱病积极投入声援上海人民反帝爱国斗争。6月7日晚，大雨滂沱，上海大学学生、中国孤星社社长安剑平在苏州中国孤星社社员安友石住处，就"五卅"惨案问题与秦邦宪促膝谈心。秦邦宪回顾此事说："青年热血

从左至右：博古、周恩来、朱德、毛泽东

的大侠魂精神，不图于此残风苦雨之夜，湫隘昏暗之室中见之。"① 秦邦宪在《血泪潮》上发表了一系列文章声援"五卅"运动，这张小报也是由中国孤星社和锡社联合出版的。因此，秦邦宪于7月在江苏省立苏州工业专门学校预科毕业以后，选择进上海大学不是偶然的。

在上海大学，秦邦宪如饥似渴地阅读马克思主义著作。在学习过程中，结识了瞿秋白、恽代英等中国早期杰出的中国共产党人和马克思主义的传播者，思想上受到极大影响。他学习努力，并积极参加各种政治社会活动，经受了革命考验。当年10月，就被批准加入了中国共产党。秦邦宪是一个有着比较深厚马克思主义理论修养和杰出写作才能的共产党人，在上海大学就读期间，没有间断过在《无锡评论》等刊物上发表评论。如10月1日，发表《选举活剧中邑中舆论界》；10月15日，发表《杨千里先生来锡后之感想——官僚果能铲除绅阀么？》《吃人礼教下之"杀子理论"》；12月1日，发表《为加薪运动敬告全邑小学教师》，文中说：教

---

① 吴葆朴、李志英、朱昱鹏编：《博古文选·年谱》，当代中国出版社1997年版，第355页。

师生活不安定的原因"就是在于国际帝国主义者之侵略及军阀之专横，绅阀之剥削"。又指出："怎样可以达到真正成功的区域？就是：打倒国际帝国主义！（取消一切赔款和外债，取消海关权）打倒军阀！（严定教育经费之独立）打倒绅阀！！！（清查及革除积弊）换句话说就是走国民革命的大道。"同日还发表《奇哉，投笔从戎之怪剧》，指出："所以我们要改造中国政治，打倒军阀为第一着。要打倒军阀，必须投身革命群众之内，靠群众的力量去铲除、打倒它"，"我们的共同奋斗才可以解除我们的困难！"12月20日，上海大学中山主义研究会出版的《中山主义》周刊第一期，发表了瞿秋白在上海大学作的题为《国民革命与阶级斗争》演讲、12月27日在《中山主义》第二期发表了恽代英的题为《孙中山主义与戴季陶主义》演讲，均由秦邦宪记录整理。1926年1月1日，国民党上海特别市党部在上海大学召开成立大会，上海大学教授恽代英、沈雁冰、杨贤江等人被选为委员。不久，秦邦宪根据中共组织安排，调任国民党上海特别市党部宣传干事。其间，为中国共产党的统一战线工作和宣传国民革命军北伐节节胜利作了大量工作。10月6日，淞沪警察厅奉联军总司令部"对国民党上海特别市党部为赤化张目，从严查究"的密令，将秦邦宪等30余人逮捕，旋经法巡捕房审讯后释放。当月，在中共江浙区委书记罗亦农的领导下，秦邦宪参加了上海工人第一次武装起义的具体准备工作，经受了一次血与火的锻炼与考验。1926年11月，秦邦宪经过考试，经中共中央批准，赴苏联莫斯科中山大学学习，从而结束了在上海大学一年多的学习生活，踏上了新的学习环境和革命征途。

秦邦宪进入莫斯科中山大学以后，取了一个俄文名为"博古诺夫"，以后，在报刊上发表文章经常署名"博古"，后遂以"博古"名世。秦邦宪于1930年5月奉命回国，先后在全国总工会宣传部、上海工联宣传部工作，编辑《劳动报》《工人小报》。1931年1月，任中国共产主义青年团中央宣传部部长，4月，改任青年团中央书记。9月，中央临时中央在上海组成，他是主要负责人。1933年初，进入中央革命根据地，5月，增补为中央革命军事委员会委员。1934年1月，在中国共产党六届五中全会上当选为中央政治局委员。1931年9月至1935年1月，在担任中国共产党和红军的主要领导职务期间同王明一起犯了"左"倾错误。遵义会议后任红军总政治部代理主任。长征到陕北后,任中华苏维埃共和国中央政府西北办事处主席。1936年12月西安事变发生后,同周恩来、叶剑英等作为中央代表参加和平解决西安事变的谈判,对于和平解决西安事变和促进抗日民族统一战线的形成作出了积极的贡献。1937年1月新华通讯社建立,被任命为第一任社长。不久任中共中央组织部部长。在抗日战争中,任中央驻南京代表,前往南京、武汉、重庆等地参加国共谈判。1938年,任中共中央长江局委员兼组织部部长。长江局撤销以后,又任中共中央南方局委员兼组织部部长。1940年底返回延安,继续任新华通讯社社长。1941年创办《解放日报》,任社长,为党的新闻事业和解放区新闻机构的建设作了大量的工作。在延安整风期间和中共第七次代表大会上,对自己过去的错误诚恳地作了自我检查。1945年6月,当选为七大中央委员。1946年作为中央代表赴重庆参加政协宪草审议小组的工作,4月8日由重庆返延安途中,因飞机失事在山西兴县黑茶山遇难,时年39岁。

秦邦宪等殉难以后,郭沫若在祭文中说:"秦公博古,南方之强,守正

秦邦宪故居

不阿,寡默深藏,为民请命,锐不可挡,言室满室,言堂满堂。"周恩来在讲话中说:"邦宪同志来渝从事宪草起草工作,为民主宪法的产生而努力,此次因宪草问题,回延安报告,竟以身殉。我们要来填补这个空子,使一部民主的宪法,不管什么样的破坏都要产生,中国35年没有一部民主宪法,我们要为民主宪法而奋斗。"

秦邦宪生前译有《苏联共产党(布)历史简明教程》《辩证唯物论与历史唯物论基本问题》《共产党宣言》《社会主义从空想到科学的发展》《卡尔·马克思》《论一元论历史观之发展》等,为在全党范围内提高马克思列宁主义的理论水平作出了重要贡献。

秦邦宪是一位坚定的马克思主义者,伟大的无产阶级革命家、理论家,党的新闻事业的重要奠基人和开拓者。他的家乡人民没有忘记这位为中国革命作出杰出贡献的英雄烈士,他的故居,在2002年被江苏省政府公布为省级文物保护单位,并于2004年修葺一新。杨尚昆题写了"秦邦宪故居"匾额。同时,在秦邦宪故居修复开放的同一天,"秦邦宪生平事迹陈列"展览正式与观众见面。

瞿景白：
在会审公廨智斗美国副领事的上海大学学生

1925年6月11日上午9时半，公共租界的公廨对"五卅"惨案被捕人员进行第三次审讯。负责审讯的为关正会审官，美国副领事雅克博为陪审。其中在审讯上海大学社会学系学生瞿景白时，发生了美国副领事雅克博、会审官关正与瞿景白之间的一番有趣的对话，1925年6月12日《申报》予以详细记载：被告瞿景白上堂以后，美国副领事问："尔仅才弱冠，已研究社会学，四书五经曾否读过？"答："已经读过。"问："孔子曰三十而立，四十而不惑一章，尔服膺其言否？"答："此为二千年以前学说，今不适用矣。"合座大笑，美领亦莞尔而言，本领事与关正会审官犹服膺孔子之学。关君亦询以"四书内少之时一章，血气方刚，戒之在斗，尔知之乎？"答："我并不来斗。"关君再问："以中国现状而论，尔以为宜建设乎，抑破坏乎？"答："我主张破坏旧的，同时建设新的。"关领谓："治世如治病，譬如人病重，先当设法医治使愈，不能令其死后另成为少年，斯则所谓急进者矣。中外感情素恰，因尔等急进举动，以致感情大坏，几欲酿成宣战之势。"[①]这番对话有趣就有趣在美国副领事雅克博和会审官关正在审讯"五卅"惨案被捕人员时，不谈外国巡捕开枪射杀中国学生和市民之事，也不谈随便拘拿学

瞿景白

---
① 《申报》1925年6月12日。

生之事,却饶有兴致地同被告瞿景白咬文嚼字,大掉其书袋。瞿景白作为"五卅"惨案中冲锋在前的一名斗士,面对两个颟顸迂腐的审官,巧妙地用语言和他们斗智回旋,并有理有节地回应了他们的问题,明确表示他自己"主张破坏旧的,同时建设新的",将公共租界会审公廨严肃的会审现场变作一个"合座大笑"的场所。

瞿景白,生于1906年,江苏常州人,为瞿秋白的三弟。瞿景白自幼跟着母亲读书写字,接受启蒙教育。在母亲的讲解和督导下学习《论语》和唐诗。有时不能复讲和背诵,还要受到母亲责罚。1916年2月7日,母亲因家境窘极和封建礼教所迫,写下遗书,服毒自尽。瞿景白便跟随姐姐到杭州投靠亲戚。1921年夏,考入浙江省第一师范学校。1923年6月下旬,瞿秋白从广州到达杭州,召集浙江省党、团会议,传达党的三大决议。他住在四伯父瞿世琥家,便和寄居在四伯父家中的妹妹瞿轶群、弟弟瞿景白、瞿坚白团聚。在哥哥的影响下,瞿景白在这一年的秋天,考进了上海大学社会学系。而这时在社会学系担任系主任的,正是他的哥哥、共产党员瞿秋白。

由于家境贫寒,瞿景白在幼时鼻梁生疮无钱医治,结果落下残疾,变成"塌鼻头"。然而,瞿景白却是一个聪明用功、活动能力很强的人。他在上海大学,接受了马克思主义的影响和教育,于1924年加入了中国共产党。1925年3月,上海大学演说练习会进行换届改选,瞿景白等7人当选为委员,瞿景白还兼任文书,邵力子、恽代英、张太雷、杨贤江等教授都应邀担任练习会的指导员。"五卅"反帝爱国运动爆发以后,瞿景白满怀革命热情投入这场运动。他勇敢地走在学生游行示威队伍的最前列,带头呼喊口号。当时的《申报》报道老闸捕房外国捕头爱活生的证词称:"瞿景白一名,系于未开枪前六分钟在贵州路逮捕,因其在途专以鼓动风潮为事,实为此种首领。"从外国捕头的口中,可以知道瞿景白面对荷枪实弹的外国巡捕,依然勇敢向前。正因为如此,他才被租界当局的巡捕逮捕。被捕以后,瞿景白依然和英国巡捕作坚决抗争。据瞿景白的同学丁敬先回忆,她和瞿景白等人被巡捕抓进老闸捕房以后,被英国巡捕头子狠狠地推了一掌,幸亏被一个姓黄的同学拉住,才没有扑倒在铁栏上,"这时瞿景白同学也抢步到了铁栏口,他愤怒地举起双拳面对那英国巡捕头子高喊'打倒野蛮的英帝国主义者'。喊声未完,那万恶的英国巡捕头子对准瞿景白同学的口鼻狠狠地就是一拳,立刻鲜红的血就从瞿景白同学鼻孔、口角直淌了出来。但瞿景白同学更加握紧双拳、踊起身子,用劲地高呼'打倒凶恶的刽子手英帝国主义……'"在强大的社会舆论压力下,巡捕房被迫释放被捕学生。在学生走出不反对的时候,广场中排着两队英帝国主义的陆战队士兵,每一个士兵手中的步枪都装上了雪亮的刺刀,他们举起枪交叉着刀尖,组成一条狭长的胡同,要被捕学生从这条胡同下通过。面对着这个阵势,瞿景白"一手拎起长衫的下摆,就大踏步当先领头向刀枪丛中走进去。一走进里面他就高声地喊:'打倒凶暴的英帝国主义!'"等到大家跟随瞿景白走出"刀枪胡同",再"看看瞿景白同学,他正气昂昂地回转身来,握着拳头,对着那些英国兵示威"①。无论是在老闸捕房内,还是在英国陆战队的荷枪实弹的刀丛面前,瞿景白都表现出了中国学生的无惧无畏,这同他在租界会审公廨的审判中,表现出来的机智勇敢是一致的。面对瞿景白这样有胆有识的中国学生,最后,会审公廨不得不宣布将瞿景白等所有被拘之人"一律具结开释,保洋发还"。关于瞿景白在"五卅"运动中的表现,在上海大学的同学中留下了深刻影响。除了前面引用的女同学丁敬先的回忆以外,另一名同学姚天羽也在回忆录中介绍了瞿景白:"还有一位同学瞿景白,他是瞿秋白同志的小弟弟,年才二十岁,是个共产党员。在五卅斗争中,他领头叫喊口号,鼓励同学们前进:'同学们,前进呵!''同学们!勇敢些,前进呵!'像一只勇猛的海燕,飞翔在同学们中间。帝国主义巡捕把他逮捕了。后来,在法庭受审时,瞿景白脸不变色,作了义正辞严的答辩。他那坚决有力的言词,使帝国主义者和他的走狗们感到惊惧不已。"②瞿景白在"五卅"游行示威中,表现坚定勇敢;在被捕以后,也是镇定机智,充分显示了他的革命坚定性和临危应对有节的革命灵活性。同年秋,根据党组织的安排,他担任了上海曹家渡共青团的书记,开始从事工人运动。

---

① 上海市政协文史资料委员会编:《上海文史资料存稿汇编·政治军事1》,上海古籍出版社2001年版,第569—571页。
② 姚天羽:《培养革命干部的洪炉——上海大学》,载《党史资料丛刊(一九八〇年第二辑)》,上海人民出版社1980年版,第79页。

1927年3月,他跟随瞿秋白来到武汉工作,负责中共中央常委会和政治局会议的记录,并试办《每日通讯》。1928年4月,瞿景白被党中央派往莫斯科中山大学学习。6月18日,中国共产党第六次全国代表大会在莫斯科召开,瞿景白被推选担任大会秘书。会后,瞿景白和担任中共驻共产国际代表团团长的哥哥瞿秋白一起合编了《中国职工运动材料汇编》,比较系统地总结了中国工人运动的概况。1929年10月,由于他公开反对王明等人的宗派活动而受到打击,最后被诬以"失踪""发疯"而屈死于苏联。对于瞿景白在莫斯科中山大学学习的情况,同在中山大学学习的陈修良曾回忆说:瞿景白人很聪明,长于文字,为人正直,敢说敢为,对王明的宗派小团体十分不满,尤其是对以共产国际东方部部长米夫为首的中山大学支部局的领导作风非常不满。他对支部局和王明肆无忌惮地污辱瞿秋白的中共代表团以及打击和迫害持不同意见的同志无比愤慨,一怒之下把自己联共预备党员的证书也退给了区委书记。这在王明等看来简直是不能容忍的,于是,他"失踪"了。实际上是因为他参加了反支部局的活动而被王明等假手于苏联"格柏乌"逮捕和杀害了[①]。新中国成立以后,瞿景白得以恢复名誉,冤案得到昭雪,被追认为革命烈士。

---

① 陈修良:《回忆瞿秋白和杨之华》,载《党史资料丛刊(一九八一年第二辑)》,上海人民出版社1981年版,第62页。

瞿秋白：
上海大学马克思主义理论最主要的传播者

2009年2月，上海大学出版社出版了由上海大学校长钱伟长担任总主编的《上大演讲录（1922—1927）》，收录于右任等当年上海大学的教授和应邀来上海大学作演讲的名人的演讲稿凡31篇，其中收录最多的是瞿秋白发表的演讲稿，共有5篇之多。当我们今天重温瞿秋白的这些演讲稿，再细检瞿秋白在上海大学担任教职的全过程，可以得出这样一个结论：瞿秋白是上海大学马克思主义理论最主要的传播者。

瞿秋白

瞿秋白，学名瞿双，后改名霜，改号秋白，生于1899年，江苏常州人。5岁入私塾，6岁入常州冠英两等小学，10岁入常州府中学堂预科，11岁转入中学堂本科。1917年在北京俄文专修馆学习。1919年"五四"运动时参与领导北京的学生爱国运动。1920年初，参加李大钊组织的马克思学说研究会，开始研究科学社会主义。同年10月，以北京《晨报》记者身份赴俄采访，是最早有系统地向中国人民报道苏俄情况的新闻界先驱。同年9月兼任莫斯科东方大学中国班教员。1922年2月加入中国共产党。在莫斯科期间，先后出席远东民族代表大会和共产国际第三、第四次代表大会。1923年1月回国，担任中共中央机关刊物《新青年》《前锋》主编和《向导》编辑，发表了大量的论文，致力于马克思主义的传播和研究工作，为党的思想理论建设作出了开创性的贡献。同年6月，参加中国共产党第三次全国代表大会，主持起草党纲，参与制定国共

1922年陈独秀、瞿秋白等在共产国际四大

两党建立革命统一战线的战略决策,在会上当选为中央委员。

  1923年6月下旬,瞿秋白由广州取道杭州来到上海,22日,经李大钊推荐,正式接受于右任聘请,担任上海大学教务长一职。23日,也就是瞿秋白接受聘请到上海大学任职的第二天,他写下了《现代中国所当有的"上海大学"》一文。在文中,瞿秋白提出:中国作为"远东四五千年的古文化国,现在反而落后,学问艺术无不要求急速的进步,方能加入国际学术界的文化生活"。瞿秋白认为:"切实社会科学的研究及形成新文艺的系统——这两件事便是当有的'上海大学'之职任,亦就是'上海大学'所以当有的理由。"根据这一设想,瞿秋白为学校的未来,规划了一幅蓝图:大学设社会科学院和文艺院,社会科学院预计设立六个系:社会学系、经济学系、政治学系、法律学系、哲学系、史学系;文艺院在文学方面预计设立中国文学系、英文系、俄文系、法文系、德文系;而在艺术方面则预计设立三个系,即绘画系、音乐系和雕刻系。围绕着这些院、系,瞿秋白还提出了课程设置,胪列了必修科目和选修科目。瞿秋白的这篇关于上海大学办学设想的文章后来在8月2日、3日的《民国日报》副刊《觉悟》上分两天全文发表。瞿秋白提出的这个设想和规划,宏大完整,虽然按当时上海大学的办学条件,难以完全办到,但即使在今天看来,仍有着借鉴意义。

7月30日,瞿秋白致信胡适,谈到自己如何办好上海大学的问题。在信中,瞿秋白说:"就了上海大学的事便要用些精神,负些责任,我有一点意见已经做了一篇文章寄给平伯(即俞平伯),平伯见先生时,想必要谈起的。我们和平伯都希望上大能成南方的新文化运动中心,"①从瞿秋白提出的上海大学发展规划以及他给胡适的这封信来看,他就职于上海大学,并不是主要来从事党和革命的工作,而是要切切实实地办一所正规的大学。

瞿秋白从1923年6月到上海大学担任教职,到1924年10月10日"黄仁事件"后去职,在上海大学总共不到一年半的时间,但是他在上海大学办学史上,却留下了永远不可磨灭的一笔,是上海大学学生心目中最受欢迎和尊敬的教授之一。瞿秋白在上海大学的工作可以从以下几个方面来概括:

第一,传播马克思主义理论。瞿秋白在上海大学传播马克思主义理论,并不是脱离课堂教学计划另起炉灶,而是结合社会学系的课堂教学的实际需要,作为一门专业课来进行讲解。上海大学的社会学系是1923年秋季开始设立的,由瞿秋白主讲的社会学、社会哲学,注重马克思主义基本原理的教育,以马克思主义的科学理论来教育学生、武装学生。1924年3月,上海书店陆续出版根据上海大学社会学系的讲义整理的《社会科学讲义》四集,内收瞿秋白的《现代社会学》《社会哲学概论》两本讲义,这两本讲义,既是学习社会学、社会哲学的教材,也是马克思主义理论的启蒙读物,对学生的思想、观点和政治立场影响很大。瞿秋白的学生回忆自己听课的感受说:瞿秋白在讲课中,"要照顾听课同学的不同程度和接受能力,极力讲得又通俗又明白。他在讲课中,每每把古今中外的许多事实引证起来,深入浅出地发挥着;把理论和当前实际斗争密切结合起来,反复地分析、解释着。同学们听起来都能心领神会,都很高兴听他的课。当时,听课的不只是本系的同学,还有中文系、英文系和美术系的同学,甚至别的学校爱好社会科学的同学也来校参加旁听。教室是全校比较大的

---

① 中国社会科学院近代史研究所中华民国史研究室编:《胡适来往书信选(上)》,中华书局1979版,第213页。

一间,只要是秋白讲课的日子,总是挤得满满的"①。"秋白在讲《共产党宣言》时,要求每个学生都能熟背。当时《共产党宣言》是有陈望道根据日文本意译的,尽管与原文有些出入,但译文文字流利、华美,青年人极易读熟,正因为当时要求甚严,所以我至今尚能记忆当中某些句子。"②作为系主任的瞿秋白和邓中夏一起,聘请了不少中国共产党的早期领导人和理论家在社会学系任教,如恽代英、蔡和森、施存统、董亦湘、张太雷、萧楚女、杨贤江等,他们无论是在课堂上还是在讲座中,都以马克思主义的唯物史观为指导,讲授社会进化史、家庭、私有制和国家的起源,讲中国劳工问题、中国农民问题、现代民族问题等,很多学生正是在上海大学听了以瞿秋白为代表的一批红色教授的课程,学习了马克思主义的基本原理,坚定了革命信仰,走上了革命道路。社会学系的学生、后来成为无产阶级革命战士的著名剧作家、社会活动家阳翰笙回忆说:"我到了'上大'才知道,以前读过一些马列主义的书,看来都是一知半解、似懂非懂的,实际上就是不懂。到了'上大',觉得一切都非常新鲜,许多理论和道理是闻所未闻的,所以就拼命地学习、研究。"③

第二,通过演讲来传播革命道理,影响和教育上海大学的教职员和学生。瞿秋白不仅是中国共产党早期的理论家,也是演说家。他在上海大学任职期间,在校内外发表了大量的演说。1923年10月17日,上海大学社会主义问题研究会成立,李大钊、邵力子等200余人出席成立大会,瞿秋白发表了关于社会主义问题的演讲;23日,上海大学召开建校一周年纪念大会,瞿秋白以教师代表的身份在会上发表了演讲;1924年3月9日,国民党上海执行部、中国共产党上海地方组织等30余团体300余人在南市小西门少年宣讲团联合举行追悼列宁大会,会上,瞿秋白以上海大学教授的身份发表演讲,介绍了列宁的生平事迹,大会印发的《上海追悼列宁大会特刊》上刊登了瞿秋白的纪念文章;5月5日,上海大学举行马克思诞辰106周年纪念会,瞿秋白在会上发表演说,热情洋溢地介绍马克

---

① 姚天羽:《培养革命干部的洪炉——上海大学》,载《党史资料丛刊(一九八〇年第二辑)》,上海人民出版社1980年版,第73页。
② 胡允恭著:《金陵丛谈·我所知道的上海大学》,人民出版社1985年版,第17页。
③ 阳翰笙:《回忆上海大学》,载《新文学史料》1984年第2期。

思的生平、宣传马克思主义、反对国民党右派的反共行径,会议中,瞿秋白和任弼时登台高唱《国际歌》,深深地感动了台下参加会议的学生;5月9日,瞿秋白出席在北河南路(今河南北路)天后宫举行的有2 000余人参加的"五九"国耻纪念会,并应邀在会上发表演讲;10月26日,上海大学等30余团体举行黄仁烈士追悼大会,瞿秋白在会上发表演讲,痛斥国民党右派纠集流氓打手将上海大学学生黄仁打伤致死的罪行,要求严惩凶手。

第三,倡导理论联系实际学风,讲课深入浅出,深受学生欢迎。在上海大学任教的中国共产党早期领导人中,瞿秋白是在课堂上讲课比较多的一位教授。他满腹经纶,但在讲课时却总是联系实际,在讲义的基础上补充许多鲜活的材料,通俗易懂,引人入胜。据社会学系的学生杨之华回忆,瞿秋白"讲课的习惯,是在上课之前,先把讲义发给我们,让我们预习,到讲课时,不是照着讲义念,而是在讲义的基础上补充了很多活材料。由于同学们的水平参差不齐,为了使大家都能听得懂,他引用了丰富的中外古今的故事,深入浅出地分析问题,把马克思列宁主义的理论和当前的革命斗争密切结合起来"①。中文系的学生孔另境是这样来叙说等待瞿秋白来上课的心情:"以四间民屋的客堂连贯辟成的狭长的教室内,拥挤得无从插足。数百颗活跃的心灵期待听受一次庄严的启发。"②瞿秋白作为教师,非常爱自己的学生,他既重视在课堂上对学生谆谆教导,又注意在课后对学生的循循善诱,中文系的学生丁玲回忆说:上海大学"最好的教员却是瞿秋白。他几乎每天下午课后都来我们这里。于是,我们的小亭子间热闹了。他谈话的面很宽,他讲希腊、罗马,讲文艺复兴,也讲唐宋元明。他不但讲死人,而且也讲活人……他为了帮助我们能很快懂得普希金的语言的美丽,他教我们读俄文的普希金的诗"③。关于上海大学的教学方针和学生对待学习的态度必须贯彻理论联系实际的原则,针对学生中的一些疑虑和争论,在讨论会上,瞿秋白明确表示:"书是要读的,但不能死读书,因为书不是为了代替你思想而写的,而是帮助你思想而写的,

---

① 杨之华著:《回忆秋白》,人民出版社1984年版,第3页。
② 转引自张元隆著:《上海大学与现代名人(1922—1927)》,上海大学出版社2011年版,第22页。
③ 《丁玲自传》,江苏文艺出版社1996年版,第40—41页。

学习革命理论是为了指导革命的实践;一边学习,一边参加实际工作,有助于领会革命理论、改造思想和取得实际经验。"① 上海大学的社会学系之所以能够培养出那么多杰出革命者,和瞿秋白倡导并坚持的理论联系实际的学风是分不开的。

第四,积极热情地参加上海大学的教学管理和日常活动。1923年12月5日,上海大学评议会通过《上海大学章程》。按照章程的规定,上海大学改评议会为行政委员会,并规定其为学校最高议事机关。校长于右任为委员长,总务长邓中夏为秘书,社会学系主任瞿秋白等7人为委员。这也标志着瞿秋白进入了上海大学校务工作的决策层。1924年1月1日,上海大学学生发起成立学生社团"孤星社",瞿秋白欣然接受邀请,担任社团顾问;2月10日,上海大学行政委员会举行第二次会议,决定编辑出版"上海大学丛书",成立丛书审查委员会,瞿秋白和邓中夏等5人被推定为委员,负责丛书出版的选题、编审等事务;3月15日,由"孤星社"编辑出版的旬刊《孤星》第4期为追悼列宁专号,瞿秋白以题为《历史的工具——列宁》的文章作为代社论发表,以实际行动支持"孤星"的活动;9月,上海大学鉴于学生人数日多,职员责任日重,决定将学务处改成学务委员会,瞿秋白担任了这个委员会的委员,参与学校学务工作的领导。

瞿秋白在上海大学的工作,最值得一提的是作为上海大学社会学系系主任。在瞿秋白的领导下,社会学系很快成为上海大学学生最多的一个系,也是上海大学影响最大的一个系。在瞿秋白等中国共产党早期领导人的教育和影响下,社会学系的许多学生走上了革命道路,参加了中国共产党,其中有的还成为我们党的领导人,还有许多人成为让后人永远敬仰的英雄烈士。但是在平时,瞿秋白又经常教育社会学系的学生,要主动去团结文学系,特别是英国文学系的学生,他认为,"革命靠少数人是不行的,应该带动广大群众去干。文学系也有要求进步的同学"②,他要求社会学系的同学去积极帮助文学系的同学,培养发展党团员。他还告诫社会学系的学生不要轻视文学,无产阶级的文学对革命是有推动作用的,因

---

① 杨之华著:《回忆秋白》,人民出版社1984年版,第6页。
② 本书编委会编:《20世纪20年代的上海大学》,上海大学出版社2014年版,第1107页。

此，他鼓励社会学系的学生去听文学系的课。

像邓中夏、恽代英、蔡和森等人一样，瞿秋白在上海大学任教的同时，还肩负着革命的重任。在上海大学期间，虽然教学和行政工作繁忙，但并不影响他作为党的早期领导人参加党的革命工作。1923年7月1日，中国共产党机关刊物《前锋》月刊创刊出版，由瞿秋白担任主编；7月9日，中共上海地方兼区执行委员会举行第一次会议，按党员居住相近的原则，将党员编成5个组，瞿秋白和邓中夏、施存统等11名党员被编为第一

《前锋》创刊号

党小组，即上海大学组。就在这次会上，瞿秋白和邓中夏被指定负责宣传马克思列宁主义理论和党纲，并担任劳动夜校的教员；10月25日，中共上海地方兼区执行委员会召开第19次会议，批准瞿秋白任执委会正式委员；11月1日，中共上海地方兼区执行委员会召开第20次会议，决定在11月7日俄国革命6周年之际，在《民国日报》副刊《觉悟》出一期纪念号，瞿秋白被会议要求写纪念文章一篇。1924年1月，瞿秋白出席了国民党第一次全国代表大会，并参加大会宣言的起草，当选为中央候补执行委员；不久，又任国民党中央政治委员会委员，参与国民党的领导工作。2月12日，瞿秋白致信苏联顾问鲍罗廷，谈及"需要制订上海大学党的工作计划"等问题；10月10日"黄仁事件"发生后，国民党上海执行委员会举行第十六次执行委员会议，讨论了关于国民党右派制造的黄仁事件。在会上，瞿秋白提出了两项提案，即国民党上海执行部应就黄仁事件发表宣言案和宣言的宣传方法案。瞿秋白提出，国民党上海执行部要在宣言中认定凶殴反帝国主义反军阀的演说者和赞成者的行为，是"帝国主义及

从上海大学走出来的英雄烈士 (1922—1927)

军阀奸细卖国卖民之反革命行动"，凶手及其指使者，无论是否党员，"本执行部敢以国民党名义正式宣告其为国民之公敌，凡我国民甚速起而讨之"。黄仁事件是在上海大学的教师中，中国共产党和国民党左派与国民党右派分道扬镳的标志性事件，在这场斗争中，瞿秋白旗帜鲜明地站在中国共产党革命统一战线的正确立场上，和国民党右派分子作了坚决的斗争。也正是在黄仁事件以后，瞿秋白被迫离开了上海大学。12月9日，上海公共租界巡捕房搜抄瞿秋白住所，瞿秋白便转入地下继续坚持革命斗争。

1925年1月，在中国共产党第四次全国代表大会上，瞿秋白继续当选为中央委员，并被选为中央局成员。5月，参加领导"五卅"运动，随后任中国共产党创办的第一张日报《热血日报》主编。《热血日报》共出版了24期，瞿秋白写了数十篇文字，包括社论、专论及大量的短评，多的2 000字，少的200字，差不多每期刊出两篇。在瞿秋白的领导下，《热血日报》用旗帜鲜明、内容充实的新闻报道，揭露帝国主义的血腥罪行和军阀政府的卖国行径，为扩大"五卅"运动的影响，掀起大革命高潮发挥了重要作用。1927年5月，在中共第五次全国代表大会上，再次当选为中央委员、政治局委员，成为中国共产党的重要领导人之一。

1929年，瞿秋白与夫人杨之华、继女独伊在莫斯科合影

蒋介石、汪精卫相继叛变革命后，在大革命失败的历史关头，瞿秋白在汉口主持召开了中央紧急会议，即"八七"会议，坚决纠正和结束了陈独秀右倾投降主义错误，确定了土地革命和武装反抗国民党反动统治的总方针，为挽救党和革命作出了重要贡献。会后任临时中央政治局常委，主持党中央工作，是党的主要领导人。1931年1月，瞿秋白遭受王明"左"倾错误路线迫害，在中共六届四中全会上，被解除中央领导职务。但他并没有因受到打击而消沉，而是在上海同鲁迅一起积极参加左翼文化战线的斗争，抗击国民党反动派的文化"围剿"。1931年至1934年，写了上百万字的杂文和译著，对马克思主义理论建设和无产阶级文化事业建设，做了大量开拓性、奠基性的工作。1934年2月到达中央革命根据地瑞金，任中华苏维埃共和国中央执行委员会委员、教育人民委员、苏维埃大学校长等职。同年10月红军长征后，留在南方，任中央分局宣传部部长，坚持游击战争。1935年2月24日，在福建长汀被国民党军逮捕。当敌人得知他的身份后，采取各种手段对他利诱劝降，但都被他严词拒绝。敌人在劝降中，劝瞿秋白效法中国共产党的叛徒顾顺章，瞿秋白以对叛徒充满鄙夷的神情说："我不是顾顺章，我是瞿秋白。你认为他这样做是识时务，我情愿做一个不识时务笨拙的人，不愿做个出卖灵魂的识时务者！"这一番慷慨陈词，说得敌人无语对答，只得悻悻离去。6月18日，瞿秋白高唱《国际歌》坦然走向刑场，面对敌人的枪口盘腿而坐，从容就义，年仅36岁。

2019年1月29日，是瞿秋白诞辰120周年纪念日，《人民日报》在当天发表了署名中共中央党史和文献研究院的题为《一腔赤诚，百折不挠——纪念瞿秋白同志诞辰120周年》的纪念文章。文章提到，瞿秋白"同邓中夏等同志一起创办上海大学，担任教务长、社会学系主任等职。他注重结合实际进行马克思主义理论教育，创新教学形式方法，使上海大学成为国共合作创办的新型学校。在他的影响下，上海大学培养的许多学生走上了革命道路"。这是对瞿秋白在上海大学任职期间，为党的革命事业、教育事业和革命人才培养等工作所给予的高度肯定和评价。毛泽东同志曾经指出：瞿秋白同志"这种为人民工作的精神，这种临难不屈的意志和他在文字中保留保存下来的思想，将永远活着，不会死去"。瞿秋白对上海大学所作出的贡献，也将"永远活着，不会死去"。

沙文求：
从仰慕游侠刺客到共产主义理想坚定的信奉者

沙文求

在浙江宁波鄞州区塘溪镇沙村，有一幢二进四开间的砖木结构的住宅，建于清光绪二十五年（1899），2005年3月16日，被浙江省公布为省级文物保护单位。这座住宅，从建筑角度固然有其文物价值，但更重要的是，这是"沙氏故居"，是沙孟海、沙文求、沙文汉、沙文威、沙文度五位同胞兄弟出生、居住、工作的地方。老大沙孟海（沙文若），当代杰出的书法家；老二沙文求、老三沙文汉、老四沙文威、老五沙文度都是中国共产党党员，为中国革命和建设，作出了杰出的贡献。其中，沙文求是从上海大学走出来的一位英雄烈士。

沙文求，又名仲巳、端巳，化名史永，生于1904年，浙江鄞县（今属宁波）人。沙文求和其喜爱书法艺术的大哥沙孟海不同，他自幼勤练拳脚武术，喜读经史兵书，个性刚强，好打抱不平，尤其仰慕《史记》中记载的荆轲、聂政等刺客的为人和行事。在他十二三岁时，就曾出面召集村里的成年人去保护一个受邻村欺负的村民。1911年，沙文求入本村梅溪小学读书，1916年停学，1920年春，复学入梅墟求精小学。秋，考入宁波效实中学念书。其间"五四"运动爆发，在爱国运动浪潮中，沙文求阅读了大量介绍新文化、新思想的进步书籍报刊，接受的新思想的熏陶和影响，萌生了救国救民的想法。效实中学是一个比较保守的学校，在"五四"新文化、新思想浪潮的影响下,学生对学校的封建教育和一味限制学生思想的种种保守措施非常不满,同时,也对学校个别不学无术的教师很有意见,沙文求便领头发动学生罢课,要求学校当局解聘这位贻误学生学业的教师,允许学生在校外借宿自修,并表示不达目的绝不复课。结果,学校当局被迫接受了学生的要求,罢课取得了胜利。沙文求也在这次自发组织的罢课行动中得到锻炼,显示了勇气和才华。

1924年夏,沙文求从效实中学毕业,于1925年春考入上海大学社会学系。在上海大学读书期间,在课堂内外接触并学习了马克思主义的理论,阅读了《向导》等宣传马克思主义思想和理论的杂志,思想上起了相当大的变化,不再是一个单纯崇尚古代游侠刺客一诺千金、见义勇为的好勇斗狠之人,而是开始服膺马克思列宁主义的一位进步青年知识分子。1925年5月30日,"五卅"惨案爆发,在"五卅"运动中,上海大学的老师、学生都冲在最前列,上海大学的教授恽代英等,作为中国共产党上海党组织的领导人,直接指挥了这场反帝爱国的革命运动。沙文求作为上海大学的一名学生,在党组织的领导下,积极投身到这场运动中并在这场运动中得到了磨炼,思想上有了更大的变化、更大的提高。他在写给自己弟弟的一封信中说:"这次群众的爱国热情实在太使人感动了,我的热泪不禁夺眶而出。"[①] "五卅"运动以后,上海大学一度遭到租界当局封闭,沙文求被迫离开了学校,并于这年下半年考入复旦大学物理系。但这时他已接受了马克思主义的教育,深深感到自己已无法安静地坐在教室里学习而不闻窗外事了,要救国只有走革命斗争这一条路。于是,他作出决定,辍学回乡,于当年冬天回到了宁波。他没想到自己的四弟沙文威思想进步比他还要快,此时已经是中国共产党党员。在沙文威的介绍下并根据沙文求的表现,中共宁波地委批准沙文求加入了中国共产党。沙文求虽然是在宁波入的党,但是他接受马克思主义、接受共产主义思想的启蒙,从一个崇尚古代英雄豪侠的热血青年成为具有共产主义理想信念和抱负的自觉革命的青年这样一个转变过程,却是在上海大学学习这一年不到的时间里完成的。可以说,上海大学是沙文求政治生命孕育的摇篮。

---

① 《中共党史人物传(第二十八卷)》,陕西人民出版社1986年版,第126页。

沙文求烈士故居

　　1926年初,沙文求接受党组织的指派,回到家乡沙村开展革命活动。他在家乡深入贫苦农民家庭,与农民谈心,了解他们的疾苦,并从思想上启发和教育农民。又适时地秘密组织农民骨干,积极开展农民运动,组织农会,创办夜校,努力提高家乡农民的思想认识和政治觉悟。在他和同志们的共同努力下,发展了一批党员和一大批农会会员,并且成立了沙村第一个中国共产党支部,由沙文求担任支部书记。1926年7月,沙文求根据党组织决定,来到广州,由团中央介绍进广东大学(即后来的中山大学)哲学系学习,并开展学运工作。1927年,担任广东大学共青团支部书记。他领导学生和反对国共合作的校长戴季陶作斗争。上海发生"四一二"反革命政变以后,广州旋发生"四一五"反革命政变,沙文求被反动当局通缉搜捕。他迅速离开广东大学,转入地下坚持斗争。在一片白色恐怖笼罩下,沙文求随时有被捕和遇害的危险,他的大哥出于对同胞弟弟的关爱,多次写信劝沙文求到上海去。沙文求回信给大哥表示说:"你的来信叫我不要做太危险的事情,我想你不必这样说,对于我没有什么关系,对于你是很有损失,因为这就表示了你的不果断。"在信中,沙文求还对大哥提出"要求":"你对于诸弟,尤其是对我,应当促其入险,鼓其前进",还希望大哥"尽无限之余勇,以吸收宇宙间的快乐,慷慨展臂,抓住艰巨的责任"①。从沙文求和大哥沙孟海的通信可以看出,一方面沙氏弟兄骨肉情深,另一方面沙文求始终把革命理想置于亲情之上。

这一年的10月,沙文求被任命为共青团广州市委秘书长。11月11日,广州起义爆发以后,他以共青团广州市委委员兼少先队总队长、赤卫队中队长的身份参加了广州起义。广州起义失败以后,他根据中共广州市委的决定,协助同样是在上海大学读过书的广州市委书记季步高,坚持在白色恐怖下对敌斗争,恢复和建立基层党团组织。1928年8月的一天,沙文求在和地下党一同志接头时被捕。在狱中,他受尽酷刑,但他坚贞不屈,显示了共产党人的崇高气节和钢铁意志,使敌人没有从他的嘴里得到任何想要的东西。最后,沙文求被敌人杀害于广州红花岗,年仅24岁。

10月,团中央机关刊物《列宁青年》发表《追悼死难的青年战士》,对沙文求等烈士的不幸遇害表示了沉痛的哀悼。新中国成立后,党和政府在红花岗建造了广州起义烈士陵园,陈列室陈列着沙文求烈士的遗像和生平事迹。烈士故乡鄞县沙村小学改名为文求小学,烈士故居为浙江省文物保护单位。对于沙文求的遇难,作为大哥,沙孟海在1949年春以二弟沙文求的表字"仲巳"的名义在沙村黄公岭建造了一座衣冠冢,表达了对二弟的永远怀念之情。20世纪90年代初,迁葬于沙氏故居旁,和沙氏故居一起,成为鄞州乃至整个浙江地区的爱国主义教育基地。

---

① 中共宁波市鄞州区委党史办公室、宁波市鄞州区民政局编:《鄞州革命英烈传》,中共党史出版社2011年版,第6—7页。

沈泽民：
红军鄂豫皖根据地的重要领导人

沈泽民

在上海大学的教师队伍中，有同胞兄弟均为教授的，除了英文系的何世桢、何世枚昆仲外，最有名的就是沈雁冰、沈泽民兄弟。他们同为中国共产党的早期党员，同为新文化运动的健将，其中沈泽民还是红军鄂豫皖根据地的重要领导人，中国无产阶级革命家。

沈泽民，名德济，字泽民，生于1900年，浙江桐乡人。7岁时，父病殁，沈泽民就读于家塾，由祖父沈砚耕执教。8岁时先后在乌镇国民初等男学和乌青镇高等小学堂读书。13岁，考进位于湖州的浙江省立第三中学。他天资聪颖，学习勤奋，学习成绩突出。对此，他的哥哥、同是省立第三中学毕业的茅盾（即沈雁冰）曾在回忆录中说："泽民的数学、物理、化学，在全校算是最好的。"1916年，沈泽民遵照父亲科学救国的遗愿，考入南京河海工程专门学校，和张闻天同学。在校期间，他刻苦攻读专业课，努力学习英语。他的英文提高很快，1918年，他利用学习的间隙时间，和兄长沈雁冰合译了美国赛尔·彭特著的科幻小说《两月之中建设谭》，译文在《学生杂志》上连载。这一年的暑假，他又翻译了科学小说《理工学生在校记》。按照沈泽民的天赋、才能和学习的自觉用功程度，他日后成为学者或工程技术人员完全是没问题的。但是，沈泽民并没有走上他父亲希望他走的这条路，而是最终走上了职业革命家的道路。而南京的求学过程，正是他接受新思想、新理论的起点。

沈泽民在南京求学期间，正值俄国爆发十月革命和国内发生了"五四"运动。这不能不对沈泽民的思想发生深刻的影响。他意识到，在当时中国的实际条件和环境下，父亲的"科学救国"只是一种不切合实际的奢望。他开始关心政治，认真读《新青年》等宣传新思想、新文化的进步刊物，尤其喜欢读李大钊、陈独秀写的那些既充满革命激情又富有深刻道理的马克思主义思想理论的文章，开始了他对革命理论学习钻研的极大兴趣和对革命事业的追求。同时，他也投身反帝爱国运动。他参与创办了《南京学生联合会日刊》，加入了少年中国学会。他还利用暑假回家乡之际，和兄长沈雁冰等发起组织桐乡青年社，创办《新乡人》刊物，倡导新文学，创作文学作品，普及科学知识。为了更好地学习马克思主义、寻求真理，沈泽民毅然辍学，于1920年7月和张闻天一起东渡日本，到东京帝国大学半工半读，学习日文。1921年初，他回国来到上海。不久，在哥哥沈雁冰的介绍下，加入了上海的中国共产党早期组织，成为中国共产党成立之前的第一批党员之一，从而走上了职业革命家的道路。他以自己丰厚的学识和外语水平，协助李达进行马克思全书、列宁全书等理论书籍和刊物的编译工作，并拿起笔，在《小说月报》《东方杂志》《戏剧》等刊物上发表作品。1922年初，沈泽民与李达、陈独秀等捐资设立上海平民女校并兼任英语教师。据李达的妻子王会悟在1922年发表在《妇女声》第6期的《入平民女学上课一星期之感想》的文章介绍，沈泽民在教学中"注重翻译，用的教本是法国莫泊桑的小说"。

1923年底，沈泽民被聘为上海大学社会学教授。在上海大学，沈泽民除了教授社会学系的专业课以外，还积极参加学校的各种活动，举行各类演讲。如1924年4月4日，他在上海大学作题为《欧洲形势与东方民族之关系》的演讲；这一年暑假，由上海大学为主举办的上海夏令讲学会，沈泽民作了题为《世界近事史》的演讲；9月7日，上海大学平民女校举行第一次毕业典礼，150名来宾和学生到会，沈泽民和杨之华等到会并发表了演讲；11月15日，沈泽民和上海大学另一位教授蒋光慈等人在上海大学成立文学社团"春雷文学社"，并在上海《民国日报》副刊出版"春雷文学专号"。1925年3月12日，孙中山先生逝世以后，4月24日，沈

泽民和上海大学教师恽代英、杨贤江、董亦湘、施存统、侯绍裘、张秋人等人在《民国日报》副刊《觉悟》刊登题为《发起孙中山主义研究会征求同志》的启事，用对孙中山思想的研究这种方式来纪念和宣传这位革命先行者。

在上海大学期间，沈泽民还参加了中国共产党上海兼区委和社会主义青年团的领导工作。1924年1月13日，中共上海地委兼区执委会举行全体党员会议，进行改选和重新分组，沈泽民和沈雁冰、施存统、徐白民、向警予5人当选为执行委员。沈泽民还担任第一组的地方委员。1月20日，中共上海地委兼区举行特别会议，讨论"国民运动委员会问题"及纪念"二七"活动安排，沈泽民参加了会议。1月23日，沈泽民又参加了中共上海地委兼区委、青年团上海地委联席会议；1月31日，又参加了中共上海地委兼区常委会，研究讨论了编定预算及筹划列宁追悼会等事宜；2月21日，参加中共上海地委兼区委会议，讨论杭州工作报告和继续研究筹开列宁追悼会事宜；2月28日，中共上海地委兼区委召开会议，继续讨论列宁追悼会的筹备工作及候补党员转正等问题，沈泽民参加了会议。6月21日，中国社会主义青年团江浙皖区兼上海地方执行委员会正式成立，由沈泽民、张秋人、彭振纲等人负责，第一支部为上海大学。

沈泽民在上海大学任教之时，也正是国共合作时期，根据中共中央的指示和安排，沈泽民还以国民党员的身份，和恽代英、施存统等人一起，参加了国民党上海执行部的工作。1924年2月25日，国民党上海执行部召开第一次执行委员会议，通过了执行部秘书及各部职员名单，同在上海大学担任教授的恽代英为宣传部秘书，沈泽民、施存统为宣传部的指导干事。5月5日，国民党上海执行部及各区党部代表300人左右，为纪念孙中山在广州就任非常大总统三周年，于莫里哀路（今香山路）29号孙中山寓所举行庆祝集会，沈泽民和毛泽东、恽代英、邓中夏等出席了这次集会。1925年3月12日，孙中山逝世，沈泽民以国民党上海执行部成员的身份，参加了在上海举行的追悼孙中山治丧活动，并担任治丧活动的"招待员"，参与值班。可以说，恽代英、沈泽民、施存统等上海大学教授，作为共产党人，不但牢记使命，积极从事党的革命工作，而且还坚决维护党的统一战线方针政策，为国共合作事业的顺利进行努力工作。

"五卅"惨案爆发以后，中共中央召开紧急会议，决定出版《热血日报》，由瞿秋白任主编，沈泽民奉命担任编辑。《热血日报》是中国共产党创办的第一张日报，于6月4日创刊。这张报纸及时传播中共中央的指示精神，及时报道上海和全国人民反帝斗争的消息，无情地揭露帝国主义的血腥罪行和军阀政府的卖国行径，也尖锐地批评了党内外对帝国主义实行退让妥协的谬论。沈泽民以巨大的革命热情投入到《热血日报》的工作中去。他不仅做好每天的编辑工作，还在短短的20几天中，在这张报纸上发表了《请看外国报纸破坏我们的严论》等10篇文章。这些文章尖锐泼辣，既长于说理又极富战斗力，很好地配合了主编瞿秋白的工作。由于这张报纸充满革命性、战斗性理所当然地为反动当局所不容，报纸出版了24期以后即遭到封禁。但是，《热血日报》在中国的红色报刊史上却留下了永不褪色的光辉一页，而沈泽民在《热血日报》的编辑出版中也为党的宣传事业作出了贡献。

1926年春，沈泽民随由刘少奇率领的中国职工代表团赴莫斯科出席国际职工大会。根据中共中央安排，沈泽民会后就留在莫斯科中山大学学习，后又到红色教授学院学习。1928年4月，出席在莫斯科举行的中国共产党第六次代表大会，担任了大会的翻译工作。1930年奉调回国。1931年1月7日，在中共六届四中全会上，沈泽民被补选为中共中央委员，受命担任中央宣传部部长。

1931年3月，沈泽民受党中央派遣，秘密进入鄂豫皖根据地，开始了他建设红色革命根据地的生涯。在鄂豫皖根据地，沈泽民任中共鄂豫皖中央分局常委、中共鄂豫皖省委书记，负责鄂豫皖苏区党和政府的工作，领导鄂豫皖根据地的各项建设和支援红军反"围剿"战争。这年11月，在中华苏维埃共和国第一次全国代表大会上，他当选为中华苏维埃共和国临时中央政府中央执行委员。1932年11月20日，沈泽民主持召开省委最高军事会议，作出一系列保卫鄂豫皖革命根据地的重大决策。12月29日，召开最高军事干部会议，决定重建红25军。30日，主持召开省委紧急会议，谴责张国焘的严重错误，决定分散游击，打击入侵到根据地的敌人。1933年1月，主持召开中共鄂豫皖边区党的第一次代表大会，被选为书记。同年10月红四方面军主力西征后，由他负责全面领导鄂豫皖革命

从 上海大學 (1922—1927) 走出来的英雄烈士

沈泽民烈士之墓

根据地的工作。

在鄂豫皖根据地这样艰苦的工作环境中,沈泽民不幸得了疟疾,由于缺医少药,他的病没能得到及时有效的治疗。但沈泽民并没有被严重疾病吓倒,而是抱病坚持工作。一直到1933年11月20日,沈泽民终于吐血不止,在湖北黄安(今红安)病逝,年仅31岁。

沈泽民逝世以后,江西革命根据地以毛泽东为主席的中华苏维埃共和国中央人民委员会第48次会议决定,将"苏维埃大学"改名为"国立沈泽民苏维埃大学",并由沈泽民生前好友、同为上海大学教授的瞿秋白担任校长。新中国成立以后,红安县人民为了缅怀先烈,弘扬沈泽民这位革命先贤的伟大精神,于1963年4月15日,举行隆重的沈泽民遗骨迁葬追悼仪式,将沈泽民遗骨迁葬于红安县烈士陵园。国家副主席董必武题写了"沈泽民同志之墓"的墓碑。1997年,浙江文艺出版社出版了《沈泽民文集》,陈云同志为文集题写了书名。

王步文：
中共安徽省委第一任书记

王步文

挽联是哀悼死者、治丧祭祀的专用对联。自挽联则是作者在知道自己行将辞世之际写下的联句，或抒怀，或言志，并对自己做出评价。我们现在看到的自挽联，大多是清代以来文人高官所留下的，而由一个无产阶级革命者留下的自挽联并不多见。然而，在安徽芜湖市中心镜湖之畔的"步文亭"的大理石墙上，却镌刻着革命烈士王步文的自挽联。其辞曰："是革命家，是教育家，怀如此奇才，生而无愧；为革命死，为大众死，仗这般大义，死又何妨？""步文亭"和王步文的自挽联，现在都成为安徽红色革命教育的基地和素材。

王步文，字伟模，化名自平，又名朱华、王华，生于1898年，安徽岳西人。他7岁入私塾，后考入衙前镇浑新小学。1918年考入位于安徽省会安庆的六邑中学。在那里，他接受了新思想的影响。1919年"五四"运动爆发后，他在当地参加了罢课、示威游行等活动，声援北京学生的正义斗争，并作为学生代表，向省长吕调元请愿，要求以安徽省的名义致电北京政府"誓保青岛，立即释放被捕学生"，吕调元被迫同意了学生要求。5月18日，安徽省成立学生联合会，王步文被选为副会长。6月，王步文和蔡晓舟等创办《黎明周刊》《安庆学生》《洪流》和《安庆学生会周刊》等刊物，宣传马克思主义和十月革命的胜利，提倡新文化，反对旧礼教。8月，又先后创办工读夜校、工商夜校和义务小学,向工人、店员及城市贫民宣传马克思主义和反帝反封建思想。1920年,王步文又同余大化、杨兆成等在安庆第一师范学生宿舍里办起秘密图书室,搜集和购买了一些革命书刊,组织青年阅读、讨论,从而使一些马克思主义的著作和进步书籍在青年中得到广泛传播。1921年,王步文与舒传贤、许继慎、彭干臣等发起成立安徽省最早的社会主义青年团组织,1923年加入中国共产党,成为中共安徽省党组织最早的领导者之一。

1924年,王步文来到上海,进入上海大学社会学系学习。1924年4月编印的《上海大学一览》,在《学生一览表》里的"社会学系"的学生名单中,清楚地记载:"姓名:王步文;年龄:二十一;籍贯:安徽;通讯处:安徽潜山县天堂衖前永兴隆。"关于王步文进上海大学,和其他学生并不一样,他惊动了国民党的最高层。原来,在1923年10月,为了反对直系军阀曹锟贿选"总统",王步文和省学联其他负责人一起,动员安庆各界举行声讨大会,会后并组织了游行示威。又痛打了吹捧曹锟的"议员"何雯、

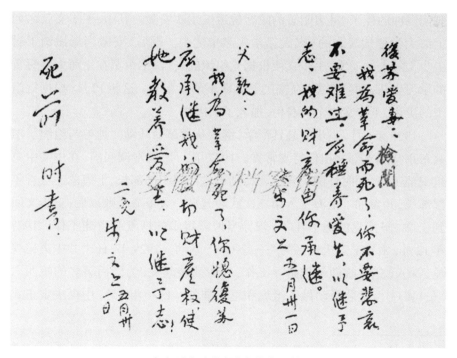

王步文烈士遗书(狱中给妻子的信)

张伯衍。事后,即遭到当局通缉。在党组织的帮助下,王步文潜至上海。在这期间,他致函在广州的国民党中央,请求进入上海大学。国民党中央执行委员会中青部部长邹鲁致函国民党上海执行部,称:"顷由总理交下安徽学生联合会代表王步文等函一件。该生等以反对国贼、惩戒议员致被当道驱逐,流离上海,不能回该省原校就学,又无力转学他校,请求转致上海大学,破格免费收录。为此请贵执行部调查实况,酌量办理。"[①]可见,王步文进上海大学,是在孙中山先生直接过问下得以实现的。在上海大学,王步文除了认真读书外,还积极参加革命活动,关心家乡的形势和斗争状况。他组织筹办安徽学生联合会,继续进行反对北洋政府、反对曹锟贿选的斗争。同时响应上海大学党组织的号召,参加平民学校活动,深入闸北、小沙渡、杨树浦的工人群众中去,向工人劳苦大众宣传革命道理,启发他们的阶级觉悟,并将工人兄弟们的困苦生活写成报道发表在《黎明周刊》上。这一年的11月24日,上海《申报》刊登题为《旅沪皖学生反对倪道烺长皖电》的报道,声援安徽各界人士反对北京政府任命安徽军阀倪嗣冲的侄子、臭名昭著的政客倪道烺主政安徽。其中,王步文就名列上海大学参加署名的7名皖籍学生名单之中。嗣后,安徽当局撤销了对王步文等人的通缉,王步文便根据党组织的安排,结束了在上海大学短暂的学习生活,回到安徽,在安庆继续从事革命斗争。这年12月,根据党组织的决议,王步文以个人身份,加入了国民党。

　　1925年6月,王步文赴日留学,继续从事革命活动。他参与组织了中共东京特别支部并担任特支常委。1927年2月,又奉调回国,在中共中央组织部工作,同时任国民党上海特别市党部组织部部长、上海总工会青年部部长,并参加了上海工人第三次武装起义。大革命失败以后,王步文回到安徽,坚持党的地下斗争,领导当地党组织的恢复和重建工作。1927年12月,领导了安庆地区的"一二·八"暴动。1929年,任中共中央巡视员,深入皖中、皖西等地指导工作,布置武装起义,为随后著名的皖西六(安)霍(山)武装暴动做了组织和思想准备。1930年9月,中央决定正式

[①] 台北:中国国民党中央委员会文化传播委员会党史馆五部档案15896,见本书编委会编:《20世纪20年代的上海大学》,上海大学出版社2014年版,第377页。

王步文故居碑铭

成立中共安徽省委,王步文任省委书记兼宣传委员。这样,王步文也成为中国共产党安徽省委第一任书记。1931年4月6日,由于叛徒告密,王步文在芜湖主持省委工作会议时不幸被捕,省委机关也遭到破坏。

在狱中,国民党反动当局对王步文先以高官厚禄诱之,又指使叛徒劝降,继之以种种酷刑。但王步文始终不为所动,坚贞不屈,坚守党的秘密,表现了共产党人视死如归的大无畏精神和崇高的革命气节。同时,在狱中鼓励难友坚持斗争,坚定革命理想。敌人面对王步文无计可施,只得下令枪杀王步文。1931年5月31日,王步文在安庆英勇就义,年仅33岁。

王步文临刑前除了大声吟诵自挽联以外,还给妻子方启坤留下遗书,说:"复苏(复苏,方启坤化名)爱妻,我为革命而死了,你不要悲哀,不要难过,应抚养爱生,以继予志。"①

2019年4月,全国第五届大学生艺术展演在上海举行,由安庆师范学院创作演出的话剧《王步文》荣获戏剧一等奖和优秀创作奖。话剧《王步文》的创作、演出和获奖,既是对王步文的纪念和致敬,更是体现了烈士的革命精神和崇高理想在大学生中的继承和发扬。

---

① 鲁秋园编注:《红色遗嘱》,江西人民出版社2006年版,第70—71页。

王环心：
"我生自有用，且将头颅击长空"

王环心

1922年10月23日正式成立的上海大学，其前身为私立东南高等专科师范学校。上海大学成立以后，东南高师原有的学生转入了上海大学。王环心和他的堂兄王秋心就是从东南高师转入上海大学的，成为上海大学最早的一批学生之一。

王环心，生于1901年，江西永修人。他出生在当地一户地主家庭，但他很早就背叛了自己家庭的阶级属性，接受新思想，走上革命的道路。1921年，王环心在南昌省立第二中学读书时就与同学张朝燮等人一起成立了进步社团"永修教育改造团"。同年，毕业回到家乡，又创办了承德小学和云秀女校，他担任校长兼教员，提出了反对旧道德，提倡新文化的办学宗旨，在当地传播了新思想。

1922年初，他和王秋心来到上海，考入私立东南高等专科师范学校。爱好文学的王环心和王秋心，还一起办了一个晨曦文学社，刊登了他们写的一些反帝反封建的抒情诗词和散文。到了10月23日，学校改为上海大学，王环心和王秋心便转入上海大学中国文学系。1924年4月编印的《上海大学一览》，在《学生一览表》中的"中国文学系二年级"一栏里记载："姓名：王环心；籍贯：江西永修；通讯处：江西涂家埠王信成"。和王环心同窗的除堂哥王秋心以外，还有黄让之、郭伯和、季步高等，他们三人后来都像王环心一样成为为革命捐躯的英雄烈士。王环心由东南高师转入上海大学,并不是仅仅更换了校名,整个学习环境和学习方式、内容都起了极大的变化。尤其是1923年春天以后,邓中夏、瞿秋白、恽代英、蔡和森、沈泽民、张太雷等中国共产党早期领导人先后来到上海大学任教,学校成为马克思主义和革命进步思想传播的主要阵地。王环心不仅在上海大学学习专业知识,更是在这些杰出的中国共产党早期革命家、理论家、宣传家的教导下,系统地学习了马克思主义理论,确立了共产主义的信仰。先是加入了中国社会主义青年团,第二年,也就是在1924年4月,经瞿秋白、恽代英介绍,加入了中国共产党,成为一名共产主义战士。

1924年10月10日,上海各界各团体在北河南路(今河南北路)天后宫举行国民大会纪念辛亥革命13周年,王环心和郭伯和、林钧、王秋心、黄仁、何秉彝等上海大学学生参加了这次大会。由于国民党右派童理章、喻育之等把持大会,纠集流氓阻止与会者发表进步和革命的言论,引起会场冲突。王环心等上海大学学生当即和童理章、喻育之理论,表示抗议,结果遭到国民党右派围攻打击和流氓的殴打。黄仁被流氓推下高台身受重伤而不治身亡,林钧、郭伯和、王环心、王秋心、何秉彝也等都不同程度地受伤,酿成了"双十"惨案。10月11日,上海大学学生会致电中国国民党中央,向全国各阶层发出《上海大学学生横被帝国主义与军阀走狗摧残的通电》。通电详述了10月10日上海大学学生黄仁等的反对帝国主义及军阀走狗的爱国行动遭受国民党右派围攻打击及遭到流氓殴打的经过。10月20日,中国国民党中央执行委员会代表邵元冲等致函国民党上海执行部,责成上海执行部将上海大学何秉彝、王秋心、王环心、刘一清、黄仁、林钧、刘稻薪、郭伯和及学生总会代表郭寿华等在天后宫会场遭童理章等围攻,及被他们所纠集的流氓殴打受伤等情查明见复,以凭办理为荷。①

通过实际斗争的锻炼,王环心等在同学中建立了威信。"双十"惨案以后的第三天,即10月13日,上海大学召开大会,正式成立学生会,王环心以及王秋心、郭伯和、刘华、杨之华等被推选为执行委员,林钧被推选为候补委员。王环心除了根据党组织的决定参加校外的革命斗争活动

---

① 台北:中国国民党中央委员会文化传播委员会党史馆汉口档案11888.2,见本书编委会编:《20世纪20年代的上海大学》,上海大学出版社2014年版,第391页。

从上海大学(1922—1927)走出来的英雄烈士

王环心诗《雪晨》

以外,对校内的学生社团活动也都热心参加。如11月,学校成立上海大学演说学习会,主要进行演讲语言练习活动。王环心参加了这一组织,并被推举为书记员。11月15日,由上海大学教授蒋光慈、沈泽民发起组织的文学社团"春雷文学社"在《民国日报》副刊《觉悟》上刊登成立广告,这个社团成立的宗旨是"想尽一切力量,挽一挽现代文学界'靡靡之音'的潮流"。文学社还拟在《觉悟》上出文学专号,第二天创刊号就问世了。作为文学爱好者,王环心和王秋心都是这个文学社的创社成员。在"文学专号"第二期上,王环心还发表了话剧剧本《浪漫的结婚》。他和堂兄王秋心印制了合著的诗歌集《海上棠棣》,收录诗歌80余首及戏剧多篇。作为文学爱好者,王环心还和中文系的同学丁冰之(即丁玲)、施蛰存等交厚。比王环心低一年级的中文系同学、后来成为中国文学界名教授的施蛰存,曾在1988年7月写下的《丁玲的"傲气"》一文中,记下了他对王秋心、王环心昆仲的印象:"王秋心、王环心是兄弟二人,江西人,他们在上海大学,比我们高一班,他们是二年级,我们和丁玲都是一年级。王氏兄弟都做新诗,我们认识他们时,他们已印出了一本诗集《棠棣之花》,所以他们是上海大学有名的诗人。"[①]1924年的寒假,王环心还奉党的指示,回到家乡,在永修创建了社会主义青年团组织。

1925年夏,王环心接受党组织的指派,来到河南辉县、河北邢台等地开展兵运工作,担任国民革命军第二骑兵旅俱乐部主任。他以军部名义创办青年训练班,吸收当地青年参加,为党培养了一批优秀的骨干,帮助

---

① 李文健主编:《我们的死者》,中国工人出版社2017年版,第205页。

当地建立中共基层党组织。1926年春，又奉命回到江西，以特派员的身份到景德镇视察指导工作，发展了一批中国共产党党员，又帮助建立了国民党景德镇市党部。5月中旬，奉命调回永修，发动当地民众，迎接北伐军的到来。9月，中共永修县支部干事会成立，王环心担任书记。11月5日，北伐军攻下永修，经北伐军第六军党代表兼政治部主任林祖涵（即林伯渠）批准，解散了旧永修县政府，任命王环心为县长。12月，中共江西地委改为江西区委，王环心任区委委员。中共九江特支改组为地委，他又任地委委员。1927年2月，中共永修地委成立，王环心受命担任地委书记。6月，中共永修县委成立，王环心担任了县委书记。大革命失败以后，王环心根据党的指示，来到武汉，坚持地下斗争。11月上旬，他化名吴毓芳，奉命返回永修，召开县委扩大会议，传达上级党组织关于发动永修、德安、修水、鄱阳等地农民暴动计划。但是由于叛徒告密，王环心被捕，被解往南昌。在面对敌人审讯的时候，他在敌人要他写"反省书"的纸上，写下"我生自有用，且将头颅击长空"的豪迈诗句，表现了为革命不惜断头颅的凛凛正气。12月27日，在纷纷飞雪中，王环心和袁玉冰、杨超、谢率真四人，高呼着革命口号，昂然走向刑场，英勇就义。王环心遇难时年仅26岁。

王绍虞：
中国共产党在六安最早的基层组织的创建者

王绍虞

1925年6月4日，上海大学突遭租界英国海军陆战队武装搜查和占领，教师、职员和学生的大量私人物品被强行没收和损坏。9月7日，特派江苏交涉员许沅致函北洋政府外交部，称上海大学被租界海军搜索，学生损失要求赔偿。随函附"本校学生损失单"，其中有：王绍虞　书籍、皮鞋、衣服值洋十五元。

王绍虞，生于1897年，安徽六安人。幼年在家乡读过私塾，后进入六安县立第五高等小学读书。高小毕业以后，考入设在安庆的皖江体育专科学校。安庆是安徽省的省城，也是当时安徽省学生运动的中心。在那里，汇集了大量宣传新思想、新观点和马克思主义思潮理论的书籍报刊。这一下子将王绍虞带到了一个全新的学习世界，他如饥似渴地阅读《新青年》《每周评论》等革命书刊，初步接触了马克思主义，思想认识得到了很大提高，视野也开阔了许多。1923年，王绍虞与同乡王立权结伴，来到上海，进入上海大学读书。

在1924年4月编印的《上海大学一览》之《学生一览表》中的"英数高等补习科"一栏里，称"王绍虞，年龄：二十；籍贯：安徽六安；通讯处：本埠新闸路甄庆里1056后门"。可见，王绍虞在上海大学最早是参加了英文和数学的补习班。王绍虞在上海大学，思想上受到的教育和安徽省城安庆是不能相比的。以邓中夏、瞿秋白为代表的中国共产党人，在那里不但传授学术知识和理论,而且在讲课中,将马克思主义的基本理论和观点贯穿其中,又亲自带领学生走向社会,从事社会调查,深入工人中进行平民教育,展开各种革命活动。这对于王绍虞来说,无论在思想和实践方面都有了新的进步和提高。

1924年1月,王绍虞利用学校放寒假的时机,回到家乡六安。这次重回家乡,王绍虞已非复当年那个懵懂青涩的孩童模样,而是一个有思想、有见识、有理想、有抱负的有为青年。他在六安,联络进步青年周范文、胡苏明等发起并组织了一个进步团体"青年励进会",团结和吸收当地青年学生一起学习研究马克思主义,追求革命真理。王绍虞在六安的活动受到中共上海大学支部的关注和好评。等到寒假结束返校以后,经过考验的王绍虞就被党组织吸收为中国共产党党员。入党以后,王绍虞更加积极地投身到学习和工作中去。目前可以查到的史料,记载了王绍虞在上海大学期间的一些活动:1924年11月,上海国民会议促成会召开第三次委员会会议,决定派出宣传员来宣传孙中山先生关于通过召开国民会议以谋中国统一与建设的主张,王绍虞被安排到自己的家乡六安进行宣讲;1925年3月18日,《申报》刊登题为《旅沪皖学生为姜案之两电》的报道,称上海大学安徽同学王立权、陶淮、王弼、王绍虞等电致北京段祺瑞执政、章士钊司法总长,称倪道烺确系姜案正犯(王绍虞等电文中所称"姜案",是指发生在1921年的"六·二"学潮中一师学生姜高琦被倪道烺为首的反动军阀杀害案);4月10日,上海大学安徽同学会召开成立大会,到会39人,王绍虞等9人被大会选为执行委员。

1925年冬天,受党组织派遣,王绍虞结束了在上海大学的学习生活,再次回到六安,受命组建六安的共产党组织。他先后同芜湖、杭州、上海等地回来的共产党员、共青团员王立权、吴曙光、刘大蒙、田崇厚、刘性成、蔡蕴珊、毛正初等一起,成立了中共六安特别支部,并担任了支部书记,直属党中央领导。这是中国共产党在六安建立的最早的基层组织。

以王绍虞为书记的六安特别党支部,在六安地区开展了卓有成效的工作。他们在城区开办工人夜校,教他们学习文化,提高劳工的思想认识,启发他们的阶级觉悟。在王绍虞等人的教育帮助下,大批工人和青年知识分子团结在党支部周围。经过考验,党支部在工人和青年知识分子

中吸收了一批党员,其中有的后来成了当地革命运动的领导人和骨干。王绍虞还在当地开办民众师资讲习所,培训农民运动骨干,秘密建立农民协会和劳农会,为后来的六安农民武装暴动打下了基础。

  1926年7月,国民革命军北伐,王绍虞受党组织派遣,离开六安,直赴大革命中心广州参加农民运动。后又到汉口,担任安徽省总工会筹备处常委。1927年3月8日,北伐军进驻安庆,王绍虞奉命转任安徽省农民筹备委员,协助薛卓汉加强对安徽农民运动的领导。这年5月,全国第四次劳动代表大会在武汉召开,王绍虞被选为安徽代表前往参加。"七一五"反革命政变后,蒋汪合流,白色恐怖日益严重。根据党的指示安排,王绍虞离开武汉到了上海。8月,中共安徽省临时委员会由武汉迁至芜湖,王绍虞受命担任中共安徽省临时委员会委员。他化名李静卿,由上海转抵芜湖,在芜湖育才中学担任教师,以公开的身份从事革命工作。在白色恐怖笼罩下的芜湖,他不顾个人安危,广交朋友,联络社会名流,建立了安徽省济难会并担任主任。在王绍虞的努力下,在芜湖活动的部分党员和各群众团体都参加了济难会,许多到芜湖避难的共产党人都得到济难会的资助和保护。王绍虞还利用济难会这个共产党的外围组织,营救了一些被国民党迫害的同志,接待、转移、掩护处于危难中的同志,千方百计地帮助这些同志与党组织接上关系,使他们重新走上战斗岗位。同时,安徽各地的济难会组织也在他的领寻下建立和发展起来。

  1927年11月,尹宽接任中共安徽省临时省委书记,他置险恶的白色恐怖政治环境于不顾,竭力推行"左"倾盲动策略,组织飞行集会和武装暴动,使芜湖党的秘密机关完全暴露在敌人的监视之下。到了1928年1月26日,芜湖济难会等党的秘密机关被敌人破坏,王绍虞等多名共产党员被捕。31日,王绍虞被押送至省城安庆监狱。国民党当局组成特种法庭,对王绍虞进行刑讯。王绍虞临危不惧,借助这个法庭,大义凛然地斥责国民党背叛革命、屠杀共产党人和工农群众的罪行。反动当局对王绍虞使用各种酷刑进行折磨,王绍虞虽已体无完肤,但他始终保持了共产党人的凛凛正气和高贵品质,丝毫不向敌人低头屈服。4月初,王绍虞被敌人秘密杀害于安庆小东门外,年仅31岁。

王文明：
琼崖劳动群众最爱戴的领袖

《天涯浴血》是一部讲述琼崖革命斗争历史的电视连续剧。在第5集中，讲述了这样一段故事：1929年2月，由于叛徒出卖，中共琼崖特委遭到破坏，在母瑞山根据地坚持艰苦卓绝斗争的王文明和冯白驹等毅然重建琼崖特委，为琼崖革命斗争建立了新的领导核心。由于长期在艰苦恶劣环境下斗争，王文明积劳成疾，病逝于母瑞山。这部电视剧，真实地再现了王文明的革命经历。

王文明

王文明，字钦甫，号恩安，生于1894年，广东乐会（今海南琼海）人。1917年秋，考入琼崖中学读书。在学校里，他勤奋学习，并接受了新思想的影响。"五四"运动爆发以后，王文明立即投身到这场运动中去，先后担任琼崖中学学生会会长、琼崖十三属学生联合会副会长、琼崖抵制日货总会会长，成为琼崖学生运动的杰出领袖。1921年，王文明被聘为琼东县双庙高等小学校长，1922年，与罗汉、王大鹏等人创办了琼崖第一所教育与生产劳动相结合的新型学——嘉积农工职业学校并任教务主任。同年秋，加入中国共产党，是琼崖最早的共产党员之一。

1924年秋天，王文明考进上海大学社会学系。这一年的9月5日，上海《民国日报》刊登了上海大学录取新生广告，其中社会学系共录取新生30名，王文明名列其中。当时在上海大学担任社会学系主任的是中国共产党

从 上海大学 走出来的英雄烈士
(1922—1927)

早期杰出领导人瞿秋白,担任上海大学领导职务的是另一名中国共产党早期杰出领导人邓中夏。另外,张太雷、蔡和森、恽代英、萧楚女、沈泽民等早期共产党领导人也都在这一时期在上海大学任教。这个学校无论是在教师队伍中还是在学生中,共产党员的人数都是比较多的,尤其是社会学系,是共产党员最集中的一个系。王文明在社会学系求学,在学习文化知识的同时,系统地接受了马克思主义理论学习和思想教育,参加了革命的实践活动。在上海大学读书期间,王文明结识了同乡陈垂斌和黄昌炜,他们有着相同的政治见解和观点。他们决定创办一份面向家乡的刊物,向家乡青年传播马克思列宁主义,宣传中国共产党的主张。于是他们就创办了《琼崖新青年》。王文明读书之余,成为这份刊物的主要撰稿人。王文明身在上海大学,但一直关心着琼崖思想舆论发展的情况。1924年12月25日,在《新琼崖评论》创刊一周年之际,王文明在上海大学专门写了《〈新琼崖评论〉一周纪念感言》一文。文章刊登在这份刊物的第25期之中。文章说:"《新琼崖评论》是时代的产儿,树起鲜明旗帜,领琼崖的革命同志逐渐走上轨道,它《新琼崖评论》的年华方及一周,正如'旭日初升',一定能够继续不断地奋斗,成为一个'革命健儿',永为琼崖革命之向导!"从中可以看

王文明:琼崖革命第一人

见王文明他对于家乡革命的期望以及革命的乐观主义精神。

1925年1月,也就是王文明在上海大学学习四个月以后,受党组织派遣,离开上海大学,赴广州担任"琼崖革命同志大同盟"领导工作。10月,他又受中共广东区委委派,以个人名义加入中国国民党,并担任国民革命军第四军第十二师党代表兼政治部主任,参加了讨伐军阀邓本殷的南征。1926年6月,王文明在海口市主持召开中国共产党琼崖第一次代表大会,成立了中共琼崖地方委员会,王文明当选为书记。1927年4月12日,蒋介石在上海发动反革命政变,大肆抓捕和屠杀共产党。4月22日,琼崖国民党反动派也开始了反革命的大屠杀。王文明按党的指示,率部转入农村,开辟革命根据地。6月,中共琼崖特委成立,杨善集担任特委书记,王文明任特委常委兼肃反委员会主席。党的"八七会议"后,特委根据琼崖的实际情况,决定举行琼崖武装总暴动。9月23日,在王文明、杨善集等指挥下,打响了琼崖暴动的第一枪。11月上旬,王文明主持召开特委第一次扩大会议,决定在琼崖进一步扩大武装暴动,开展土地革命,建立苏维埃政权,建立革命根据地。会议选举王文明为特委书记。会议还决定将琼崖讨逆革命军改编为琼崖工农革命军,王文明任党代表。1928年8月12日,全琼第一次工农兵代表大会在乐会县第四区举行,琼崖苏维埃政府宣告成立,王文明当选为苏维埃政府主席。后来在琼崖革命严重受挫的情况下,王文明又带领红军和苏维埃政府机关干部、工作人员转移到母瑞山区,坚持斗争,开辟了新的农村根据地。

1930年1月17日,王文明因积劳成疾,在母瑞山病逝,年仅36岁。当天,琼崖苏维埃政府发布了《为王文明同志逝世告群众书》,指出:"王文明同志英勇奋斗坚决耐劳的精神,是我们永远不会忘记的。他曾领导着海口市工人群众反抗资本家的压榨和反动的工贼奋斗,他曾亲自领导着琼崖数百万农民群众实行土地革命,肃清国民党军阀豪绅地主、资产阶级一切反动势力,他是琼崖苏维埃政权的创造者。他曾以'愈困难愈奋斗'的革命精神,鼓励工农劳苦群众和自勉。他这样英勇奋斗革命斗争的历史,早已深刻地印在琼崖群众的脑筋里,成为琼崖数百万工农群众最爱护的领袖。"2月15日,乐会县苏维埃政府发布《为追悼王文明同志告民众书》,称"王文明同志真不愧琼崖工农群众领袖,如铜似铁的革命家"。

翁泽生：
上海大学台湾籍的革命烈士

翁泽生

2003年7月16日,台盟中央与全国台联联合在厦门召开"台湾爱国先烈翁泽生同志诞辰100周年纪念大会"。全国台联会长杨国庆主持了纪念大会,全国政协副主席、台盟中央主席张克辉在会上作了题为《赤子忠诚翁泽生身先士卒台湾情》的专题发言,对翁泽生的一生作了高度评价,认为翁泽生"以自己短暂而辉煌的一生告诫后人,具有光荣爱国主义传统的台湾人民在反对外来统治,追求民族解放运动中始终与祖国人民站在一起,并得到了祖国人民的支持"。

翁泽生是从上海大学走出来的英雄烈士中一名台湾籍的共产党员。

翁泽生,又名廷川、振华,1903年生于台北,祖籍福建厦门。少年时期的翁泽生目睹了日本侵略者蹂躏台湾同胞的种种暴行,反日爱国思想早就种在他幼小的心田。1914年9月,进入太平公学校读小学。在读书期间,翁泽生曾联络同学,拒绝按规定喊"日本帝国万岁"等歌颂日本统治的口号,并在课堂回答老师提问时不按规定用日语回答而是用汉语回答,这一明显不服"皇民化"的行为当场受到日籍老师的训斥,扬言要将翁泽生开除。翁泽生毫不畏惧和退缩,当场和老师辩论,结果受到同学的支持,许多同学也都仿效他,最终酿成了震动台湾教育界的"太平公学事件"。

1921年,翁泽生来到祖国大陆,在集美中学求学。在校期间,他积极投身反帝爱国学生运动,并在斗争中认真学习新的知识和革命理论,逐渐接受马克思主义的信仰。1923年7月30日,太平公学校举办历届校友同学会,翁泽生以校友的身份参加了这个活动,并且上台演讲。在演讲中,翁泽生指出台湾人是汉民族,要讲汉语,讲台湾话,并且说学生的自治会要有自治权。他的演讲使得日籍校长大惊,急忙上台阻止,但是台下同学高呼口号,支持翁泽生继续演讲,一时会场大乱,校长只得宣布散会。这件事史称"太平公学事件",载入了日本总督府"反日运动档案"中。"太平公学事件"充分显示了还在中学读书的翁泽生所具有的强烈的民族自尊心和敢于和日本侵略者的奴役文化作不屈不挠抗争的爱国精神和勇气。

1924年9月,翁泽生考入厦门大学。第二年,即1925年初,转入上海大学就读。在上海大学,翁泽生在完成学校规定的课程之余,比较系统地学习了马克思主义的理论,积极参加各种社会活动,特别是参加了反对帝国主义的"五卅"运动,思想上受到洗礼和提高,革命意志在斗争中得到锤炼,社会活动和组织能力也得到提高。这一年的7月,也就是"五卅"运动爆发一个多月以后,经过实际斗争考验的翁泽生在瞿秋白的介绍下加入了中国共产党。这也是翁泽生转入上海大学读书以后在政治上的一个转折和收获。关于翁泽生在上海大学学习的情况,翁泽生的儿子林江在《回忆我的父亲翁泽生》一文中有过一段记载:"1924年7月,父亲在集美中学毕业后,进入被誉为'南方之强'的厦门大学读书。后来了解到中共和国民党左派在上海合办一所红色大学即上海大学,父亲为追求革命真理,在厦大读了一学期后便投奔上海大学,就读于社会学系。在瞿秋白等老师的指导下,父亲系统地学习了马克思主义的理论。当时,瞿秋白的课堂教学搞得生动活泼,父亲特别喜欢听秋白同志讲课。在我党的领导下,父亲积极参加工人运动和学生运动,斗争意志变得更加坚强,逐步确立了共产主义世界观。据母亲叶绿云(又名叶玉叶、谢志坚)生前告诉我,那时瞿秋白很喜欢父亲。1925年,父亲在上海大学加入了中国共产党。"①

1926年,北伐军进入福建前后,翁泽生接受中共江浙区委的指派,离

---

① 中共中央党史研究室编:《党史通讯》1986年第1期。

从上海大学(1922—1927)走出来的英雄烈士

开上海大学,来到漳州、厦门等地开展革命活动,成功地建立了中国共产党的地方组织。他曾创立漳州第一个党支部,任书记,并当选为中共闽南特委委员。他根据党组织的要求和革命斗争形势的需要,在艰苦的斗争环境和条件下,传播革命思想,发展共产党员,创建各级党团组织,指导地方的学运和工运。1927年3月,党组织在漳州创办工农讲习所,翁泽生担任讲习所教务主任,实际负责日常工作。翁泽生在讲课中负责讲授"帝国主义论""中国革命史"和"青年运动"三门课,他不但以在上海大学听瞿秋白讲课的笔记教案为基础,还仿效上海大学的教学方法,组织学员参加社会上的革命活动。大革命失败以后,翁泽生和同是台湾籍的谢雪红、林木顺等人一起,于1928年4月,在上海创立了台湾省共产党组织。翁泽生作为台湾省共产党组织的创建者和组织者之一,后被选为候补中央委员。在这一段工作期间,翁泽生在组织领导革命斗争活动中被反动当局以"宣传共产主义"的罪名逮捕,判刑一年。后经党组织营救于1929年12月获释。1932年下半年,他又奉命调到上海负责台湾省共产党和中共中央的联络工作,并担任中华全国总工会党团秘书长,与陈云、廖承志等人一起

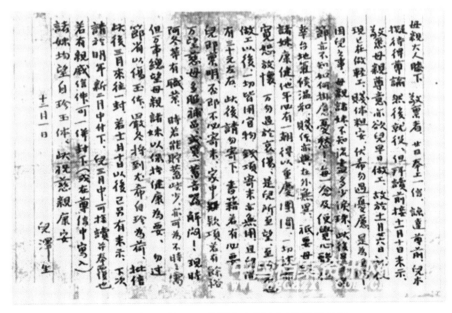

1933年12月1日,翁泽生在狱中写给母亲的信

指导各地工人斗争,成为中国工人运动的重要活动家。

1933年3月,由于叛徒出卖,翁泽生在上海被捕,后又被押往台北日本殖民统治当局的监狱,并被判刑13年。在长达6年的牢狱生活中,翁泽生面对日本殖民统治当局的严刑拷打、威逼利诱,始终坚贞不屈,不吐一字,表现了一名共产党员的凛然正气。1939年3月1日,备受日寇折磨的翁泽生病情恶化,获准保外就医。但此时翁泽生已病体不支,气息奄奄。3月19日,翁泽生病逝于台湾,时年36岁。

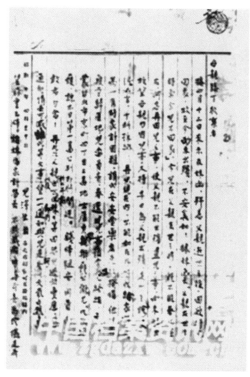

1935年4月30日,翁泽生在狱中写给母亲的信

翁泽生的儿子1927年9月出生在上海,他为儿子起名为"翁黎光",寓意为黎明的光辉,相信儿子长大以后一定能看到胜利的光芒普照大地。翁泽生自己也曾改名"翁振华",据后为革命活动而改名为林江的翁泽生儿子回忆说:父亲改名为翁振华,是表示"他以振兴中华为己任,为之奋斗一生"。①

翁泽生生前的战友陈云、廖承志一直没有忘记这位来自台湾的共产党员。"文化大革命"中,翁泽生的革命烈士称号被错误取消,1975年10月4日,陈云、廖承志、林丽韫联名给中共中央组织部写了一封信,建议追认翁泽生同志为烈士。在信中,他们对翁泽生作出了高度的评价,说"翁泽生同志的一生是共产党员战斗的一生"。称翁泽生"从入狱到病亡7

---

① 许雪毅:《台湾爱国先烈翁泽生:为振兴中华奋斗一生》,载《人民日报》2018年11月16日。

翁泽生烈士雕像

年间,他不但没有转向,或自首叛变,而是对党一贯忠心耿耿,保持了共产党员的气节"(《革命人物》1985年第S2期)。中共中央根据陈云、廖承志、林丽韫的建议,于1975年批准追认翁泽生为革命烈士。1984年,陈云亲自审阅了宣传翁泽生革命事迹的传记稿,还专门请时任全国台联会长的林丽韫和翁泽生的儿子来他家谈传记稿写作的事。现在,在中国人民抗日战争纪念馆、福建省革命烈士纪念馆、厦门大学革命史展览馆里,都陈列着翁泽生烈士的革命事迹,福建漳州烈士陵园有翁泽生的塑像,台湾桃园忠烈祠抗日馆也陈列着翁泽生抗日斗争的事迹。翁泽生短暂而又光辉的一生成为海峡两岸共同的爱国主义教育的生动教材。

吴霆：
共青团奉天（沈阳）特别支部第一任书记

在安徽凤台县，有一个"白塘庙革命活动纪念园"，园中矗立着高大的"凤台县白塘庙革命活动纪念碑"。这里已是当地著名的爱国主义教育基地、红色旅游经典景区。在这个纪念园中，最引人注目的是吴霆、吴震、吴云同胞弟兄参加革命的事迹。

吴霆

吴霆，字晓天，又名吴天喟，生于1905年，安徽凤台人。大哥吴云，生于1903年；二哥吴震，生于1904年。吴霆自幼启蒙于家乡私塾，从1919年到1922年先后在怀远含美中学和南京成美中学读书。其间爆发的"五四"运动深刻地影响了吴霆，他接受了"五四"运动所体现的反帝反封建的爱国思想，并投身到这场运动中去。他两次因为参加反对基督教的学潮而被学校开除。1923年，18岁的吴霆和两位兄长吴云、吴震结伴来到上海，考入上海大学。吴霆和大哥吴云，都考入社会学系，二哥吴震，则被录取在英国文学系。1924年4月编印的《上海大学一览》，在学生名册上都记载了三兄弟的基本情况。在上海大学，吴霆和吴云、吴震都受到马克思主义理论的系统教育，政治思想觉悟都有了很大提高，很快，由同样来自安徽的同学薛卓汉介绍，兄弟三人都加入了中国共产党，成为一名共产主义战士。在上海大学，吴霆除认真读书以外，还积极参加各种活动。1924年11月20日，上海《申报》刊登题为《旅沪皖学生反对倪道烺长皖电》的报道，声援安徽各界人士反对北京

从 *上海大学* 走出来的英雄烈士
(1922—1927)

政府任命安徽军阀倪嗣冲的侄子、臭名昭著的政客倪道烺主政安徽。共有上海大学、圣约翰大学、大同大学、法政大学、东华大学、东方大学6所大学21名皖籍学生署名,上海大学有7名学生,吴霆就名列其中。在中国台北国民党文化传播委员会党史馆保留的题为《上海大学吴霆致上海本部函》一份档案,记载了吴霆等23名上海大学国民党党员致函国民党上海执行部,批评国民党上海大学区分部不开会、不作为,还敷衍推诿,认为"以他们这样不负责任的人,也决不会干出什么令人可钦佩的事来,这是谁也可以断定的"。函件最后说:"我们没有派别,也没有以公报私的成见,我们的动机,全是本着良心的驱使来把其间的黑幕呈报先生们,并请先生们给我们一个圆满的答复!"[1]这份档案没有署明年月,但根据吴霆在上海大学求学的时间来推断,应在1924年10月左右。当时正处于国共合作时期,根据中共中央的决定,中共党员可以私人身份加入国民党,因此,在上海大学国民党区分部中有许多共产党员。在这份函件中和吴霆一起署名的王一知、杨之华、吴震,都像吴霆一样,是共产党员。从这份函件可以看出,吴霆等学生党员在党的领导下,参与了上海大学国民党区分部的工作,打击了国民党中的右派势力,为党的统一战线工作作出了自己的努力。吴霆还积极参加上海大学平民学校的教学工作,作为"国语"课程的教师,每周完成4个课时的教学任务。同时,吴霆还和刘华一起担任了上海大学平民学校委员会委员,职务为"庶务",负责一切设备等之杂务。吴霆在上海大学学习的时间并不长,1924年下半年,根据革命需要和党的安排,离开上海大学,走上了职业革命的道路。

1925年"五卅"运动爆发以后,奉天(今沈阳)人民掀起了一个声援"五卅"反帝爱国运动的热潮。吴霆受中共北方区委之命,于6月来到奉天,以全国学联代表的合法身份,与先期抵奉的共产党员任国桢一起,领导奉天学联,组织发动学生的声援运动。经过几次秘密商议,于10日举行了由十几所大中学校2 000余人参加的大规模的请愿示威活动。当局被迫接受了学生提出的大部分条件,使斗争取得了胜利。这次斗争史称"六·十"运动。为了瓦解学生运动,当局宣布13日提前放暑假,迫令学

---

[1] 本书编委会编:《20世纪20年代的上海大学》,上海大学出版社2014年版,第373页。

生离城回乡。为此,吴霆、任国桢又及时引导广大青年学生将学生运动与工人农民运动结合起来,动员学生走向更广阔的社会,从而使奉天的这场斗争向纵深发展。为了声援上海的斗争,奉天社会各界踊跃为上海工人募捐,吴霆参与了学联募捐的领导工作,仅学联一次就汇往上海募捐款2万余元。由吴霆、任国桢参加领导的奉天"六·十"学生运动扩大了革命影响,在工农中播撒了革命火种,提高了中国共产党的威信。为了更好地宣传组织群众,从7月开始,吴霆和任国桢又在奉天组织"暑期学校"。他们充分利用这一阵地来传播马克思主义,培养党的积极分子,发展党的组织。在暑期学校,吴霆还为学员讲授学生运动、社会科学、现代政治与妇女问题等课程。暑期学校结束后,吴霆和任国桢又将青年积极分子组织起来成立"同志会",进一步开展党团组织的建设工作。经过吴霆、任国桢的教育和帮助,奉天先后有一批经过斗争考验的青年加入了共青团和共产党组织。9月初,中国共产党在沈阳地区第一个地方组织——中共奉天支部建立,任国桢担任支部书记;同时,又建立了中国共青团奉天特别支部,由吴霆担任第一任支部书记。10月,任国桢调到哈尔滨工作,吴霆又兼任党的特别支部书记工作。1926年5月,由于工作需要,吴霆又被北方区委重新派到奉天,担任奉天党、团支部书记工作。到了10月,又被派到哈尔滨担任共青团北满地委书记。1927年4月17日,北满党、团地委均遭到反动当局破坏,吴霆等10余人被捕。吉林省高等审判厅以"国民共产嫌疑"罪分别判处1—3年管束拘押于吉林第一监狱,直到1928年8月获释回到奉天。1929年夏天,被党组织派到大连工作。在大连,吴霆以《泰东日报》编辑的身份为掩护,担任中共大连特别支部宣传委员。在《泰东日报》社,吴霆主编文艺副刊,经常发表文章,鞭挞帝国主义和封建军阀,并展开反将论战,宣传无产阶级革命文学。1930年初,由于他在报上报道了红军的消息,引起当局的注意,为此他只得被迫离开大连到沈阳,不久,又潜回家乡安徽凤台,参与了凤台县白塘庙起义。此后,他又来到吉林集安县从事革命工作。1931年夏,吴霆再次返回家乡,正值凤台县党组织发展农民武装,他从家中筹款到天津购买了一批武器运回交到县游击队负责人手里。"九一八"事变以后,他从家乡北上寻找党组织,到热河在冯玉祥部任随军记者、察哈尔抗日同盟军机关报《国民日

凤台县白塘庙革命活动纪念碑（2010年6月建成）

报》社长，并同中共华北前委接上了组织关系。1933年，在给华北前委转送文件的过程中在天津被捕，通过党组织多方营救，由政治犯改判为一般犯罪案判刑5年，关押在保定陆军监狱。直到1937年全面抗战爆发，国共合作，国民党释放政治犯，吴霆才获释。在返乡途中，病逝于河北定县，时年32岁。

吴霆的大哥吴云1978年在合肥去世；二哥吴震1925年进黄埔军校，1926年被党组织派到苏联学习，回国后在鄂豫皖革命根据地工作，在皖西肃反时，被张国焘的错误路线所杀害。吴氏三兄弟同时加入中国共产党组织，是凤台县第一个党员之家。吴氏兄弟和其他党员于1924年夏从上海大学回到家乡传播马克思主义，播撒革命火种，开办农民夜校，成立农民协会，秘密发展党员，可以说在凤台地区升起了第一面党旗，家乡人民会永远记住吴霆、吴云、吴震这三位从上海大学走出来的党员对家乡的革命作出的贡献。

武止戈：
牺牲在日机轰炸之中的抗日同盟军北路军前敌总指挥部参谋长

武止戈

1933年5月26日，在中国人民强烈要求抗日救国的影响下，在中国共产党的推动下，共产党员吉鸿昌以及冯玉祥、方振武等联络在察哈尔等地要求抗日的部队，在张家口宣告成立察哈尔民众抗日同盟军，冯玉祥任同盟军总司令，方振武任前敌总司令，吉鸿昌任前敌总指挥。后吉鸿昌又奉冯玉祥之命，出任抗日同盟军北路军前敌总指挥。担任北路军前敌总指挥部参谋长的是年轻的共产党员武止戈。

武止戈，又名武熹祖，化名胡之康，生于1902年，陕西渭南人。他出身于一个乡村绅士家庭。7岁入乡村私塾开蒙，后就学于西安健本小学和外国教会办的中学圣公会学校。他学习刻苦，有着比较好的英文基础。1919年"五四"运动爆发以后，武止戈联络同学，冲破反动当局阻挠，参加示威游行，积极投身于反帝反封建的爱国浪潮。1920年，考入天津南开中学，更多地接受了新思想、新文化的熏陶和影响。他在校期间积极参加学生运动，1921年2月，与屈武、邹均等进步青年一起创办《贡献》月刊，热情宣传进步思想和社会主义。1922年6月，毕业后到北京，拟求学深造。在北京，他结识了中国共产党的创始人李大钊。在李大钊的教育和影响下，他积极参加中共党团组织领导的活动，与陕西旅京学生领袖魏野畴、刘天章、李子洲等组织进步团体"共进社"，在《共进》半月刊上发表了十几篇文章，积极宣传马克思主义。

武止戈：牺牲在日机轰炸之中的抗日同盟军北路军前敌总指挥部参谋长

1923年初，经刘天章介绍加入中国共产党。同年夏，任中国社会主义青年团北京地方执行委员会委员、中国社会主义青年团北京地委书记。他在李大钊的领导下，组织团员深入工厂，举办劳动补习学校，教工人学习文化，宣传革命道理。他又积极发展壮大团的组织。结果，在他任职的半年时间内，使北京青年团员由原不足百人发展到180多人，成立了20多个支部。

1924年初，在党组织的安排下，武止戈进入上海大学英国文学系学习。据1924年4月编印的《上海大学一览》之《学生一览表》中的"英国文学二年级"

武止戈一家

栏记载，武止戈为"特别生"，年龄23岁，籍贯为陕西渭南。可见，他并不在社会学系就读，而是以"特别生"的资格直接进入英国文学系二年级就读，这和他早年在教会学校圣公会学校读初中打下的英文基础是有关系的。1924年，是中国共产党早期革命家和理论家、宣传家在上海大学任职和任教最集中的一个时期，当时邓中夏、瞿秋白、蔡和森、恽代英、张太雷、施存统、沈泽民都云集上海大学，担任校、系领导和教授。武止戈虽然在英国文学系，但无疑会通过公共课和各类讲座，聆听这些革命家的讲课和演讲，并参加由他们组织的各种革命工作和社会活动。因此，武止戈在上海大学求学的这段经历，对他系统学习马克思列宁主义和社会科学知识，对他更加坚定地信仰共产主义、提高工作能力，都是极有帮助的。这年暑期，武止戈受党的指示，离开上海来到陕西，佐助王尚德创建渭南赤水青年团支部，又与正在西安成德中学教书的魏野畴联系，建立了西安地区第一个并由团中央直接领导的社会主义青年团支部，对陕西革命运动

的发展起了极大的推动作用。

同年秋,武止戈根据党组织的安排,正式结束在上海大学的学习,赴苏联留学,就读于莫斯科东方大学。1925年夏,被派到西伯利亚和黑海地区从事工人运动。1927年春,回到莫斯科,转入中山大学继续学习,同时被任命为中共学生旅莫斯科支部书记。后又进入列宁格勒军事政治学院学习,并到苏联红军部队中实习。

1931年"九一八"事变后,武止戈结束在苏联的学习,于1932年2月回国参加抗日斗争。按照党的指示,他来到张家口,担任中共张家口特委委员,推动和协助冯玉祥建立抗日同盟军。1933年5月26日,在共产党的帮助和推动下,冯玉祥、方振武、吉鸿昌等在张家口成立察哈尔民众抗日同盟军,由冯玉祥担任总司令,方振武担任前敌总司令,吉鸿昌担任前敌总指挥。武止戈先是在总司令部担任高级参谋,后又到吉鸿昌部担任参谋长,直接到了抗日战场的第一线。6月,他跟随吉鸿昌部向日军发起进攻。在战场上,武止戈协助吉鸿昌英勇杀敌,连战连捷,收复了被日军占领的康保、宝昌、沽源等县城。7月上旬,又分兵三路,追击败逃的日伪军。在攻克多伦城的战斗中,武止戈冒着枪林弹雨,在第一线协助吉鸿昌指挥,又身先士卒,亲冒炮火,袒臂冲锋。经过五昼夜的鏖战,终于攻下失陷70多天的多伦城,将日军逐出了察哈尔省。后又协助吉鸿昌、方振武部先后攻克怀柔、密云、昌平等县城,取得了大小汤山的胜利。10月13日,日本侵略者派出战机对抗日同盟军驻地进行轰炸,武止戈骑着战马,来回指挥战士转移隐蔽,不幸被日军炸弹击中,壮烈殉国,年仅32岁。

2015年,国家民政部公布第二批共600名著名抗日英烈和英雄群体名录,武止戈名列其中,成为为中华民族复兴而英勇献身的英雄烈士。

萧楚女：
自学成才的大学教授

在上海大学出版社2009年2月出版的《上大演讲录》中，收录了萧楚女在上海大学的两篇演讲稿，分别是《中国底"农民问题"》《外交问题》。这是萧楚女于1924年到1925年在上海从事革命工作和在上海大学担任教授期间，给上海大学留下的宝贵精神财富，值得我们永远珍藏和展示。

萧楚女，原名树烈，学名楚汝，字秋，生于1893年，湖北汉阳（今属武汉）人。中国共产党早期著名理论家、教育家和无产阶级革命家。

萧楚女

萧楚女幼年失怙，全靠母亲含辛茹苦拉扯大。曾入私塾学习。12岁辍学以后开始走上社会，在长江沿江城市先后干过木行学徒、茶园跑堂、街头报童、印刷厂排字工等工作，过着颠沛流离的生活。1910年回到故乡汉阳，随即和好友郑希曾一起参加了湖北新军。1911年10月，辛亥革命爆发，萧楚女直接参加了攻打汉阳的战斗，不幸被炮声震聋了一个耳朵。武昌起义是胜利了，封建皇帝也被推翻了，但社会并没有多大改变，依然是陷入黑暗和混乱。萧楚女怀着失望的心情退出了新军，和郑希曾一起考入了武昌新民实业学校。8个月以后，萧楚女以优异成绩从这所职业学校毕业，这也成了萧楚女唯一的一个"正规"学历。1914年，他的好友郑希曾为反对袁世凯被杀害于汉口。郑希曾的父亲变卖家产，倾全力资助亡儿的挚友萧楚女，要他寄居在自己家中用心读书。萧楚女没有

辜负亡友父亲对他的期望,废寝忘食地坚持自学、问学,坚持学写文章和诗歌作品,并开始用"楚女"的笔名发表抨击时局的文章。他还主动到武昌中华大学旁听,并在这期间,结识了恽代英。中国共产党两位早期党员、理论家、宣传家从此成为志同道合的莫逆之交。

俄国的十月革命和中国的"五四"运动,对萧楚女产生了重大影响。他开始接触和学习马克思主义。经恽代英介绍,萧楚女参加了进步组织"利群书社",得以读到了大量的马克思列宁主义的经典著作,看到了恽代英写的和翻译的宣传马克思主义的文章,思想发生了深刻的变化。1922年,萧楚女加入了中国共产党,成为一名共产主义战士。1924年1月,当选为社会主义青年团中央委员。此后,协助恽代英编辑《中国青年》,并为《向导》《学生杂志》等报刊撰写了大量时评、社论,成为中国共产党内著名的理论家。在这期间,萧楚女曾两次应邀到上海大学演讲,还到由上海大学为主体举办的上海夏令讲学会发表演讲。1924年8月7日到9日,《民国日报》副刊《觉悟》刊登了萧楚女在上海大学题为《外交问题》的演讲。

1925年5月,萧楚女奉命来到上海。在这期间,他担任了上海大学的教授,成为恽代英、蔡和森、沈泽民、施存统等在上海大学的同事。在上海大学,他除了完成教学任务以外,积极从事党的理论宣传工作,协助恽代英编辑《中国青年》。在"五卅"运动中,他抱病坚持工作,撰写了大量揭露帝国主义罪行的文章。上海工商学联合会出了一份日报《工商学会时报》,萧楚女担任了总编辑,上海大学学生欧阳继修(即阳翰笙)担任助手。这张报纸刊登了许多消

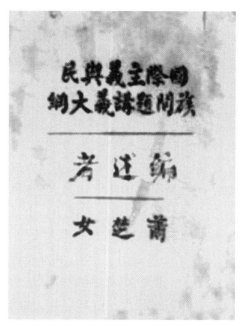

萧楚女所著的《国际主义与民族问题讲义大纲》

息,在"五卅"运动中很活跃。1925年6月,戴季陶主义出笼,萧楚女专门写成《国民革命与中国共产党》和《戴季陶拥护掠夺弱小民族的国际资本帝国主义》,批驳戴季陶对中国共产党的攻击和污蔑。在与戴季陶主义论战的同时,萧楚女又同反动的国家主义派进行斗争,10月,写成《显微镜下的醒狮派》一书,作为中国青年社丛书第六种发行,对国家主义派在《醒狮》周报第一期至第五十期所散布的各种反动观点逐一进行批驳,使党内外更多的人认清国家主义派的反动嘴脸,成功地宣传了中国共产党的主张,捍卫了马克思列宁主义。7月20日,应邀在上海学生联合会夏令营发表题为《不平等条约之下中国关税问题》演讲。同年11月6日,上海大学非基督教同盟会召开成立大会,与会的教师和同学达350余人。萧楚女和恽代英、杨贤江以上海大学教授的身份出席大会,并发表演讲。11月20日,上海大学中山主义研究会召开成立大会,这个研究会是为了与戴季陶所支持的反动的"孙文主义学会"相对抗而成立的。萧楚女和施存统又以上海大学教授的身份出席大会并发表演讲。在上海大学工作期间,萧楚女还奉命到过河南。当时"五卅"运动还没结束,团中央派萧楚女前往河南,协助当时担任中共豫陕区执行委员会领导的王若飞工作。1925年8月,他经武汉到达河南,参加了中共豫陕区委及共青团豫陕区委的工作。在他的筹办下,由他担任主编的《中州评论》于9月1日正式出版。在创刊号上他以"初遇"的笔名发表了《告革命界的著作者》一文。在河南工作期间,萧楚女还经常深入群众中去,宣传马克思列宁主义,宣传党的统一战线政策,还到冯玉祥的国民军中去讲演,宣传党的主张。

一直到1926年1月后,萧楚女奉命到广州担任国民党中央宣传部干事兼阅览室主任,协助毛泽东编辑《政治周报》,

萧楚女铜像

才正式结束在上海大学的教职。萧楚女在上海大学任教的时间虽然并不长,但他对上海大学这所红色学府带来的革命性的影响却是深远而持久的。聆听过萧楚女和恽代英演讲的上海大学学生杨之华,在回忆文字中说:"恽代英同志和萧楚女同志是出色的宣传鼓动家,分析问题一针见血,讲起话来诙谐幽默,常常引起同学们的哄堂大笑。"在杨之华眼里,萧楚女以及邓中夏、瞿秋白、张太雷、恽代英"这些教师的年纪和同学们差不多,甚至比有的学生还年轻些,但他们讲课时知识渊博,在政治斗争中机智勇敢,所以他们在学生中威信很高,成为同学们学习的光辉榜样。"①

萧楚女在广州,多次应邀到黄埔军校发表演说。由毛泽东担任所长的第六届农民讲习所开办,萧楚女担任了农讲所专职教员。1926年底,又根据党的安排,到黄埔军校担任政治教官。随着北伐战争的节节胜利,

2018年8月18日,中央电视台"为了民族复兴·英雄烈士谱"专题节目播出《萧楚女:一支永不熄灭的"红烛"》

---

① 本书编委会编:《20世纪20年代的上海大学》,上海大学出版社2014年版,第1105页。

蒋介石的反革命嘴脸渐渐暴露出来,从1927年3月6日起,蒋介石先后在赣州、南昌、九江、安庆等地制造反革命惨案。萧楚女从2月16日到24日,在短短的九天时间里,写下《帝国主义软化政策之真面目》《民主集权制的说明》《在联合战线上纪念》《看报时所得到的杂感》和《个人主义的三十六变》等五篇文章。这些文章都发表在黄埔军校的校刊《黄埔日刊》上,对蒋介石的倒行逆施进行口诛笔伐,显示了一个马克思主义理论家的深邃洞见、理论勇气和革命的斗志。

4月12日蒋介石在上海发动反革命政变,15日广州也开始搜捕和屠杀共产党人和革命群众,萧楚女于当天在广州被反动当局逮捕。在狱中,萧楚女坚贞不屈。4月22日,萧楚女等40多名共产党人和革命者昂首挺胸,高唱《国际歌》,英勇就义。为了民族复兴,为了中国人民的解放事业,萧楚女流尽了最后一滴血,年仅34岁。

2018年5月2日的《人民日报》在"为了民族复兴·英雄烈士谱"专栏介绍萧楚女时,引用了萧楚女的一句话:"人生应该如蜡烛一样,从顶燃到底,一直都是光明的。"多好的"红烛"精神!作为新时代的上海大学,应该永远继承和发扬萧楚女烈士这种为中华民族复兴而永不熄灭的"红烛"精神。

萧朴生：
邓小平的入团介绍人

萧朴生

邓小平的女儿邓榕（毛毛）在1993年所著《我的父亲邓小平》中，引用邓小平本人的话，说："我在法国的五年零两个月期间，前后做工约四年（其余一年左右在党团机关工作）。从自己的劳动生活中，在先进国家的影响和帮助下，在法国工人运动的影响下，我的思想也开始变化，开始接触一些马克思主义的书籍，参加一些中国人的和法国人的宣传共产主义的集会，有了参加革命组织的要求和愿望，终于在1922年夏季被吸收为中国社会主义青年团的成员。我的入团介绍人是萧朴生、汪泽楷两人。"

萧朴生，原名树域，字朴儒，生于1897年，四川德阳人。他自小家境贫寒，父母早逝，依靠兄嫂关爱及老师杨福安、陈润民等的热情资助才勉强填饱肚子和完成了小学、初中的学业。萧朴生自小勤奋好学，志存高远。1919年秋，他考入了以吴玉章为名誉校长的成都留法勤工俭学预备学校。一年之后，也就是1920年冬天，已经完成学业的萧朴生与100多名学生一道，赴法国勤工俭学，并将自己的名字改成朴生。

在法国留学期间，萧朴生勤工俭学之余，开始阅读《新青年》《共产党宣言》等革命杂志和书籍，接受马克思列宁主义理论的启蒙和教育，成为共产主义的信仰者。1922年6月，他与赵世炎、周恩来、王若飞、李维汉等一道组建了旅欧中国少年共产党，同年转为中国共产党党员。也就是在这一时期,他和同是四川德阳人的汪泽楷介绍了邓小平加入中国社会主义青年团。萧朴生和汪泽楷也因此被邓小平视为自己的革命引路人。1923年2月,旅欧中国少年共产党更名为旅欧中国共产主义青年团,萧朴生当选为青年团旅欧支部执委会委员、华工运动委员会主任。1924年他负责旅欧党团机关刊物《赤光》的编辑和撰稿。

1924年1月,中国国民党第一次全国代表大会在广州举行,制定了反帝反封建的政治纲领,宣告了国共两党统一战线的正式建立。为配合国内形势,2月1日,旅欧中国共产主义青年团的机关刊物《少年》改名为《赤光》,萧朴生担任了《赤光》的编辑和撰稿人。他先后在《赤光》上发表题为《段祺瑞政府与工人阶级》《帝国主义底解剖》等文章,抨击国内军阀政权和帝国主义的倒行逆施。1925年初,萧朴生当选为中共旅欧支部执行委员会书记。这一年5月30日,国内爆发了"五卅"反帝爱国运动,为声援国内"五卅"运动,萧朴生在欧洲领导了反帝反压迫的"六月运动"。

当年8月,萧朴生被法国当局驱逐出境回国来到上海。受党中央指派,萧朴生一边在上海大学社会学系兼任教授,一边参与中国济难会的筹建工作。在上海大学,萧朴生担任社会学系教授。萧朴生讲课很受学生欢迎。上海大学当年的学生薛尚实曾在回忆中记下了他听萧朴生讲课的感受:"上课时,同学们最爱听萧朴生先生主讲的哲学课。他上第一课就

1923年2月,"中国少年共产党旅欧支部"在巴黎波罗涅森林大会留影。后排右起第四为萧朴生,第六为周恩来

从 上海大學 走出来的英雄烈士
（1922—1927）

给我印象深刻。上课之前，他已经和同学们有说有笑地谈了一阵子，一打铃，他首先在黑板上写了（1）阶级与非阶级；（2）唯物与唯心；（3）功力与非功利这三个题目。题目提得新鲜，字也写得劲秀。一开讲，每个同学都很认真地做笔记。他讲完一个题目，即归纳成几个重点再重复讲一遍，并问同学们懂不懂？请同学们提问题。记得有一位女同学先发问，接着又有几个同学提问题，他就从容不迫地一一解答。像他这样的教学方法，我还是第一次遇到，感到十分新鲜。而他的这种认真负责的精神，又使我深为敬佩。想起在别的大学上课时，教授们点名、讲课，讲完后，皮包一夹就跑的情况，完全不同。"关于萧朴生讲课的方法与效果，薛尚实还回忆说："萧先生讲课的内容十分丰富而又通俗易懂，解释每个概念，他都用日常生活中的事例来说明，使人易懂易记。讲完三个题目后，又复述今天讲授内容的基本精神，最后指出还要看哪些参考书，并要我们在下次上课前把要讲的问题先提出来。从此，我才知道他讲的内容所以能如此生动、中肯，是由于他能针对着同学们所提问题两相结合起来的缘故。"[1] 为什么在这里要不惮繁复地引用薛尚实的回忆？一方面可以从中看出萧朴生作为上海大学的教授，上课态度认真负责，方法有效，语言活泼生动，又结合实际，是深受学生欢迎的一位老师；另一方面，让我们通过目前所能看到的数量并不多的学生回忆文字，更可以了解当时的上海大学在课程的教授与学习方面是何等的正规与认真。

萧朴生在参与中国济难会的筹建工作期间，参与创办了《济难》《光明》等刊物，同时努力宣传济难的精神，积极走访团结各阶层人士，想方设法救助受难的革命者。1926年4月，任职中华全国济难会党团书记。现在保留下来的这年4月中共上海区委的一份关于组织系统、组织关系表及负责人、活动分子名单的档案，其中有"济难会校团萧朴生"的记载。在"上海地方活动分子名单"中，有"济难会萧朴生"的记载[2]。

1926年10月，萧朴生急性阑尾炎发作，经抢救无效与世长辞，年仅29岁。

---

[1] 中国人民政治协商会议上海市委员会文史资料工作委员会编：《文史资料选辑（一九七八年第二辑）》，上海人民出版社1979年版，第66页。
[2] 本书编委会编：《20世纪20年代的上海大学》，上海大学出版社2014年版，第433页。

许继慎：
中国人民解放军军事家

在上海大学的学生名录中，绝大多数学生都是通过考试录取或注册后入学的，也有极少数人是到上海大学旁听的。其中比较著名的学生在国民党将领中，有张治中，在共产党中，除了曹渊以外，还有许继慎烈士。

许继慎，原名许绍周，字谨生，生于1901年，安徽六安人。许继慎自幼聪慧勇敢，4岁时就能背诵诗词，8岁入乡塾时已能熟练背诵《千家诗》《唐诗三百首》中的大部分诗了。他曾从多名塾师学习，16岁时，又拜在名儒张侍臣门下读书。1920年考入安庆省立第一甲种

许继慎

工业学校，不久转入省立第一师范学校。当时正值"五四"运动时期，许继慎积极参加当地的反帝反封建的斗争，是学校各项政治活动的积极分子。1921年4月，许继慎和王步文、杨溥泉、舒传贤、彭干臣等40多人在安庆加入了中国社会主义青年团，安徽"六二"惨案发生后，许继慎积极投身揭露抗议军阀倪道烺、马联甲镇压学生的罪恶行径，参与组织安庆各校学生罢课斗争，带领学生上街游行示威，散发传单，组织宣传队演讲，号召工人、商人罢工、罢市，迫使反动当局让步，取得了"六二"运动的胜利。"六二"运动以后，许继慎当选安徽省学生联合会常务委员兼联络部部长，参与领导了安徽的一系列学生爱国运动。1923年秋，许继慎等36人在安庆因参加领导学生痛打贿选省议员行动遭到当局通缉，离开安徽，来到上海。

从上海大学走出来的英雄烈士
（1922—1927）

到上海以后，许继慎寄居在由安徽寿县人开办的寿阳公寓。在党组织的安排下，许继慎来到上海大学社会学系旁听。在上海大学，许继慎有机会听到了中国共产党早期领导人邓中夏、瞿秋白、蔡和森、恽代英等人的课程和讲座，眼界大为开阔，无论在思想认识还是在马克思主义理论方面都有了很大提高。许继慎在上海的流亡生活很艰苦，即使这样，他还是积极从事革命工作。他和同是被通缉的安徽学生、共产党员王步文等一

许继慎雕像

起,将皖籍逃亡学生组织起来,成立安徽逃亡学生反对贿选团,出版《黎明》周刊,提出"反曹驱马"的口号,继续开展反对贿选总统曹锟和军阀马联甲的斗争。1924年4月,在上海党组织的推荐下,许继慎通过入学考试,被黄埔军校正式录取,成为黄埔军校第一期的学员。这一年,根据中共广东区委的决定,许继慎和其他黄埔军校中的社会主义青年团团员一律转为中国共产党党员。在黄埔军校,许继慎除了认真学习军事理论,严格按照学校规定进行军事训练以外,还积极参与由共产党组织的各项政治活动,他是军校中很有影响的"青年军人联合会"的骨干和负责人之一,是黄埔军校的优秀学生。1935年的《社会新闻》第10卷第7期曾登载一篇题为《赤黄埔系的形成与没落》的署名文章,称:"黄埔军校第一期的时候……在区军委周恩来的领导下,建立了第一个黄埔支部。第一个黄埔支部的书记是蒋先云,宣传干事是王逸常,组织干事是杨其纲,候补干事许继慎与陈赓。总之,支部干事会的五个人,都是第一期同学。"可见许继慎在黄埔军校的表现是很引人注目的。1925年的2月和10月,许继慎在先后两次东征中,作战勇敢,表现突出,为击溃陈炯明等军阀部队立下战功。后来在其他战役中也屡立战功,先后被提升为连党代表、连长、团代理党代表等职。

1926年7月,北伐开始,由中国共产党直接领导的、以共产党为骨干的国民革命军第四军叶挺独立团,作为北伐先遣队。周恩来推荐许继慎到叶挺独立团去担任团参谋长。当他拿着周恩来的亲笔信到叶挺处报到时才知道周士第已担任了团参谋长。许继慎当场向叶挺提出到二营担任营长,叶挺觉得不妥,提出再请示周恩来。许继慎立即急着对叶挺说:"团长,你把我许继慎当什么人了!当参谋长是为了打仗,当营长更是打仗,我宁可当营长,也不离开独立团。"①就这样,许继慎担任了第二营营长。他指挥所部,参加了攻打平江、汀泗桥、贺胜桥等著名战役。在贺胜桥战役中尽管身负重伤,但他仍坚持指挥战斗。他和第一营营长曹渊,都是叶挺麾下的主要战将。1927年春,伤愈归队的许继慎担任由叶挺任师长

---

① 许民庆:《五十三岁,我才知道父亲名叫许继慎》,载张黎明主编:《我的父辈——中国共产党著名烈士后代深情回忆(英烈篇)》,上海人民出版社2011年版,第136页。

的第24师72团团长。5月,率部参加击退叛军夏斗寅的战斗,再次负伤。大革命失败以后,他在安徽、上海等地从事党的秘密工作。

1930年4月,奉党中央之命,许继慎来到鄂豫皖苏区,担任鄂豫皖特委委员、中国工农红军第一军军长。他与鄂豫皖特委书记郭述申、军政治委员曹大骏、副军长徐向前一起,整编了鄂东北、豫东南、皖西三个苏区的红军,实现了鄂豫皖红军的统一指挥。红一军的建立,是鄂豫皖边区武装革命斗争的重要转折点,从此鄂豫皖边区的革命斗争开始了一个新的局面。在许继慎等指挥下,红一军从6月到8月,先后攻克皖西和京汉铁路南段许多城镇,毙伤俘国民党军7 000多人,红一军由组建时的2 300多人很快发展到5 000多人,相继在英山、四姑墩、光山、金家寨、香火岭战役中取得胜利,巩固和扩大了鄂豫皖根据地。1931年,张国焘把持了鄂豫皖苏区的军政大权,许继慎明确反对张国焘提出的远离苏区、冒险进攻的错误军事方针,引起张国焘的不满。加之国民党特务正在此时实施离间阴谋,致使许继慎遭到张国焘错误逮捕。到了1931年11月,许继慎竟被张国焘杀害于河南光山县白雀园,年仅30岁。

许继慎虽然被冤杀,但他为党、为军队作出的卓越贡献,党和国家是不会忘记的。1945年,许继慎冤案终于大白于天下,党的七大为许继慎平反昭雪,恢复党籍,追认为革命烈士,许继慎名字列为《革命烈士英名录》第一册第一分册的第一名。1981年7月,许继慎革命事迹在安徽省革命烈士纪念馆陈列。同年底,中共六安县委和县人民政府为许继慎烈士建墓立碑,徐向前元帅敬题"中国工农红军第一军军长许继慎同志之墓"。1988年,中华人民共和国中央军事委员会确定36位中国人民解放军军事家,许继慎名列其中。2009年9月10日,在中共中央宣传部、组织部等11个部门联合组织的评选活动中,许继慎被评为"100位为新中国成立作出突出贡献的模范人物"。2011年8月,在许继慎的故居又建成占地6 000多平方米的许继慎将军陵园。现在,许继慎之墓和陵园,已经成为安徽省爱国主义教育的重要基地。

薛卓汉：
安徽早期党组织的创始人

1958年9月16日到20日，毛泽东同志在张治中等人陪同下，视察了安徽安庆、合肥、芜湖、马鞍山等地。在视察过程中，毛泽东同张治中谈到了曾做过自己秘书的安徽籍的革命烈士薛卓汉，表达了深切的缅怀之情。

薛卓汉，1898年生于安徽安庆，祖籍安徽寿县。安徽早期党组织的创始人和革命运动领导者。1911年入怀宁县立小学读书，后考入旅沪安徽中学。1919年春，转入安徽省立第二甲种农业学校就读。入校不久，"五四"运动爆

薛卓汉

发，这股爱国浪潮很快地由北京冲到安徽，位于芜湖的"二农"也被卷入这股浪潮之中。5月7日上午，芜湖各校代表在詹家巷乙种商业学校，举行第一次联席会议，薛卓汉和王赤华作为"二农"的代表参加了会议。会后芜湖各校师生2 000多人及大批群众涌上街头举行游行示威，抵制日货。在这一活动中，薛卓汉不仅参加游行示威、散发传单、沿途发表演说，还带头把自己所使用的日货全部烧毁。这一系列的斗争活动，显示了薛卓汉的斗争精神和领导才能。1922年3月，芜湖接连发生了人力车工人罢工、纱厂工人罢工的浪潮，薛卓汉积极支持工人的罢工斗争。他脱下长衫，换上人力车工人的服装，深入工人中间，向工人作宣传鼓动工作。他还和其他学联代表一起创办工人夜校，帮助工人成立了安徽第一个工人自己的组织"芜湖劳工会"。薛卓汉在这一系列的斗争和活动中不断成

熟起来,这一年他加入了中国社会主义青年团,成为芜湖地区最早的青年团员之一。

1923年,他来到上海,于这年秋季考入上海大学。在1924年4月编印的《上海大学一览》之《学生一览表》中的"社会学系"里记载:"姓名:薛卓汉;年龄:二十五;籍贯:安徽;通讯处:寿县姚口集(即窑口集)。"在《教职员一览表》之"职员之部"里还这样记载:"姓名:薛卓汉;籍贯:安徽寿县;经历:本校社会学系学生;入校年月:十二年秋(即1923年秋);职务:义务书记;通讯处:本校。"由此可见,薛卓汉于1923年秋季入学以后,在上海大学是采取半工半读的方式来进行学习的。在学习过程中,他直接受到在上海大学任教的邓中夏、瞿秋白、张太雷、蔡和森、恽代英、施存统等中国共产党早期党员的关心和教育。在课堂上,他聆听这些革命家的讲授,从他们的课程里,不光是吸收专业知识,更是学习了马克思主义,提高了革命的理论水平;在平时的活动中,薛卓汉积极参加由他们领导的革命斗争。1923年11月,薛卓汉与刘华、龙大道等一起被批准加入了中国共产党。1924年1月13日,中共上海地方兼区委员会开会,研究讨论党员编组的问题,薛卓汉被编在第一组,组长为刘华,组员包括邓中夏、瞿秋白、施存统、向警予、龙大道等。不久,薛卓汉根据党组织的指示,和上海大学另两名学生党员曹蕴真、徐梦秋一起,回到安徽,担负起在寿县建立和发展党组织的重任。这年冬天,中国共产党寿县小甸集特别支部正式成立,直属党中央领导,由曹蕴真担任支部书记。这是安徽省最早建立的农村党支部,从此,寿县有了革命的坚强组织和领导力量。薛卓汉也因此和曹蕴真等成为安徽早期党组织的创始人。1925年,薛卓汉还和高语罕一起介绍朱蕴山加入中国共产党[1]。

1925年9月,薛卓汉根据党的指派,来到广州,参加了由彭湃主办的第五期农民运动讲习所学习,毕业以后又奉命到武汉担任国民党安徽临

---

[1] 见中国中共党史人物研究会编:《中共党史人物传(第六十三卷)》,中国人民大学出版社2017年版,第193、310页。朱蕴山,生于1887年,老同盟会会员,杰出的爱国民主人士,坚强的革命战士和著名的政治活动家。参加过辛亥革命、讨袁运动、南昌起义、抗日战争、解放战争。新中国成立后,历任全国人大常委会副委员长、全国政协副主席、民革中央主席等职。1981年在北京逝世。

时省党部执行委员兼农民部部长,从事农运工作。1926年再赴广州,参加北伐。就在这一段时期,薛卓汉担任了毛泽东同志的秘书。1927年3月初,北伐军收复安庆,国民党安徽临时省党部随之迁回安庆。薛卓汉奉中共组织之命,在安庆召集各县农运代表举行安徽省农民协会成立大会,当选为农协会委员长。3月22日,国民党安徽省第一次代表大会召开,23日上午,已先期到达安庆的蒋介石怂恿国民党右派及省工会的暴徒到会场,打伤代表,破坏大会的召开,又指使安庆国民党右派捣毁国民党省、市党部和工、农、青、妇等群众团体机关,缉拿革命党人,制造了安徽"三二三"反革命事件。薛卓汉遭到通缉,回到家乡从事农运工作,并主持中共窑口集特支工作。

大革命失败以后,1928年3月,薛卓汉参加中共寿县第一次代表大会,当选为县委组织委员。他协助县委成员、皖北行署学兵团团长孙一中、廖运周、廖运泽、许光达等人在国民革命军第三十三军军长柏文蔚举办的学兵团中开展兵运工作,兼任中共北路宣尉使署学兵团委员会副书

芜湖烈士陵园

记，在学兵团中宣传马克思主义，发展党员。1930年，中国工农红军第一军在鄂豫皖苏区正式成立，为加强红一军的领导力量，薛卓汉受党委派，任红一军政治部副主任。他和军长许继慎一起，率红一军指战员粉碎了敌人对苏区根据地的第一、二次"围剿"。1931年冬，薛卓汉被张国焘在"肃反"中以莫须有的罪名，杀害于金寨至麻埠间的山下，年仅33岁。

对于薛卓汉的屈死，毛泽东、周恩来闻讯后都感到悲愤和惋惜。在延安时期，毛泽东曾向曹渊烈士的儿子曹云屏问起过薛卓汉的情况；1958年视察安徽时，毛泽东又向陪同他视察的张治中谈到其安徽同乡薛卓汉，可见毛泽东对薛卓汉一直怀念在心[1]。薛卓汉对革命的贡献，党是不会忘记的。1945年4月，中共中央组织部编辑的《死难烈士英名录》确认薛卓汉是革命烈士，并注明他是安徽党的创始人。

---

[1] 时洪平编：《人物英华》，安徽人民出版社2009年版，第141页。

杨 达:
国民革命军军官教导团团长朱德的参谋长

1927年初,朱德根据党的指示,来到江西南昌,创办了国民革命军第三军军官教导团,培训革命军事干部。在军官教导团担任参谋长兼秘书的,是曾在上海大学求学的杨达。

杨达,原名杨先达,字闻非,1902年出生,四川彭县(今彭州)人。1919年就读于彭县中学,和上海大学社会学系的学生何秉彝在一所中学,并且是同窗好友。1923年,杨达考入成都华西大学医科班。但是到了第二年,也就是1924年4月,杨达不顾家庭反对,离开

杨达

了成都,来到上海,考入了同济大学医科班。在读书期间,杨达思想上要求进步,当他知道上海大学以后,怀着新奇和向往的心情,专门到上海大学去旁听课程和讲座。他多次听了中国早期共产党人邓中夏、瞿秋白等人的演讲,思想受到震动和教育,意识到在帝国主义列强环伺侵占、反动当局助纣为虐的中国,医学只能救人、不能救国。于是,他毅然放弃了学医谋生的念头,怀着救国救民的热忱,再一次转学,于1925年初,转入上海大学。

1925年2月13日的《民国日报》刊登由代理校长邵力子署名的上海大学录取新生广告,其中写明杨达被录取在社会学系。社会学系在上海大学,是共产党员力量最强的一个系,当时蔡和森、李汉俊、恽代英、萧楚女、沈泽民、施存统、蒋光慈都在这个系担任教授,那时瞿秋白虽然已辞去

了上海大学教职,但他还是经常到上海大学作讲座。因此,杨达在上海大学求学期间,除了学习社会学专业知识和社会科学理论以外,还系统地接受了马克思主义理论的教育,思想觉悟得到明显提高,开始坚定地信仰共产主义。除了学习革命理论以外,杨达还积极参加各种革命活动,如深入工人中间,参加沪西工人俱乐部和平民夜校工作,教工人学文化,在工人中宣传和传播革命道理,提高工人的思想政治觉悟,在实际工作中得到了锻炼。孙中山逝世,平民夜校召开追悼大会,杨达等在会上发表演说,揭露封建军阀与帝国主义狼狈为奸、残害人民的罪行,表示要为国家独立、民族解放事业奋斗终身。不久,他就光荣地加入了中国共产党。杨达在上海大学,还积极参加学生会组织的其他社团活动,如1925年3月25日的《民国日报》刊登了题为《上大演说练习会》的报道,称:"该会拟请邵力子、恽代英、杨贤江、张太雷等为指导员,并增加英、法、俄语各一组,组长公举李养人、杨达担任。"杨达先后考入过成都华西大学医科班、上海同济大学医科班,有着很好的外语基础,因此他被公举为外语演说练习会小组组长,这也是情理中的事。还如1925年8月5日的《民国日报》刊登题为《夏令讲演会消息》的报道,称上海学生联合会夏令讲演会,因联络感情、砥砺学行起见,组织了同学会,杨达被推选为研究委员会委员。

杨达出身于四川彭县一个农商兼营的家庭,他的父母当然希望他通过读书回乡继承家业。因此,杨达到上海以后,他的父亲不断托人捎信,要求他回转故里。杨达理解父母希望自己回乡的殷殷愿望和倚闾盼子的苦心,但这时杨达已经是一个有着革命理想和阶级觉悟的青年,他在给父母的回信中表示:"现在的社会,是黑暗的社会,是自相残杀的社会,是污浊的臭不可当的社会。""现在中国,上自总统,下至警察,哪一个不是吃人的禽兽?""社会如此黑暗,家庭如此恶劣,过去我不知道,如入鲍鱼之肆,久而不闻其臭,固然不说了。现在我知道了,就要去掉臭不可当的东西。我的紧急任务,就是预备这种力量。换言之,我要改造家庭,改造社会。""怎能再坠入黑海,陷入粪坑呢?"①

---

① 中华人民共和国民政部编:《中华著名烈士(第五卷)》,中央文献出版社2001年版,第112页。

"五卅"反帝爱国运动爆发那一天，杨达和既是同乡又是大学同学的何秉彝一起参加了示威游行。5月30日下午，杨达和何秉彝等大批同学一起，手举小旗帜，带着传单，高呼口号，如势不可挡的洪流，向租界涌去。他们向租界当局提抗议，要求日商赔偿工人损失，惩办凶手。杨达与同学一道，在租界讲演、散传单、贴标语。群众队伍受到英军巡捕开枪镇压，何秉彝当场中弹，身负重伤，牺牲在医院。杨达到医院探视，被一外国人推下医院大楼，不幸负伤。但杨达不顾个人伤痛，即将何秉彝惨遭杀害的详情，写信给家乡的彭县中学，激起了家乡母校师生对帝国主义暴行的无比愤怒，推动了彭县的爱国主义活动。

6月，杨达和李硕勋、欧阳继修（即阳翰笙）、余泽鸿等作为上海大学代表，出席了在上海召开的全国学生联合会第七届代表大会。

1926年，杨达遵照党的指示，离开上海大学，来到大革命的中心广州。先在黄埔军校工作，不久就参加了北伐。1927年初，朱德向朱培德建议在南昌创建了国民革命军第三军军官教导团，朱德兼任团长，杨达担任了教导团的参谋长兼秘书，在朱德的直接领导下工作。后来朱德又兼任南昌市公安局局长，杨达又在公安局担任秘书。南昌起义前夕，杨达奉命到丰城，担任国民革命军第三军第九师师长杨池生的政治部宣传科科长，开展兵运工作，以配合武装起义。南昌起义的炮声打响以后，杨池生部被击溃，杨达则根据党的指示隐蔽下来。8月3日，起义部队撤离南昌，南昌卫戍司令王均开始大肆搜捕共产党人，整个南昌城笼罩在白色恐怖之下。杨达奉党的指示，没有随部队撤离，而是坚守在丰城和南昌一带坚持斗争，从事党的秘密活动。1928年2月1日，杨达在从南昌返回丰城途中，被敌人抓获。面对敌人的审讯和严刑折磨，杨达始终坚贞不屈，最后被杀害于南昌，年仅25岁。

杨贤江：
马克思主义教育理论家

杨贤江

1981年，国家教育部和团中央在人民大会堂联合召开大会，纪念我国坚定的共产主义战士、杰出的青年运动领导人、马克思主义教育理论家杨贤江逝世50周年。教育部部长蒋南翔主持了纪念会，团中央第一书记韩英发表讲话，教育部副部长张承先作了报告。当年与杨贤江一起工作过的叶圣陶、吴亮平、李一氓、董纯才、胡愈之、夏衍也作了发言或书面发言，回忆了杨贤江光辉的一生。

杨贤江，又名李浩吾，字英甫，生于1895年，浙江慈溪人。7岁时入乡塾开蒙，11岁入初级小学，13岁转入诚意高级小学。1910年高小毕业后，由于家贫，一度当过小学教师。1912年，考入浙江第一师范学校，于1917年夏毕业。由于成绩突出，老师李叔同特书"神聪"条幅赠予杨贤江，以示鼓励①。毕业后，来到南京高等师范学校任职，同时进修教育学、心理学等课程。杨贤江在业余时间参加商务印书馆函授学校英文科的学习，并开始翻译国外教育论文，发表在《教育杂志》等刊物上。1918年5月，他开始与武汉中华大学学生恽代英建立通信联系，相互交流思想，研究学问。杨贤江对恽代英的人品、学问非常钦佩，他在日记中写道："代英不过24岁，与余同年，然彼之思想，彼之文字，

---

① 金立人、贺世友著：《杨贤江传记》，光明日报出版社2005年版，第24页。

较余周到流利得多。凡物经比较而审优劣,故人不可独处自傲也。"① 恽代英也将杨贤江视为志同道合的"良友"。

1919年爆发的"五四"运动,使杨贤江接触到大量新的思想和新的学说,思想受到洗礼,极大地触动了他的"教育救国"思想。这一年的10月,他经邓中夏介绍,参加了以改革社会为宗旨的"少年中国学会",同时发起并参加这个进步组织的还有李大钊、毛泽东、张闻天、恽代英等,杨贤江被推举为少年中国学会南京分会书记。第二年,也就是1920年,他同李大钊、恽代英等7人被选为领导"少年中国学会"的评议员。从1921年起,杨贤江受聘担任商务印书馆主办的《学生杂志》主编,在任长达6年的时间。他经常为刊物写社评、发表教育方面的专论,还在刊物上开辟"通讯"与"问答",热情地解答学生提出的有关思想、政治、工作、学习包括生活中遇到的各种问题,成为青年学生思想、学习和生活上的值得信赖的导师和朋友。

中国共产党成立以后,杨贤江参加了党领导的革命斗争,并在斗争实践中努力学习马克思主义。他在求学时,就博览群书,对古今中外的哲学、伦理学、心理学、教育学以及其他社会科学的著作都研读过,在理论方面有着很深的造诣。但自从学习了马克思主义以后,他的思想认识有了一个飞跃,从一个深受中国宋明理学和西方康德思想影响的知识青年,很快转变为一个具有共产主义思想、信仰马克思主义理论的革命者。1923年,经过革命斗争考验的杨贤江,正式加入中国共产党,开始了崭新的人生道路。

1923年,杨贤江来到上海大学社会学系担任教授,他除了在大学部上课以外,还应邀在中学部任教职。1925年下半年新学期开始,应中学部主任侯绍裘之请,担任了初高中人文科的学科主任。在上海大学,杨贤江除了教课以外,还积极参加学校组织的各项活动。1924年的暑假,在由上海大学为主主办的"上海夏令讲学会"上,杨贤江应邀作《教育问题》和《青年问题》演讲;1925年3月,上海大学演说练习会完成换届改选,杨贤江、恽代英、张太雷等应邀担任了这个学生社团的指导员。上海

---

① 金立人、贺世友著:《杨贤江传记》,光明日报出版社2005年版,第54页。

大学演说练习会聘请杨贤江、恽代英、张太雷等为指导员,是因为他们的演说在学生中影响很大。曾经听过杨贤江演说的上海大学学生薛尚实在回忆中说过:"杨贤江先生是《学生杂志》编辑,常写社论。他消息灵通,碰到他演讲时,听众尤多。楼上的大教室容纳的人多了,常常听到楼板喳喳作响,大家担心楼面就要塌下来。"[①] 1925年4月24日,杨贤江、恽代英、董亦湘、施存统、侯绍裘、张秋人、沈泽民、沈雁冰等上海大学教师,在《民国日报》副刊《觉悟》上刊登题为《发起孙中山主义研究会征求同志》的启事。1925年11月6日晚上7时,上海大学非基督教同盟会召开成立大会,350余人参加大会,杨贤江和恽代英、萧楚女在会上发表了演讲。1926年1月13日晚上7时,上海大学附属中学举行各团体联欢会,杨贤江和萧楚女在会上发表了演讲,对学生进行了勉励。1926年3月21日,上海大学在四马路倚虹楼召开教职员会议,到会者60余人。在这次会上,杨贤江被选为校行政委员会委员,直接参与了以后的上海大学行政领导工作。1926年5月5日晚上7时,上海大学召开"五四"纪念大会,杨贤江应邀在大会上发表了演讲。1926年4月,《寰球中国学生会特刊》刊登题为《上海著名大学调查录·上海大学》的专题调查报告,其中称社会学系教授有杨贤江。杨贤江从1923年到上海大学任教,一直到1926年4月,还名列上海大学教授之中,可以说是坚持在上海大学从事教学和革命工作时间比较长的一名共产党人。

作为中共党员,杨贤江在上海大学教书的同时,又积极参加上海党组织的活动。1923年7月9日,中共上海兼区委召开第一次会议,讨论委员分工及党内教育、训练等问题,在这次会上,决定按党员居住相近为原则,来划分党小组,杨贤江与沈雁冰、沈泽民、张秋人等同被分在第二组,即商务印书馆组,组长为董亦湘。会议决定特设"国民运动委员会",由沈雁冰担任委员长,杨贤江和林伯渠、董亦湘等人任委员。9月27日,在中共上海地委兼区委召开的第十五次会议上,又决定杨贤江和恽代英在国民运动委员会方面专门负责学生运动;1924年1月13日,在中共上海地委兼区委

[①] 中国人民政治协商会议上海市委员会文史资料工作委员会编:《文史资料选辑（一九七八年第二辑）》,上海人民出版社1979年版,第66页。

会议上,杨贤江当选为候补委员。1月20日,中共上海地委兼区委召开特别会议,讨论国民运动委员会问题及纪念"二七"活动安排,杨贤江、沈泽民、张秋人等参加了会议。8月19日,中国共产党在上海组织"非基督教同盟",发表同盟宣言,反对帝国主义文化侵略。《民国日报》刊登《非基督教特刊》,杨贤江、恽代英、张秋人等积极投身到非基督教的宣传工作中。1925年,杨贤江和上海大学其他教授一起,积极投身"五卅"运动,参加集会,发表演讲。6月4日,按照中国共产党的决定,杨贤江和沈雁冰、侯绍裘、董亦湘等30余人发起成立上海教职工救国同志会,这一组织,以救国为宗旨,发动、联络、支持、教育学生及各界群众投身反帝救国运动。他多次参加集会,向工人、学生、店员、市民等发表演讲,宣传反帝救国的道理。9月20日,中国济难会筹备召开第一次会议,按照中共中央意见,此会的目的"在救济为人民奋斗的死者、伤者、被囚者,给予他们以物质与精神的援助,帮助为工农群众活动之故而被逮捕的人,帮助政治犯早日释放,将国际间同志、劳动群众对被捕者的同情,散布于他们"。杨贤江与郭沫若、沈雁冰、恽代英等当选为委员,并积极投身于这个运动。1926年1月1日,国民党上海特别市党部在上海大学召开成立大会,杨贤江和恽代英、林钧、杨之华等共产党人被选为执行委员。1926年4月,中共上海区委有一份关于党内组织系统、组织关系及负责人、活动分子的记录,其中称:"民校(指国民党组织):杨贤江、侯绍裘、林钧等。"这表明杨贤江等曾在党内负责领导国民党方面的工作。可见,杨贤江在党的领导下,为大革命时期党的统一战线工作也作出了积极贡献。5月30日,上海各界在西门公共体育场召开"五卅惨案周年纪念大会",杨贤江和杨杏佛等在大会上发表了演讲。1926年底,杨贤江还带领学生代表、工人代表到杭州和白崇禧率领的北伐军联系关于北伐军进军上海的准备事宜。杨贤江还积极参加了上海工人三次武装起义的组织工作,并亲临斗争第一线,在血与火的斗争中经受了考验。1927年3月23日,上海临时市政府宣告成立,但遭到已决心反共的蒋介石的反对,29日,蒋介石以国民革命军总司令的身份致函临时市政府,要求"暂缓办公"。杨贤江、罗亦农等团结国民党左派,采取针锋相对的办法,于当天下午举行临时市政府委员就职典礼,杨贤江代表国民党上海市党部出席大会并担任会议主席。在一片欢呼声和鼓掌声中,杨贤

从 *上海大学* 走出来的英雄烈士
（1922—1927）

杨贤江纪念馆

江宣布上海临时市政府成立。

　　1927年4月12日，蒋介石在上海发动了反革命政变，无数共产党人倒在血泊之中。19日，南京国民党中央发出通缉令，通缉共产党人及"跨党分子"197人，杨贤江名列其中。在浙江省反动当局发出的通缉名单中，杨贤江作为特重要犯，名列第三。在党组织的安排下，他被派到武汉北伐军总政治部担任《革命军日报》社长，大革命失败后又转回上海从事地下工作。当时，中国革命处于低潮，白色恐怖笼罩全国，杨贤江怀着对党的无限信仰和忠贞，对革命事业的坚定和乐观，坚持工作。尽管环境险恶，生活贫困，但他始终尽一切力量完成党交给的工作，同时，坚持读书和写作。由于迫害加剧，这年年底，他去日本避难。在日本期间，他积极从事研究和翻译，撰写和翻译了许多教育论文、著作，并写成了《教育史ABC》一书。这是我国第一部用历史唯物主义观点研究教育史，根据社会发展形态来叙述教育发展过程的著作。

　　1929年5月，杨贤江回到上海，参加了党的地下文委领导工作，发起组织"中国社会科学家联盟"，同时继续坚持他的教育科学研究。然而不幸的是他染上了结核病，并且病情不断恶化。但杨贤江不顾病魔折磨，继续坚持为党工作，并且以惊人的毅力完成了最后一部著作《新教育大纲》。这是我国第一部系统地用马克思主义观点来阐明教育原理、理论紧密联系中国实际的著作，它和《教育史ABC》一起奠定了杨贤江作为新兴教育理论先驱者光辉的历史地位。1931年7月，杨贤江去日本治疗，8月9日，在长崎逝世，年仅36岁。

1958年，浙江省民政厅追认杨贤江为革命烈士。在1981年国家教育部和团中央联合召开的纪念杨贤江逝世50周年大会上，给予杨贤江很高的评价，会议指出杨贤江"在中国新民主主义革命史上，特别是在现代教育史和青年运动史上有着光辉的地位"。

余泽鸿：
继邓小平以后担任
中共中央秘书长的革命烈士

余泽鸿

在中央红军长征队伍中，有四位赫赫有名、年龄在50岁上下的老同志——徐特立、谢觉哉、林伯渠、董必武，人称"长征四老"。遵义会议后，中央领导决定把徐特立、董必武、谢觉哉等一批老同志编入干部团。毛泽东亲自向陈赓和宋任穷布置任务："对于这些老同志，你们一定要保护好，特别是董老、徐老，出了问题唯你们是问。"陈赓和宋任穷便把这一重要任务交给了上级干部队的政委余泽鸿。在余泽鸿等红军将士的保护下，徐特立等老同志和大家一样，经过千山万水的艰苦跋涉，到达延安。最初奉命保护这些老同志的余泽鸿，则在红军四渡赤水以后为掩护中央红军实现战略转移而壮烈牺牲了。1991年秋，担任中共中央顾问委员会副主任的宋任穷为余泽鸿烈士题词："余泽鸿烈士对党和人民一片赤诚，为革命献出了年轻的生命，我们永远怀念他。"

余泽鸿，原名余世恩，字因心，号泽鸿，化名张顺如，生于1903年，四川长宁人。1921年，余泽鸿考入泸州川南联合县立师范学校，当时我党早期的革命活动家恽代英正在这所学校任教。在恽代英的教育指引下，余泽鸿不但刻苦学习文化和专业知识，而且开始接触进步报纸杂志，参加了马克思主义研究会的活动，还跟随恽代英在泸州进行城乡社会调查，宣传革命道理。在恽代英的指引下，余泽鸿进步很快，入校的第二年，即加入社会主义青年团,还担任了团支部书记。1923年考入四川外语专科学校。1924年6月,第六届全国学生总会代表大会在上海召开,余泽鸿作为四川代表参加了会议。会后,经过党组织推荐,考入上海大学社会学系。9月22日的《民国日报》刊登上海大学录取新生广告,公布新生名单,在"社会科学院社会学系二年级(特别生)"一栏中,就有余泽鸿的名字。

在余泽鸿考入上海大学之前,恽代英已经到上海大学任教了。除恽代英以外,这时在上海大学担任教授的中国共产党早期党员还有邓中夏、瞿秋白、张太雷、施存统、沈雁冰、沈泽民等。在课堂内外,余泽鸿都受到这些共产党人的关怀和教诲,思想觉悟提高很快。他认真学习马克思主义,积极参加由这些革命家领导的各种活动。他和同学李硕勋、郭伯和等,在1924年底,发起组织"平民世界学社",出版《平民世界》半月刊,还参与创办平民夜校。1925年2月8日,上海大学四川同学会邀请上海各校四川同学会代表在上海大学开会,参加会议的有来自22所学校的40余名代表。余泽鸿被推选为会议临时主席来主持会议的召开。经过党组织的培养教育,经过工作和斗争实际考验,余泽鸿于入校半年以后,于1925年春加入了中国共产党。

入党以后,余泽鸿在党的领导下,积极参加校内外的各种革命活动。1925年"五卅"运动爆发以后,余泽鸿立即投身于这一反帝爱国运动。他以"学联"主席团委员的名义,号召全市大众学生行动起来,同工人、市民并肩战斗。6月4日,上海工商学联合会成立,余泽鸿被选为委员。是月,他还和李硕勋、阳翰笙、杨达等上海大学学生一起出席了全国学生联合会第七届代表大会。1925年9月7日晚上7时,上海在蓬莱路44号城西小学召开大会,庆祝反帝大同盟成立,余泽鸿以上海学生联合会代表的身份主持了会议。余泽鸿致辞说:组织反帝大同盟是为了反对现代帝国主义。这个腐朽没落制度的势力并未因"五卅"事件而有所削弱。今天下午在河南路上发生的开枪事件就是一个证据,当时至少有两名工人受伤,中华民族应站立起来,合力推翻帝国主义。施存统、恽代英也先后在会上发表演讲。10月10日下午,上海学生联合会召开代表大会,上海各校代表50余人参加了会议。上海大学代表余泽鸿担任会议主席。会议以学校为单位,改选学联领导机构,结果上海大学当选为主席单位。1926

年2月2日，上海反对日本出兵行动委员会召集各团体代表举行成立大会，余泽鸿和、杨之华、李硕勋、钟复光等代表上海大学参加了大会。1926年3月18日，北京段祺瑞政府制造了"三一八"惨案，上海各界"京案"后援会召开执行委员会，余泽鸿主持了会议。3月22日晚，中共上海区委召开"三一八"惨案行动委员会第二次会议，讨论罢课、传单等问题，余泽鸿和任弼时、李硕勋等参加了会议。5月27日，中共上海区委决定设立"五卅"行动总指挥和分指挥，余泽鸿被任命为分指挥。28日，余泽鸿又在中共上海区委会议上和林钧、李硕勋分别就纪念大会的准备工作发了言。中共上海区委召开主席团会议，讨论"五卅"惨案周年纪念的问题，会议决定为便于指挥，组成"五卅"行动委员会，由罗亦农担任主任，余泽鸿被指定为9人委员之一；6月18日，中共上海区委举行全体会议，会议任命罗亦农、汪寿华、赵世炎等9人为正式委员，余泽鸿等5人为候补委员。这年秋天，余泽鸿遵照中共组织的指示，出任国民党上海特别市党部青年秘书，参与指导上海青年运动。1927年2月16日，中共上海区委举行改选以后的第一次全体会议，选举罗亦农任区委书记，余泽鸿当选为候补委员，并被任命为学生运动委员会主任。余泽鸿还一直担任上海学联党团书记一职。余泽鸿不但积极参加革命的实际组织工作，还用手中的笔写了大量文章宣传革命、揭露帝国主义和反动军阀的倒行逆施。如"五卅"惨案爆发以后，他于6月22日在由萧楚女主编的《上海工商学联合会日报》的创刊号上，发表《交涉停顿后国民应有的觉悟》一文，其中说："所以现在我们应觉悟起来，开始与英日帝国主义拼个你死我活，实行国民绝交。"在担任《上海学生》周刊主编时，发表了《戒严令与外交》《纪念我们的领袖——孙中山》等数十篇文章。在《学生军组织之必要》一文中，他提出："准备实力的武装革命，迫在目前。大多数的工人、农民、商人和学生，异口同声地高呼着'组织人民自卫军'。""彻底的革命，必须民众武装起来，与我们的敌人短兵相接。"余泽鸿写的这些文章，对唤起民众、团结斗争都起到了教育和鼓舞作用。余泽鸿还根据党的安排，负责训练上海学生军，协助周恩来、赵世炎、罗亦农等组织的上海工人第三次武装起义。

1927年4月12日，蒋介石在上海发动了反革命政变，19日，南京国民党中央发出通缉令,通缉共产党人及"跨党分子"197人,余泽鸿名列其中;25日,淞沪警备司令部悬赏一千元缉捕共产党人和工人运动领袖,被缉捕名单中仍有余泽鸿。根据党的指示,余泽鸿立即转移到武汉,任中共湖北省委秘书长。1928年初,又奉调到上海,从事党的地下工作,任中共中央组织部秘书,并主编中央组织部刊物《组织通讯》。1929年夏,邓小平奉命作为中央代表赴广西领导起义,余泽鸿继邓小平之后担任了中共中央秘书长。这一年9月,中共中央组织部在上海举办了几期秘密的干部训练班,恽代英任干部训练班主任,余泽鸿担任副主任。1930年夏,去天津任中共北方局宣传部部长。中共六届四中全会以后又任中共顺直省委宣传部部长。1931年8月,中共中央总书记向忠发叛变以后,随周恩来等从上海转移到中央苏区,历任宁都中心县委书记、建宁、建黎泰等中心县委书记和闽赣省委、省革委委员和江西军区第一战区政治委员、建黎泰军分区政委、闽赣军区政治部主任、彭湃城防司令等职。在1933年5月江西省反"罗明路线"时,余泽鸿被当作"罗明路线"的代表横遭批判和降职。周恩来即向中央局报告,称"余已有相当经验","余泽鸿以专任分区政委为好",在一定程度上保护了余泽鸿。长征开始后,余泽鸿任中央直属纵队干部团政治科长兼上级干部队政委,陈赓、宋任穷将长征中保护徐特立等老同志重任交给余泽鸿就是在这一时期。

1935年2月,中央红军长征进入云南扎西地区,为了掩护主力红军继续长征,保护红军伤病员,中央召开扎西会议,决定成立川南特委,由徐策任书记,余泽鸿任宣传部部长,并以中央保卫局一个连约200人为骨干,和当地游击队组成中国工农红军川南游击队,余泽鸿担任了这支新组建队伍的政治部主任。这支部队在徐策和余泽鸿的领导下,和滇军、川军激战,有力配合了中央主力红军二渡赤水、重占遵义的作战行动。徐策牺牲以后,余泽鸿任特委书记兼游击纵队政委,继续领导着这支部队与敌人周旋。据留下的档案记载,8月6日,国民党第六区(宜宾)专员冷熏南致电长宁县长称:"自徐策死后,由余泽鸿率领……然志向坚决,曾一再宣言:'有三支枪也要革命……'"[①]9月上旬,随着部队的扩大,川南特委改称

---

① 李言璋编著:《余泽鸿烈士》,2002年(内部资料),第494页。

1982年,时任国防部长张爱萍将军视察长宁时为余泽鸿烈士纪念馆题名

川滇黔边区特委,余泽鸿任书记。12月中旬,由于叛徒告密和指引,余泽鸿所部被敌人包围,他带领部队与多于自己几十倍的敌人浴血奋战,殊死搏斗,最后壮烈牺牲于四川江安的碗厂坡,年仅32岁。

新中国成立以后,党和政府于1958年8月在长宁县为余泽鸿烈士建立了纪念馆,张爱萍将军为纪念馆题写了馆名。纪念馆内陈列着邓小平、陈云、宋任穷、方志纯等老一辈无产阶级革命家的回忆文章。1987年,余泽鸿烈士纪念馆被确定为省级烈士纪念建筑物保护单位。1995年被四川省民政厅确定为省级爱国主义教育基地。

俞昌准：
为"冲破黑暗，创造光明"而奋斗

> 那边是天堂，
> 大家都想着进去；
> 去享受那人间的甘露，
> 去学习那天上的规章。
>
> 这里是地狱，
> 囚着那蓬头垢面的人群；
> 都是那被压迫被剥削的，
> 劳苦大众的姐妹兄弟！
>
> 我暂时不忍离开那苦难的
> 兄弟姐妹，
> 我要帮助他们，
> 冲破黑暗呵，创造光明。

这首诗题名《到天堂去》，是共产党员俞昌准烈士在1926年夏天写下的[①]。那年，党组织决定派他到苏联去学习，但他决定留下，要到家乡最艰苦的地方去从事革命工作。这首诗就是俞昌准所表达的心声。诗中的

---

① 任武雄：《血流溅放世界花——以诗言志的青年战士俞昌准》，载《党史纵览》1995年第2期。

从 上海大学 (1922—1927) 走出来的英雄烈士

俞昌准

"天堂",是指"苏联","地狱"则是指还处在反动军阀统治下的家乡。

俞昌准,又名仲则,化名陈青文,生于1907年,安徽南陵人。16岁时,负笈上海,就读于南洋中学。在校期间就接受新思想的影响,积极投身到党领导的学生运动。1925年初,他用"由我"的笔名,写了《我们的校长》一文,刊登在《中国青年》第95期上。文章抨击了学校当局专制腐败,压制学生爱国运动的行径。这篇文章体现了青年俞昌准的斗争精神。"五卅"运动爆发以后,他积极参加反帝游行示威和罢课斗争。6月,还接受上海学联的派遣,回到家乡发动群众,声援上海的"五卅"运动。在他的家乡南陵,成立了南陵各界人民声援五卅惨案外交后援会,持续开展宣传、募捐、搜查和焚烧日货等活动,历时1个多月。

1925年7月,经恽代英推荐,俞昌准进入上海大学中学部学习。7月20日,《民国日报》刊登了由上海大学学务处发布的《上海大学录取新生布告》,其中有"中学部高中三年级:俞昌准"。8月底,王稼祥也被批准进入中学部高中三年级学习,和俞昌准成为同学。当时担任上海大学中学部主任的是共产党员侯绍裘,恽代英、萧楚女、施存统等中国共产党早期领导人也在上海大学担任教授,瞿秋白虽然已辞去了上海大学的教职,但仍在上海大学开展革命工作。在党组织的教育下和侯绍裘、恽代英、萧楚女、瞿秋白、施存统等共产党人的影响及引导下,俞昌准在学习文化知识的同时,积极参加各种社会活动。在上海大学附中的学生会中,担任宣传部主任。通过学习,俞昌准很快接受并信仰马克思主义。这一年的秋天,俞昌准在上海大学加入了中国共产主义青年团,1926年,转为中国共产党党员。从加入党组织的那一天起,俞昌准就决心把全部身心献给共产主义事业。他在1926年创作的《我是一柄锋利的朴刀》诗歌中写道:"我是一柄锋利的朴刀,我能够冲锋陷阵,我会杀魔斩妖!我亲爱的主人啊,使用我,充分地使用我吧!使用我打倒帝国主义,使用我消灭封

建王朝。"①8月,上海发生了小贩陈阿堂遭日本水手殴毙案,激起社会各界极大的愤慨,纷纷发表宣言,强烈谴责日本水手暴行。上海大学各团体发表宣言,号召各界同胞一致奋起,督促政府严正交涉,务获惩凶恤死并取消日本领事裁判权及其他不平等条约的胜利。28日下午,上海各团体联合会暨工学各界,为陈阿堂案特组织讲演团分两路在华界闸北一带和租界北四川路及河南路一带进行大规模演讲。俞昌准和徐世义、谢佑民等上海大学学生,积极参加了这次演讲活动,并遭到租界当局的无理逮捕。

上海大学党组织,是根据中共中央决定输送革命青年到苏联莫斯科中山大学留学的一个重要窗口,在上海大学求学的王稼祥、秦邦宪(即博古)、杨尚昆等都是根据党组织的委派先后由上海大学远赴苏联的。王稼祥临行之前,上海大学中学部主任侯绍裘还代表党组织同他进行了认

---

① 中共安徽省委党史研究室编:《江淮英杰》,安徽人民出版社2006年版,第42页。

从 *上海大學* 走出来的英雄烈士
(1922—1927)

中央电视台新闻联播介绍俞昌准

真严肃的谈话。1926年的夏天，党组织决定派俞昌准赴苏联学习，但俞昌准却向党组织表示，愿意回到自己的家乡安徽南陵去开展党组织工作和发动农民运动。党组织经过慎重考虑，同意了俞昌准的请求。这样，俞昌准便结束了在上海大学一年左右的学习生活，走上了职业革命的道路。他的那首《到天堂去》就是在这个时候写成的。诗可言志，俞昌准的诗作充分体现了他愿为中国革命和劳苦大众翻身解放而献身的崇高理想和坚定信念。

8月，俞昌准回到南陵以后，即积极投身于革命工作。他在城关联络了进步青年，建立"反帝非基大同盟"[①]，开展宣传工作，揭露帝国主义利用宗教进行文化侵略的罪行。11月，中共南陵县特别支部成立，俞昌准任宣传委员兼秘书。1927年春，俞昌准调任中共芜湖特支书记。3月，国民革命军克复芜湖，受到芜湖人民热烈欢迎。在芜湖各界举行的欢迎北

---

① 非基运动是中国共产党领导下的反对帝国主义利用基督教对中国进行文化侵略的爱国运动。

伐军大会上,俞昌准以中共地方组织的代表,在会上发表演说,号召人民团结起来,打倒帝国主义,打倒封建军阀和土豪劣绅,实行孙中山先生的"联俄、联共、扶助农工"三大政策。

大革命失败以后,俞昌准根据党组织安排,在芜湖一带开展地下斗争。他创办了《沙漠周刊》,宣传马克思主义,揭露国民党反动派背叛革命,屠杀共产党人和革命者的罪恶行径和反动嘴脸。他在《慰问各地遭压迫的工农同志们》的一首诗中提出了"敌人有机关枪大炮,我们有斧头镰刀"的口号,鼓舞芜湖地区的工人、农民坚持与国民党反动派作不屈不挠的斗争。1928年1月,在俞昌准等人的领导下,南芜边区苏维埃政府在谢家坝宣告成立,俞昌准担任副主席。这是在大革命失败后,安徽诞生的第一个红色农民运动政权,这个政权的成立,极大地鼓舞了当地的革命士气,是在严重的白色恐怖下树起的一面红旗。后来,俞昌准又在安徽大学以学生身份作掩护,领导和组织开展了学生运动,担任了中共怀宁县委委员兼共青团怀宁县委书记,成为青年学生运动的领袖。

1928年11月22日晚,俞昌准因叛徒出卖而被捕入狱。在狱中,他大义凛然,不屈不挠,痛斥敌人,大声说:"我们共产党领导全国人民推翻黑暗统治,创造光明的新中国,何罪之有?"12月16日,蒋介石亲自下令,俞昌准被杀害于安庆北门外刑场,年仅21岁。难友从狱中带出他用铅笔写下的两行字:"我知必死,望慰父老";"碧血今朝丧敌胆,丹心终古照亲人"①。俞昌准烈士的绝笔,昭示着英雄先辈的革命初心将永远熠熠生辉。

---

① 鲍晓菁:《俞昌准:碧血今朝丧敌胆,丹心终古照亲人》,载《人民日报》2018年6月6日。

恽代英：
在上海大学任教时间最长的无产阶级革命家

浪迹江湖忆旧游，
故人生死各千秋。
已摈忧患寻常事，
留得豪情作楚囚。

恽代英

这是无产阶级革命家、中国共产党早期领导人恽代英留下的《狱中诗》。这首诗，我们在中学的课本中就学过、背过，诗作的革命精神教育和影响了我们这一代人的一生。

恽代英，谱名遽轩，字子毅，1895年生于湖北武昌，原籍江苏武进（今属常州）。幼入家塾，学习《三字经》《百家姓》《千字文》《弟子规》等蒙学读物。10岁时入龙正初等小学学习，12岁入武昌北路高等小学就读。1913年夏，以优异成绩插入私立武昌中华大学预科就读，1915年9月考入中华大学文科中国哲学门，于1918年6月末从武昌中华大学哲学门毕业。先后在中华大学中学部、安徽宣城师范、川南师范学校任教。他在学生时代就积极参加革命活动，是武汉地区"五四"运动主要领导人之一。1920年创办利群书社，后又创办共存社，传播新思想、新文化和马克思主义。1921年加入中国共产党。

1923年夏天，恽代英应邓中夏的邀请，担任上海大学教授。这一年的6月19日,他在写给弟媳葛季膺的信中说:"据友人来函,上海大学任教多一时畏友,苟稍经营,可为一般改造同志驻足讲学储能之处,故颇重视之也。"[①] 这里说的"畏友",就是指邓中夏等共产党人。从信中可以看出,恽代英对到上海大学任教是"颇重视"的,把它看作是党的革命工作的重要组成部分。

恽代英从1923年8月到上海大学任教,直到1926年5月受中国共产党委派赴广州黄埔军校赴担任政治教官为止,他在上海大学担任教授有将近三年的时间,在中国共产党早期领导人中,可以说他是在上海大学任教时间最长的一位。在上海大学期间,恽代英一方面作为教授,负有教职;另一方面作为共产党的领导人,又从事着党交付的革命工作。根据现有资料,我们可以看出恽代英在上海大学主要做了以下一些工作:

一是为学生讲课,教育学生,参加学校行政管理工作。恽代英讲的课程为国内政治、国际问题,其中国内政治是社会学系、中文系和英文系学生的必修课,每周一次。1924年春,上海大学设"现代政治"课程,任课教师确定恽代英、汪精卫、胡汉民三人轮流讲。恽代英在讲课中深刻分析了帝国主义侵略中国,必然要和中国的买办阶级和封建军阀勾结,因此反帝反封建是一个问题的两个侧面。他针对胡汉民在讲课中说的民生主义包括了共产主义,除了民生主义外,不需要共产主义的错误说法,明确提出我们共产党人赞成三民主义,但这不是革命的最终目标。尽管中国的民族资产阶级主体是要革命的,但他们的革命有局限性,随着革命继续深入侵犯了他们的利益,他们就会起来反对,所以依靠他们是不可能把革命进行到底的。恽代英的这门课,观点鲜明,说理透彻,除讲课外,还进行课堂自由讨论研究。恽代英讲课观点鲜明,论证充分,逻辑严密,说理透彻,很受学生好评。不久,胡汉民、汪精卫离沪去广州,"现代政治"就由恽代英一人主讲[②],上海大学中文系学生戴介民在1962年接受采访时介绍,恽代英"在学生中威信极高,他讲话生动,富有鼓动性。每当他讲课时,不

---

① 李良明、钟德涛主编:《恽代英年谱》,华中师范大学出版社2008年版,第216页。
② 胡允恭著:《金陵丛谈·我所知道的上海大学》,人民出版社1985年版,第13页。

从 上海大学(1922—1927) 走出来的英雄烈士

只社会学系学生听课,就是我们中文系学生也是争先去听讲授,总坐满了教室,总有人不得不在教室门上听讲。"① 上海大学另一名学生刘披云在回忆中说:"我们在学生时代干革命,是受恽代英领导,这个人真了不起,口才好,讲帝国主义侵略中国,签订一系列不平等条约,声泪俱下,给人以深刻的教育。"② 当上海大学演说练习会社团成立时,恽代英欣然接受学生邀请,担任指导员,辅导学生提高演讲水平。1925年4月3日,上海大学行政委员会改组,恽代英还以教职员代表的身份被选为委员,直接参加了学校的行政管理工作。恽代英除了在大学部讲课以外,还应中学部主任侯绍裘之请,于1925年9月起,担任中学部社会学科特约讲师。

二是在校内外发表大量演讲。如1924年4月4日,在上海大学作题为《中俄交涉破裂原因》的演讲;4月27日,应侯绍裘之邀,在松江各团体的列宁追悼会上作题为《我们现在应该如何努力?》的演讲;1925年2月8日,在上海纪念列宁逝世一周年大会上,应邀发表了演讲;2月15日,在上海印刷工人联合会上发表演讲;3月11日,应邀到上海景平女校作妇女问题演讲;3月14日,在上海大学作题为《孙中山先生逝世与中国》的演讲;3月16日,在上海大学学术研究会上作题为《孙中山先生死后》的演讲;3月23日,在南洋大学召开的孙中山先生追悼会上发表演讲;这一年的3月28日、5月1日、5月5日,又先后在上海大学召开的追悼孙中山先生大会、纪念五一劳动节大会、纪念马克思诞辰107周年大会上发表演讲。据听过恽代英演讲的陈养山回忆:"他的口才很好,善于演讲,讲得生动幽默,深入浅出,会场静悄悄,大家都在聚精会神地听,又不时全场鼓掌或哄堂大笑,真是久听不厌,使人振奋。"③ 另据上海大学附中学生周文在回忆,1925年5月,在徐家汇复旦中学礼堂举行的纪念"五四"运动的集会上,"'醒狮派'(即国家主义派)的头头曾琦、左舜生在台上慷慨激昂地演说,讲'革命主要靠青年,30岁以上的人都是不革命的'云云,发了一通议论。他们刚讲完,只见人群中一位瘦小个子、光着头,穿着青布大

---

① 《访戴介民》,上海市档案馆藏,档号:D10-1-58。
② 王家贵、蔡锡瑶编著:《上海大学(一九二二—一九二七年)》,上海社会科学院出版社1986年版,第92页。
③ 李良明、钟德涛主编:《恽代英年谱》,华中师范大学出版社2008年版,第271页。

褂,戴着小眼镜的青年走上了讲台,这个人就是恽代英。他针对曾琦等人的谬论,进行了批驳,说:'我们青年人要和老年人团结起来革命。青年人中也有不革命的,30岁以上的也有不革命的,但大多数是要革命的',把国家主义派那种哗众取宠的讲话批得体无完肤。他的演讲,激起了会场上学生们的阵阵掌声。大家都赞成他的演说,认为很受启发教育,澄清了一些模糊的认识。"[1]恽代英是个出色的演说家。在上海大学学生杨之华眼里,"恽代英同志和萧楚女同志是出色的宣传鼓动家,分析问题一针见血,讲起话来诙谐幽默,常常引起同学们的哄堂大笑。"[2]恽代英被青年人尊为人生导师,除了他具有丰富的马克思主义理论修养和坚定的革命立场以外,杰出的演讲水平也是一个重要原因。

三是和国民党右派作坚决斗争。当时正是国共合作时期,恽代英和其他共产党一样,都以个人身份参加了国民党,恽代英还兼任国民党上海执行部宣传部秘书的职务。针对国民党右派歪曲孙中山的思想,反对和攻击共产党的言论和行为,恽代英立场坚定、观点鲜明地和他们作斗争。1924年8月2日,国民党右派喻育之、曾贯五两人在国民党上海执行部无理取闹,并殴打跨党党员、上海大学代理校长邵力子。主持国民党上海执行部工作的、同时也是上海大学教授的叶楚伧对此则采取骑墙态度。为此,恽代英和邓中夏、毛泽东、施存统、沈泽民等跨党党员联合致函孙中山,控告叶楚伧"主持不力,迹近纵容",要求严惩喻育之、曾贯五,严肃党纪。1924年10月10日,在国民党右派的支持和纵容下,发生了上海大学学生黄仁被流氓殴打致死的惨案。18日,恽代英在《民国日报》发表《为黄仁惨案之重要声明》,沉痛悼念黄仁烈士,控诉黄仁"不幸死于帝国主义走狗之手",严厉谴责国民党右派一手制造的惨案。10月26日,由上海大学等30余团体在上海大学举行的黄仁烈士追悼大会上,恽代英和瞿秋白相继发表演说,再次谴责国民党右派的倒行逆施行为。1925年9月,针对戴季陶主义出笼,恽代英发表了《读〈孙文主义之哲学之基础〉》的文章进行驳斥。同年12月18日,恽代英在《申报》刊载启事,严正指出国

---

[1] 本书编委会编:《20世纪20年代的上海大学》,上海大学出版社2014年版,第1103—1104页。
[2] 杨之华著:《回忆秋白》,人民出版社1984年版,第6页。

民党西山会议派在上海设立国民党伪"中央委员会"是非法的。12月27日,上海大学《中山主义》第二期出版,恽代英在上面发表了在上海大学的演讲稿《孙中山主义与戴季陶主义》,严厉批判戴季陶的右派言论。

四是领导和指挥工人运动和学生运动。1924年8月4日,中华全国学生联合会第六次代表大会在上海举行,恽代英和于右任、邵力子、邓中夏、施存统等上海大学的教授都参加了会议,恽代英还应邀发表演讲。正是在这次会议上,上海大学学生、共产党员李硕勋被任命为执行委员会主任。1925年5月25日,恽代英召集上海大学、大夏大学、文治大学等校的32名学生代表开会,讨论抵制工部局提出的印刷附律和增加码头捐的办法,由恽代英任主席。1925年5月28日,恽代英参加了由中共中央和上海党组织召集的紧急会议,决定5月30日举行大规模的反帝示威活动。5月30日当天,恽代英组织包括上海大学学生在内的青年到租界演讲,抗议帝国主义屠杀中国工人的罪行。在以后的日子里,恽代英直接领导了学生运动。上海大学学生刘峻山回忆说,当时党中央派恽代英领导学联工作,他作为学联党团书记,每天向恽代英汇报工作,讨论决定问题[①]。恽代英不仅领导着这场伟大的革命运动,有时为了及时搞好宣传工作,他还自己动手刻蜡纸,编印油印小报。可以说,恽代英不仅是"五卅"运动的领导者,也是实际参加者。非基督教运动,是中国共产党领导下发动的一场思想文化战线上的反帝斗争。1925年11月6日,上海大学非基督教同盟召开成立大会,恽代英在会上发表了演讲,对上海大学非基督教同盟活动的开展表示极大的支持。上海大学学生、上海工人运动领袖刘华被反动当局杀害以后,恽代英根据党的指示,于1925年12月31日,在上海大学召开学生骨干会议。会议决定号召工人学生举行示威游行,抗议军阀杀害刘华,要求撤换淞沪戒严司令部司令严春阳。

在上海大学担任教授期间,恽代英还参加了中国共产党的上海地方组织的领导工作、团中央的领导工作以及国民党上海执行部的工作。这一时期,恽代英还在《中国青年》《新建设》和《民国日报》副刊《觉悟》

---

① 王家贵、蔡锡瑶编著:《上海大学(一九二二—一九二七年)》,上海社会科学院出版社1986年版,第94页。

等杂志报纸上发表了大量的文章,宣传中国共产党的方针政策,传播马克思列宁主义,和国民党右派进行论战,为党的理论建设和捍卫中国共产党的政治路线作出了不可磨灭的贡献。

1927年1月,恽代英离开广州,到武汉主持中央军事政治学校工作,任政治总教官,同蒋介石、汪精卫背叛革命的行为进行坚决斗争。7月,恽代英奉中央之命赴九江,任中共中央前敌委员会委员,参加组织和发动南昌起义。12月,他参与领导广州起义,任广州苏维埃政府秘书长。

1928年,恽代英到上海任中共中央宣传部秘书长、组织部秘书长等职,曾主编中央机关刊物《红旗》。1929年6月,恽代英在中共六届二中全会上被补选为中央委员。1930年5月6日,恽代英在上海被国民党当局逮捕。在狱中,恽代英面对敌人的威逼利诱,坚贞不屈,表现了一名共产党员的坚定信仰和崇高的革命气节。"留得豪情作楚囚",感人至深的《狱中诗》就是在这时从口中吟出。1931年4月28日,蒋介石派军法司司长王震南,带着恽代英的照片,到狱中劝降,但再一次遭到恽代英的拒绝。蒋介石无奈,即下令处决恽代英。29日中午,恽代英高唱《国际歌》走向刑场。临行前还向难友发表演讲,揭露蒋介石比起袁世凯有过之而无不及。最后,被杀害于南京,年仅36岁。

曾延生：
与妻子同赴刑场从容就义的革命者

曾延生

1925年8月中旬，在江西吉安的白沙明心寺，一个进步社团"觉群社"宣告成立，社员有90多人，社长为曾延生。为了阐明觉群社的宗旨，曾延生拟写了一副对联："说一般人要说而不敢说的话；做大家齐想做而不敢做的事。"在曾延生的带领下，觉群社成为吉安地区一个团结农民和学生进行反帝反封建的具有影响的进步社团。

曾延生，学名宪瑞，字麟书，生于1897年，江西吉安人。他8岁开始在本村族祠"三省堂"接受启蒙教育，后到县城读书。他读书用功，成绩优异，后考入南京体育师范学校。1921年秋，受聘担任吉安白鹭洲中学体育教员，并在吉安县立高等小学兼任国文教师。在这期间，吉安和江西其他地区一样，受到"五四"运动影响，反帝反封建的斗争时有发生，曾延生是这些斗争的领头人之一。他在吉安第七师范，领导过学生要求撤换不称职的校长尹士珍的斗争；在县立高校，他和罗石冰等人组织过驱逐代校长谢邦宪、反对反动政客邹古愚接任的斗争；1922年，又同罗石冰一起组织反对县教育局局长贪污学生津贴费的斗争。这些斗争也使曾延生在各方面的能力得到锻炼和提高，和罗石冰一样，成为当地的群众领袖之一。由于曾延生带头和当地教育腐败现象作斗争，结果被教育当局以阅读《新青年》等书刊为名，把他在白鹭洲中学和县立高小的教职双双

曾延生：与妻子同赴刑场从容就义的革命者

"解聘"。

1924年，曾延生来到上海，经罗石冰介绍，考入上海大学社会学系。他和罗石冰一样，也是年龄偏大的一位学生。在上海大学，曾延生聆听了邓中夏、瞿秋白、恽代英、蔡和森、张太雷等著名共产党人的授课，接受了马克思主义思想和理论的教育，确立了共产主义理想。在求学期间，曾延生和罗石冰一起，除了认真读书，参加学校的各种活动外，一直关心着家乡的同事和同学，和家乡建立了通讯联系，经常将《向导》《中国青年》《新青年》《资本论入门》等革命书刊寄回去，向吉安地区传播马克思主义和革命思想。这一年暑假，曾延生根据组织安排，到工人集中的沪东地区工作，他还经常深入工人中间，和工人谈心交流，了解工人情况，还在沪东工人夜校为工人讲课，启发提高工人觉悟，帮助工人建立工会组织，不久就加入了中国共产党。1925年初，他参与领导上海日商纱厂的"二月罢工"，坚持了一个多月。在斗争中，结识纱厂进步女工蒋竞英，并介绍她加入中国共产党。共同的革命理想，使他们建立了忠贞的爱情，并在这一年结了婚。在"五卅"运动中，曾延生在杨树浦带领一支工人宣传队，向南京路进发，沿路高喊口号，散发传单，向市民进行宣传演讲。

6月中旬，曾延生奉命以上海工商界宣传代表身份，来到南昌，向各界人士陈述帝国主义制造"五卅"惨案的真相。宣讲任务完成以后又直接来到家乡吉安，应聘担任由吉安学联组织的"驻会沪案干事部"特别干事，并实地指导建立和发展吉安的革命组织，先后帮助建立了米业、烟业、香业、染布、染纸、竹木架等行业工会。7月，由于正值上海大学放暑假，曾延生就利用假期，深入吉安农村，以办国音补习班为名，秘密组织建立进步团体觉群社，并于8月中旬正式宣告成立。曾延生此次到江西时间虽然短暂，但在他的辛勤努力下，为党做了不少工作，尤其是在吉安打开了当地的革命斗争局面，为吉安正式建立中国共产党组织创造了条件。10月，曾延生回到上海大学，不久就被党组织派到引翔港，担任共青团上海地委引翔港部委书记、中共引翔港部委宣传委员，12月，又兼任了组织工作。上海大学学生周文在曾回忆说，1926年，周文在在工人夜校被捕，被敌人关押了两周，出狱后，曾延生以组织的名义通知周文在因已暴露，

从 上海大學 (1922—1927) 走出来的英雄烈士

不能继续留在引翔港工作,必须立即转移回家乡常熟。[①]1926年3月3日,《团上海地委组织部关于一九二五年十二月至一九二六年一月的工作报告》记载了各部委书记的名单,其中有"引翔港部委书记曾延生"[②]。

1926年8月,曾延生正式离开上海,奉命担任中共九江地委书记,这是江西继安远地委、江西地委之后建立的第三个地委组织,直属中央领导。11月4日,北伐军攻占九江,曾延生充分利用北伐胜利的大好形势来开展工作。6日,公开成立了以共产党员为骨干的"中国国民党九江市党部",由曾延生主持工作;成立了九江总工会,组建了有2 000余人参加的九江工人纠察大队。1927年2月,曾延生又领导了收回九江英租界的斗争,迫使英国政府承诺将九江英租界无条件地交还中国。曾延生还根据斗争的需要,创办了九江《国民新闻》。《国民新闻》旗帜鲜明,发文章批判以蒋介石为首的国民党右派,揭露汪精卫假革命反革命的嘴脸。国民革命军总政治部副主任郭沫若的《请看今日之蒋介石》一文,就是发表在这张报纸上,在全国产生了很大影响。

大革命失败以后,曾延生迅疾转入地下,根据党的安排继续坚持斗争。1927年10月,曾延生以赣西特委代表的身份来到万安,和其他同志一起策划万安暴动;12月,又奉调担任赣南特委书记,组织赣南暴动。这两次暴动,虽然都失败了,但有力地打击了反动势力,激励了党员和群众在白色恐怖下坚持对敌斗争的信心和勇气。1928年3月23日,中共赣南特委机关被敌人包围,正在开会的曾延生和妻子蒋竞英同时被捕。在敌人的赣州警备司令部,曾延生夫妇受到敌人严刑拷打和百般折磨,但夫妻俩毫不动摇与屈服。最后敌人无计可施,于4月4日对曾延生夫妇下了毒手。曾延生和蒋竞英是昂首挺胸,高呼着"打倒帝国主义!""打倒国民党反动派!""中国共产党万岁!"的口号走向刑场的。夫妻双双从容就义,谱写了中国共产党历史上并不多见的一曲壮丽悲歌。曾延生就义时年仅31岁。

值得一提的是,曾延生家一门忠烈,他的妻子蒋竞英和他同赴刑场,

[①] 本书编委会编:《20世纪20年代的上海大学》,上海大学出版社2014年版,第1144页。
[②] 本书编委会编:《20世纪20年代的上海大学》,上海大学出版社2014年版,第464页。

吉安烈士纪念馆第二展室介绍曾延生事迹

慷慨就义;他的父亲曾采芹,是党的地下工作者,以教书为掩护,担负党的秘密联络工作,多次被捕,不屈不挠,于1931年6月15日被敌人折磨死在狱中;他的三弟曾炳生,早年跟随他投身革命,1926年在九江以开设书店为掩护,作为党的秘密联络站,1927年8月9日牺牲在九江小校场;他的二弟曾洛生,即曾山,1926年加入中国共产党,跟着毛泽东坚持井冈山斗争,红军长征以后奉命与项英、陈毅等一起坚持在南方开展艰苦卓绝的游击战争。中华人民共和国成立以后担任内务部长,曾得到毛泽东的多次赞扬。1930年11月,毛泽东在部署和指挥红一方面军实行战略退却撤离吉安的途中,特意访问了曾延生的家乡,亲切慰问了曾延生的母亲康春玉,对曾延生夫妇为革命不屈不挠英勇献身和曾家一门投身革命的崇高精神与表现给予了高度评价。

张崇德：
在附中兼授英语课程的上海大学学生

张崇德

在上海大学，有同胞兄弟同为教授，如沈雁冰、沈泽民；也有同胞昆仲皆为学生，如张崇德、张崇文。哥哥张崇德在外国文学系读书，弟弟张崇文则进社会学系学习。两人同为中国共产党员，张崇文后来投笔从戎，成为新中国开国少将；张崇德在苏联留学期间，受到王明"左"倾路线的迫害，竟葬身异国他乡。张崇德、张崇文作为兄弟革命家，弟弟张崇文亲眼看到新中国的五星红旗高高飘扬，哥哥张崇德却过早地为革命献出生命，真令人唏嘘不已。

张崇德，1903年出生，浙江临海人。父亲张纯志，字镜潭，参加过辛亥革命，是江浙地区知名的民主人士。张纯志生有四个儿子，分别取名崇道、崇德、崇文、崇章，号分别为平欧、福亚、振中、建华。寓意在家庭风气方面，崇尚"道德文章"；对孩子的培养，希望他们长大以后能够赶平欧洲、造福亚洲、振兴和建设中华，以此来激励孩子发愤图强，追求上进。可惜，老大崇道、老四崇章因病夭亡，只留下老二崇德、老三崇文来承继着父亲的愿望和梦想。

张崇德毕业于杭州国民小学，后进入上海澄衷中学。他读书用功，而且品学兼优，担任了学生会会长。澄衷中学是一所由中国民族资本家捐资开办的中学，教育质量上乘。张崇德在这所学校受到严格的教育，英语水平也达到了比较高的程度。1924年,考入上海大学英国文学系就读,同时,兼任附中部的英语教员。在上海大学,由共产党员担任教授的主要集中在社会学系,因此,社会学系学生参加各种社会活动和革命斗争活动最多,学生中要求进步并经过斗争考验加入共产党队伍的人数也最多。而在英国文学系,由于系主任何世桢反对学生参加各种社会活动,因此在英国文学系中很少有参加共产党的。然而在英国文学系读书的张崇德,却一反英国文学系的风气,热心参加学校组织的各种社会活动,思想倾向进步,并且大量阅读进步书籍,接受了马克思主义的洗礼。尤其是"五卅"运动爆发以后,上海大学的教师、学生成为这次运动的中坚力量,张崇德也以满腔爱国热情,投身到反帝爱国斗争行列,通过实际斗争的锻炼,提高了思想觉悟,经受了革命的考验,光荣加入了中国共产党,成为一名无产阶级的战士。后受全国学生联合会的委派,与上海大学教授张秋人一起,到杭州各大中小学校作巡回演讲,介绍上海"五卅"惨案的真相,组织学生罢课,号召学生起来反对帝国主义对中国的侵略。在上海大学,张崇德在学生中颇有威信,1925年6月23日,上海大学学生会临时委员会召开全体委员会议,议决张崇德等14人为暑期中负责专员。11月24日,上海大学浙江同学会召开大会,出席会议的会员有100余人,会议选举了张崇德等为执行委员兼出版委员,次日执行委员会又开会选举张崇德为委员长。1926年5月1日,由上海大学台州同乡会主办的《台州评论》出版第四期,张崇德在这期刊物上发表了题为《为最近北方政变告台州民众》的长文。文章分析了北方此次政变的真相,今后时局变迁的趋向和反革命势力和革命势力之优点及弱点。文章最后呼吁:"台州的被压迫民众呀!你们不要以为这不是台州的事,用不着你们关心,要知道反革命势力统一中国后,慢说你们也像北京民众那样的,遭匪军杀戮、抢劫、奸淫、勒索,恐怕连你们的头颅,也不能担保了。即使头颅可以保留,而身体不能自由,亦有何面目偷生人世。"7月1日,上海大学举行中文系、英文系丙寅级(丙寅年即1926年)毕业典礼,陈望道、周越然、周由廑等教授和600余名来宾、学生参加了大会。张崇德获得上海大学颁发的文学士学位证书。年末,上海大学在江湾奎照路的新校舍即将竣工,上海大学附属中学拟扩大招生。12月19日,学校召开会议讨论扩大招生事宜,决定由

从 *上海大學* 走出来的英雄烈士
(1922—1927)

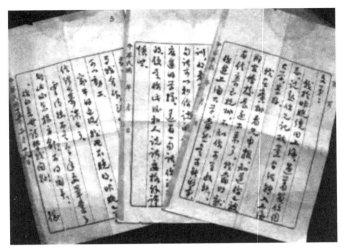

张崇德写给弟弟张崇文的信

在附中兼课的张崇德任交际委员,负责附中扩招的宣传和联络工作。

　　张崇德在上大附中教学坚持了很长时间,1927年2月14日,《申报》刊登题为《上大附中添聘教职员》的报道,称:张崇德亦有派往湘赣粤等地考察之说,故拟请前苏州乐益女中教员侯绍伦担任高中英文。这则报道虽语焉不详,欲言又止,但还是告诉我们,张崇德到1927年2月才离开上大附中英文课教职,他在这岗位上坚持了两年多的时间。1980年1月和1982年7月,张崇德在上海大学的同学黄玠然在北京两次接受采访的时候,回忆了他和张崇德在上海大学读书的情况,说:"张崇德是张崇文的哥哥,我们在上大学习期间,他是学校的党支部委员,非常活跃,很多活动都由他出面讲话。周泽、张崇文和我都是张崇德介绍入党的。"[1]

　　作为共产党员,张崇德根据党的指示,积极投身于党的统一战线工作。1926年7月,他接受中国国民党浙江省执行委员会组织部指派,担任临海县组织员,帮助临海等建国民党县党部,推动临海地区国共合作事业的发展。从1926年10月到1927年3月,张崇德先后参加了上海三次工人武装起义,担任武装起义的思想政治宣传工作。

---

[1] 本书编委会编:《20世纪20年代的上海大学》,上海大学出版社2014年版,第1149—1150页。

1927年9月,在轰轰烈烈的大革命失败以后,张崇德和弟弟张崇文根据党组织的安排,一起赴苏联莫斯科中山大学学习。张崇文于1930奉命回国,后抗战爆发后投身新四军,身经百战,屡立战功,中华人民共和国成立以后,在1955年被授予少将军衔。而张崇德在学习之时,由于和以王明为首的宗派小集团斗争,受到诬陷,于1930年在苏联肃反扩大化时遭秘密逮捕,被判劳改流放5年,最后屈死于异国他乡。虽然张崇德在革命的道路上受到不公正的对待,但家乡人民一直记住这位为中国革命矢志奋斗的共产党员。在中共临海市委、临海市人民政府编撰、由西泠印社出版的《临海揽要》中,以《兄弟革命家——张崇德、张崇文》为题,记下了他们的不凡经历和英勇事迹,使我们能永远铭记张崇德和他的弟弟张崇文为家乡、为人民、为国家立下的不朽功绩。

张秋人：
大闹反动刑庭的共产党人

张秋人

1928年2月8日，在浙江杭州陆军监狱的刑庭上，发生了这样一幕：共产党员张秋人，面对法官的发问："你叫什么名字？几岁了？"用蔑视和嘲弄的语气大声回答说："老子张秋人，今年三十大寿！"说罢，抓起桌上的砚台，向法官打去，法官吓得赶紧躲避。这一下法庭秩序大乱，搞得反动当局颜面尽失。张秋人本是一位文弱书生，他在敌人的法庭上面对法官装模作样的审问，用这样的方式"咆哮公堂"，显示了张秋人作为共产党人，对革命理想信念的无比坚定，对革命事业正义性的坚持和维护，他根本不接受反动当局对他的所谓审问和判决。

张秋人，乳名友表，学名慕翰，别号秋莼，生于1898年，浙江诸暨人。先后在本村乐贤小学、牌头镇读完初小和高小，于1915年入绍兴越材中学读书。1917年转入宁波崇信中学学习。无论在越材中学还是在崇信中学，他的学习成绩都是名列前茅的，并且英文成绩也很突出，能用流利的英语进行对话。按照张秋人的成绩，当时是可以被免费保送上大学的，但由于他积极参加了"五四"运动而被新上任的美国人校长取消了资格。1920年夏，张秋人只身来到上海谋生。就在这一时期，他结识了陈独秀、俞秀松、施存统、沈雁冰、沈泽民、邵力子、沈玄庐等最早的一批信仰马克思主义的知识分子。在他们的启发、引导下，他开始接受马克思主义，努力地学习马克思主义的科学理论,并积极投身革命活动。次年,也就是1921年,他加入了中国社会主义青年团。1922年初,加入了中国共产党,并在党创办的上海平民女校担任义务英语教员。这一年夏天,他在陈独秀的介绍下,来到长沙会见毛泽东,应聘任衡阳湖南省立第三师范学校英语教员,并以此为掩护,积极参与湘南地区中国共产党领导的青年和学生运动。1923年5月因发动学潮而被迫离开湖南重返上海。也就在这时候,经沈泽民、施存统介绍,张秋人来到上海大学担任教授。

张秋人在上海大学任教的时间虽然不长,但还是为上海大学的发展作出了自己的贡献。张秋人在上海大学主教英语课程,并兼任上海大学附中英语教员。他与邓中夏、邵力子等积极创办上海大学平民学校,带领上海大学平民学校的学生,密切联系工人劳苦大众,深入社会底层,启发工人的阶级觉悟,开展工人运动。1924年暑假,上海学生联合会在上海大学组织举办夏令讲学会,张秋人专程到沪江大学联系李春蕃(即柯柏年),请他在夏令讲学会上讲"帝国主义"这个专题。1924年8月19日,中国共产党在上海组织"非基督教同盟",并发表同盟宣言,反对帝国主义的文化侵略。《民国日报》刊发《非基督教特刊》,张秋人和恽代英、杨贤江等上海大学教授,都积极投身到非基督教的宣传工作中去。张秋人在《民国日报》与《中国青年》等报刊上发表大量声讨帝国主义文化侵略的文章,成为上海及江浙一带反帝运动的著名领导人。1925年4月24日,张秋人和沈泽民、恽代英、杨贤江、董亦湘、施存统、侯绍裘等上海大学教授在《民国日报》副刊《觉悟》刊登题为《发起孙中山主义研究会征求同志》的启事,来和国民党内部的右派分子歪曲孙中山思想的反动思潮作斗争。

如同在上海大学任教的其他共产党员一样,张秋人在上海大学教课的同时,一直在努力地为党工作。在党内,他受中共上海兼区委员会直接领导。1923年7月9日,中共上海兼区委召开第一次会议,将居住相近的同志重新分组,张秋人与沈雁冰、沈泽民、杨贤江等同被分在第二组,即商务印书馆组。1923年8月20日,在南京召开的中国社会主义青年团第二次全国代表大会上,张秋人当选为团中央候补委员。9月27日,中共上海地方兼区执委会召开第15次会议,根据中央关于国民运动应包括劳工

从 *上海大学* (1922—1927) 走出来的英雄烈士

运动、妇女运动、学生运动、商人及农民运动等一切运动的意见，改组"国民运动委员会"，由张秋人、邓中夏、瞿秋白、恽代英等18人为委员。1924年1月10日，中共上海地委兼区委召开特别会议，张秋人出席会议，并在会上详细报告了纪念"二七"活动的安排问题和共产党员、青年团员在上海国民党内所占的势力和影响。就在这次会议上，张秋人和徐梅坤、杨贤江3人被选为中共上海地方兼区执委会候补委员。5月1日，杭州各界2 000余人举行纪念"五一"大会，张秋人、宣中华等在会上发表演讲。6月21日，社会主义青年团江浙皖区兼上海地方执行委员会正式成立，张秋人被选为执行委员担任执委会秘书（即书记），他的工作范围从上海扩大到杭州、宁波、南京、芜湖等地，成为浙江、江苏、安徽、上海三省一市青年团工作的重要领导人。9月，被补选为团中央委员，任团中央局农工委员。1925年1月26—30日，中国社会主义青年团在上海召开第三次代表大会，这次大会动员全体团员贯彻中国共产党第四次全国代表大会的决议，积极发展青年学生运动，并决定把社会主义青年团改称为共产主义青年团。30日，大会选出张太雷、任弼时、恽代英、贺昌、张秋人等9人为团中央执行委员，由张太雷、任弼时、恽代英、贺昌、张秋人等5人组成新的团中央局。"五卅"惨案发生以后，张秋人以上海学联代表的身份，往来于沪、杭、甬等地，发动群众，开展学生和工人运动。他还在《中国青年》上发表文章，声援上海工人的反帝斗争。根据党的安排，张秋人还参加了"非基督教运动"的领导工作。1924年8月，上海组成了联合社会各界的"非基督教大同盟"，成立了一个由5人组成的委员会来领导同盟的一切事务，张秋人担任了这个委员会的委员。1925年2月，又成为"非基督教大同盟"的主要领导人。张秋人在《中国青年》和《民国日报》副刊《觉悟》等杂志报纸上发表多篇文章，揭露批判帝国主义利用宗教进行文化侵略的罪行。他还多次以"非基督教大同盟"的名义到宁波、绍兴等地进行反帝宣传，帮助当地建立反基督教的组织。在"五卅"运动中，张秋人在党的统一领导下，把以反对帝国主义宗教文化侵略为主要目标的"非基督教运动"引导到全民族反对帝国主义侵略的更广泛的斗争领域中去。他以"上海大学教授""上海学联代表"的身份，多次在上海、杭州、宁波、绍兴等地各种集会上发表演讲，报告上海"五卅"惨案的真相，呼吁社会各界联合起来开展示威、声援、募捐活动。经过实际斗争的磨炼,张秋人已经成为一个政治上更加成熟有胆有识的职业革命家。

1926年3月,张秋人接受党的安排,离开上海,来到广州。这样,他也辞去了上海大学的教职。到了广州以后,张秋人奉命担任了《政治周报》的编辑。《政治周报》1925年12月5日创办于广州,先后由毛泽东和沈雁冰任主编,是国民党中央宣传部主办的机关报,是宣传反军阀和揭露国民党右派、团结左派和广大人民群众重要的思想阵地。张秋人共编辑了六期《政治周报》,即第8期到第13期。这六期中,每期都有张秋人撰写的文章和评论,其中有两期所有的政论都出自他的手笔。这些文章不仅在当时发挥了很好的宣传鼓动和教育作用,也为我们今天研究党史留下了珍贵的史料。《政治周报》停办以后,张秋人又到毛泽东主持的第6期广州农民运动讲习所任教员。不久,又调到黄埔军校担任政治教官,与恽代英、萧楚女并称为"广州三杰"。

1927年4月和7月,蒋介石和汪精卫先后叛变革命,大肆抓捕和屠杀共产党员。4月19日,南京国民党中央发出通缉令,通缉共产党人及"跨党分子"197人,张秋人名列其中。在这样严重的白色恐怖下,张秋人毫不退缩,坚持斗争。不久,张秋人奉党中央之命接任中共浙江省委书记职务。张秋人明知自己在杭州认识的人多,随时有暴露而被捕的危险,但他毫不犹豫地接受了这一重要的使命,勇敢地担负起了重建浙江党组织的重任。9月27日,张秋人在杭州召开会议,改组了省委,讨论了整顿组织和在农村举行秋收暴动等问题。两天以后,他在西湖刘庄附近被特务盯上而不幸被捕。在狱中,他谈笑自若,孜孜不倦地读书学习,表现出一个共产党员为革命视死如归的坚定意志和品质。到了第二年,也就是1928年的2月8日,张秋人突遭提审,面对颟顸而又自以为是的法官,张秋人用嘲弄蔑视的方式表示抗议,于是便出现了本文开头的那一幕。张秋人利用敌人的法庭,显示了共产党人光明磊落、为崇高理想和信念而昂首挺立的凛凛正气。恼羞成怒的反动当局只得对张秋人下毒手。在刑场上,张秋人高呼"中国共产党万岁!""中国革命必然成功!"等口号,从容对敌。最终身中7枪,壮烈牺牲,年仅30岁。

1931年,毛东东曾与自己的弟媳妇、毛泽民的妻子钱希均谈到过张

从 *上海大学* 走出来的英雄烈士
(1922—1927)

张秋人烈士之墓

秋人。毛泽东说:"张秋人同志是一个好同志、好党员,很有能力,很会宣传,很有群众基础。可惜他牺牲得太早了。"[1] 1981年4月,浙江省人民政府决定,把张秋人烈士墓列为省级重点保护的革命文物,成为浙江省红色革命和爱国主义教育的基地。

---

[1] 钱之光、钱希均:《回忆张秋人同志》,载《人民日报》1981年8月6日。

张太雷：
深受学生爱戴和欢迎的大学教授

2018年6月17日，是张太雷同志诞辰120周年纪念日，6月19日，《人民日报》发表了中共中央党史和文献研究院撰写的题为《革命先驱，千秋忠烈》的纪念文章。文章称"张太雷同志是中国共产党早期的重要领导人之一，忠诚的共产主义战士，无产阶级革命家，中国共产主义青年团的创始人之一和青年运动卓越领导人，广州起义的主要领导人。他把短暂的一生献给中国革命事业，建立了不朽功勋"。

张太雷

张太雷，原名张曾让，谱名张孝曾，生于1898年，江苏武进（今属常州）人。幼年曾入私塾学习，一年后转入西郊小学堂读书，成绩优异，考试常名列前茅，并写得一手好字。1911年7月考入常州府中学堂读书。辛亥革命爆发前夕，张太雷偕同班好友瞿秋白带头剪掉了象征清朝臣民的辫子。武昌起义爆发以后，张太雷和老师、同学闻讯都上街游行，高呼口号，庆祝革命成功。1915年秋，张太雷考入北京大学预科，由于考虑北大学制较长，自己的经济条件难以支持，同年冬考入天津北洋大学法科预备班，1916年升入法律学门学习。这期间，曾在《华北明星报》兼任编辑，担任俄国友人鲍立维的翻译。在十月革命和李大钊等人影响下，开始学习和研究马克思列宁主义，精读列宁的《国家与革命》，秘密翻译一些介绍俄国十月革命和苏俄新貌的文章。在这一时期，是张太雷思想向

马克思主义转变的关键时期,他曾对友人说:"做人要整个儿改,我以后不到上海当律师了。国家兴亡,匹夫有责。只有走十月革命的道路,才能救中国。"①1919年"五四"运动爆发以后,张太雷在天津积极投身于这股爱国浪潮中,站在斗争第一线,成为天津市学生爱国运动的主要骨干之一。1920年3月,李大钊主持成立北京大学马克思学说研究会,张太雷随即加入,并协助李大钊为建立中国共产党做了大量工作。10月,北京的共产党早期组织成立,张太雷加入,成为中国共产党最早的党员之一。1921年1月,奉中国共产党早期组织委派赴苏俄,任共产国际远东书记处中国科书记,张太雷成为第一个在共产国际参加工作的中国共产主义者。1922年1月至3月,他相继出席远东被压迫民族大会、东方劳动者大会和青年共产国际代表大会,并被选为青年共产国际执行委员,成为中国共产党最早参加国际共产主义运动的活动家。5月5日,他与蔡和森共同主持召开中国社会主义青年团第一次代表大会,做了关于团纲和团章的报告,被选为团中央委员,成为青年团的创建人之一。1923年6月出席中国共产党第三次全国代表大会。10月任中国社会主义青年团驻少共国际代表。在此期间,入莫斯科东方大学学习。1924年春,按党的要求回国,在社会主义青年团中央负责工作,并任上海《民国日报》主笔。

张太雷在上海大学担任教授就是在这一段时期。这一年的8月21日,《民国日报》和《申报》都刊登了关于上海大学新聘教授的报道,其中称"社会学系新聘者有彭述之(社会进化史、经济学)、李达(社会思想史、社会运动史)、蒋光赤(世界史、俄文)、张太雷(政治学、政治学史)"。这表明,张太雷是在1924年8月应聘到上海大学任教的。

当时,正是国共合作时期,作为中国共产党的领导人,张太雷在上海大学任教期间,积极正确地执行贯彻党的革命统一战线方针和政策。11月28日,上海大学代理校长邵力子召集教职员和全体学生大会,会议决定发表宣言,支持孙中山关于国民会议代表产生的建议。张太雷被推选为代表之一,负责与国内各大学联络,以推动孙中山建议的落实。在讲课

---

① 李子宽:《追忆学生时期的张太雷》,载刘玉珊主编:《张太雷年谱》,天津大学出版社1992年版,第31页。

中,张太雷一方面告诉学生,为了反帝反军阀,推进国民革命,共产党"和国民党必须联合,无产阶级与资产阶级、小资产阶级的联合阵线必须建立";同时,他又强调,我们联合国民党,"一定要保持政治上、组织上的独立性";"一定要保持无产阶级的党性,组织上是共产党员,政治上是共产党的政治"。中共中央党史和文献研究院在《人民日报》上刊登纪念张太雷同志诞辰120周年的文章中称"张太雷同志为第一次国共合作的实现作出了独特而重要的贡献"。张

张太雷与妻子陆静华(摄于1924年)

太雷在上海大学短暂的教学和革命的实践活动完全印证了这个评价和论断。

在这一期间,张太雷作为《民国日报》主笔、社论委员会委员,经常为这张报纸撰稿。在列宁逝世一周年前夕,为了纪念列宁,他赶译了列宁的《国家与革命》第一章,以《马克思主义政治学》为题,在1924年11月26日至29日的《民国日报》副刊《觉悟》上连载。

作为大学教师,张太雷深受学生的爱戴和欢迎。据当年上海大学社会学系的学生王一知、阳翰笙、杨之华等人回忆,张太雷在上海大学任教期间,主讲政治学、政治学史和英文。他精力充沛,学识渊博,讲理论课,说理透彻,观点鲜明,逻辑严密,又生动活泼;讲英文课,则流利准确,讲解清晰,他在讲台上给学生留下了深刻印象。平时他为人愉快活泼,毫无教师的架子,喜欢深入学生中间,甚至到学生宿舍,和学生自由探讨,解答学生提出的问题。上海大学学生周启新回忆说:张太雷在讲授"国内外时事问题"时,"嘱学生以唯物史观方法,观察、分析国内外形势,并要同学将沪上《大陆报》《字林西报》《密勒氏评论报》和《向导》周报、《醒

狮》周刊、《时事新报》等阅读后，提出问题，由他总结论点，在课堂上提出讨论。堂课每周一次，下午连续四小时。时学生派系不同，讨论含有争论性质，热烈时往往拖延一两小时，连夜饭也满不在乎"。张太雷在讲课时，还谈到了上海大学的学生和美国哈佛大学的学生思想和志趣的不同。他说："我们虽是'弄堂大学'，但同学们思想新颖，情绪热烈，立志为革命作出贡献。美国以哈佛大学为最大，较我们大几百倍，但学生大都浑浑噩噩，毫无生气，只想毕业后多赚几个钱。"① 张太雷在上海大学被学生视作人生的导师和引路人。

张太雷在上海大学任教的这一时期，中国共产党的早期领导人邓中夏、瞿秋白、蔡和森等同时在上海大学担任教授，任弼时也是在这期间奉命从俄国回国工作并受聘担任上海大学俄文教员的。这是中国共产党早期领导人在上海大学最集中、最活跃的一个时期，正因为如此，引起了租界当局的注意。1924年12月2日，上海公共租界工部局的《警务日报》刊登题为《上海大学瞿秋白等活动》的报道，称"该大学之大部分教授均系公开的共产党人，彼等正逐渐引导学生走向该政治信仰"。被这篇报道公开点名的共产党人有邵力子、瞿秋白、蒋光赤（即蒋光慈）、张太雷、刘含初和施存统等人。

1925年1月，张太雷代表党中央在上海主持召开了中国社会主义青年团第三次全国代表大会。也正是这次会议，将中国社会主义青年团改名为中国共产主义青年团，张太雷当选为团中央书记。会后不久，张太雷受党组织派遣赴广州工作，这样，张太雷便结束了他在上海大学的教职。张太雷在上海大学任教的时间虽然不长，但他给上海大学留下的记忆是永不能磨灭的，他给上海大学留下的宝贵精神财富是值得我们永远珍藏的。

1927年12月11日，张太雷和叶挺、周文雍、恽代英、叶剑英、杨殷、聂荣臻、陈郁等同志一起领导发动广州起义，随即成立了广州苏维埃政府，张太雷任苏维埃政府代理主席、人民海陆军委员。起义后，张太雷率部与

---

① 中国人民政治协商会议上海市委员会文史资料工作委员会编：《文史资料选辑（一九八一年第一辑）》，上海人民出版社1981年版，第120页。

敌人进行了顽强战斗。12月12日，张太雷在赴前线指挥作战途中，遭到敌人伏击，身中数弹，壮烈牺牲，年仅29岁。

张太雷在年少时曾发下"愿化作震碎旧世界惊雷"的宏愿，他最终是用鲜血和生命践行了自己的誓言。

周传业：
和兄长周传鼎并肩走向刑场的革命英烈

周传业

1929年10月29日，在安徽安庆北门，周传业和他的哥哥周传鼎，以"暴动劫狱"的罪名，被反动当局押赴刑场，兄弟双双英勇就义，谱写了安徽革命史上的一曲壮歌。

周传业，字励久，生于1907年，安徽阜阳人。1920年，考入位于南京的东南大学附属中学读书。而他的哥哥周传鼎，也在这一年考入南京中英中学。在南京读书期间，周传鼎、周传业兄弟俩创办了一份取名《新阜阳》的刊物，刊物揭露了在反动军阀统治下阜阳地区的种种黑暗现象。在当地党团组织的领导下，周传业和哥哥于1923年同时参加了社会主义青年团，又于第二年同时转为中国共产党党员。1924年，阜阳籍的共产党员张子珍奉党的指示回到阜阳，同周传业、周传鼎以及乔锦卿、张蕴华等党员一起，建立了中共阜阳县小组，这是党在阜阳地区建立的最早的基层组织。张子珍还说服父母，腾出位于阜阳城内大隅口北侧的三间房屋，同周传业、周传鼎及进步知识分子牛季良等人合股开设了"淮颖书局"。这家书局，名为书店，实际上是作为党组织活动的一个地点。书局开业以后，他们又从上海、南京等地，通过阜阳籍的进步学生，收购了一批进步革命书刊，其中包括鲁迅、郭沫若、郁达夫、成仿吾、巴金等人的著作，以及《创造季刊》《创造月刊》等杂志。在书局后院小楼上，还收藏有《共产党宣言》《国家与革命》《社会发展史》等马列主义著作以及《向导》《新青年》《铁流》等进步杂志和书籍。书局以古旧图书为掩护，秘密出售或借阅，成为阜阳地区一个传播马克思主义理论和革命思想的宣传中心，同时也是党的秘密活动的重要机关。为了扩大党的影响，更好地传播马克思主义理论，张子珍和周传业、周传鼎还在"淮颖书局"的基础上开办流动图书馆和读书会。后来，为了确保安全，他们又新开了一家"皖北照相馆"，作为党小组活动的另一个联络点。作为股东，张子珍和周传业、周传鼎等，从来没有分过一次钱，所有的利润都成为党的活动经费。

1925年7月，周传业离开阜阳，考入上海大学社会学系。1925年7月20日的《民国日报》刊登《上海大学录取新生布告》，其中称周传业以"试读生"的资格被录取在社会学系。1925年秋，邓中夏、瞿秋白、张太雷等虽然已不在上海大学任教，但蔡和森、李汉俊、恽代英、萧楚女、沈泽民、施存统等一批中国共产党早期领导人和理论家、宣传家依然在上海大学担任教授。周传业在上海大学读书期间，有机会系统地接受马克思主义理论的学习和教育，有机会学习以马克思主义为指导的社会科学基本知识和理论，在政治思想和理论方面都有了新的提高。1926年4月15日，周传业和同在上海求学的三位阜阳籍的同学组成一个社团，取名为"四维社"，编辑出版了《阜阳青年》半月刊，宣传革命道理。周传业以"寒沙"的笔名，发表了一系列的文章，其中在《五四运动后国民应有之觉悟》一文中，提出了"工人阶级是革命的主力军，中产阶级是革命的同盟军"这样一个论断，这在当时是很了不起的，显示了周传业在马克思主义理论修养方面和对中国革命实际状况的认识都达到了一个新的高度。

1927年，根据党组织的安排，周传业回到家乡阜阳参加革命斗争，组建党的组织。他和哥哥周传鼎一起，被选为中共阜阳县委委员。7月15日，继蒋介石发动"四一二"反革命政变以后，在武汉的汪精卫也叛变了革命，阜阳很快就笼罩在反革命白色恐怖之下。中国阜阳县党组织和上级党组织失去了联系。为了寻找党组织，周传业和李端甫各带一组分别到安庆和武汉两地寻找党的上级组织。周传业一组几经周折，找到了党组织，最后在安庆与李端甫一组汇合。根据党的指示，他们又重回阜阳，坚持党的地下斗争。回到阜阳以后，中共阜阳县委分析了阜阳地区农民

运动的实际情况,决定以农运基础比较好的流集为中心,在全县范围开展农民运动。周传业、周传鼎和李端甫、李仲义、黄橙君等一起,在流集领导农民开展抗税、抗捐、抗租、抗粮、抗差、抗债的"六抗"斗争,给处于革命低潮的阜阳地区带来新的曙光。1928年2月,魏野畴根据党的指派,从河南来到安徽,组成由他担任书记的中共皖北临时特委。经过党中央批准,4月9日,在魏野畴的领导下,举行了以阜阳为中心的"四九起义"。周传业、周传鼎都参加了这次起义,负责在阜阳城内组织工人、职员策应起义。阜阳"四九起义",是中国共产党在安徽淮河流域举行的首次规模较大的工农兵武装起义,它打响了中国共产党在皖北武装反击国民党反动派的第一枪。这次起义虽然失败了,起义的主要领导人魏野畴也在组织起义部队突围时壮烈牺牲,但是这次起义沉重地打击了敌人,锻炼了干部,鼓舞了群众,积累了皖北地区革命武装斗争的经验,是皖北革命史上重要的一页。1962年,毛泽东主席在谈到这次阜阳武装暴动时说:"这次暴动虽然失败了,但它点燃了皖北的革命烈火。"对皖北"四九起义"给予了高度评价。

"四九起义"失败以后,周传业、周传鼎来到太和坚持对敌斗争。12月,从阜阳出去参加革命的聂鹤亭受党组织派遣,回阜阳与周传业、周传鼎、张省三等建立中共阜阳临时县委,继续在阜阳地区坚持艰苦的斗争。1929年,周传业和周传鼎同时被反动当局逮捕,被押解到安庆饮马塘监狱。在狱中,兄弟俩尽管受到敌人酷刑折磨,但他们坚贞不屈,顽强地和敌人斗争,还打伤了两名狱警,结果被安上"暴动劫狱"的罪名,于10月29日在北门外遭枪杀。兄弟俩遇害时,周传业为22岁,周传鼎为24岁。

周大根：
中国共产党第一任南汇县委书记

在上海大学的学生中，有两位同学，入学前是一对师生，1924年同时考进上海大学社会学系，由原来的师生关系变成了同学关系。其中，曾经担任老师的是林钧，学生则是周大根。

周大根

周大根，原名周根发，又名周秋萍，1906年出生，江苏南汇（今属上海浦东新区）人。在他读小学的时候，林钧担任过他的老师。在林钧的影响下，周大根可以说在小学读书时就接受了新思想的熏陶。从南汇师范毕业后，回到家乡一所小学任教。在这一时期，周大根从同学、朋友处借阅了《新青年》等进步刊物，思想上起了很大变化，倾向进步，有了革命的想法和要求。1924年，他考进了上海大学社会学系。从保留在上海市档案馆（档号：D10-1-31）的《上海大学毕业生名册》中可以查到，在"上海大学社会科学院社会学系十四年度第二学期毕业生〈甲组〉"这份名单中，记载有"姓名：周秋萍；籍贯：江苏南汇"。"十四年度"，即1925年；周秋萍，即周大根，据此可以断定，周大根在上海大学，是以"周秋萍"这个名字进行注册的。而他的小学老师林钧，也是在1924年7月到上海大学社会学系求学，同一份档案是这样介绍林钧的："姓名：林钧；籍贯：江苏川沙"。1924年到1925年，是上海大学办学全盛时期，云集了一大批中国共产党早期的领导人、理论家、宣传家，邓中夏、瞿秋白、蔡和森、任弼时、恽

代英、萧楚女、施存统等都在学校任教,尤其是社会学系,受中国共产党的教育和影响最大。周大根在入学之前,已经是一个受新思想和革命理论影响的青年,到了上海大学以后,更是受到马克思主义理论和历史唯物主义思想的系统教育,在政治思想觉悟方面,有了一个质的进步和飞跃。他除了认真学习社会学专业知识和马克思主义理论以外,还积极投身到上海大学党组织举办的各项活动中去,尤其是参加了由上海大学师生担任先锋和主力的"五卅"运动,使周大根经历的血与火的革命考验。

1926年,周大根考入黄埔军校武汉分校,成为黄埔军校第六期的学员。1927年蒋介石在上海发动"四一二"反革命政变以后,5月,夏斗寅在武汉叛变,周大根参加了讨伐夏斗寅的战斗。大革命失败以后,周大根和黄埔军校武汉分校学员中的共产党员、革命青年一起参加了南昌起义。起义部队被打散以后,周大根辗转回到上海浦东。9月,在林钧和周振麟的介绍下,加入了中国共产党。根据党的安排,以泥城崇文小学老师的身份为掩护,从事党的地下活动。在这一时期,他按照党的指示,开展农民运动,组织农民和盐民与地主恶霸等反动势力进行斗争。1928年,根据中共江苏省委的指示,被破坏的中共奉贤县委重组,由刘晓担任县委书记,周大根担任县委委员。6月16日,根据党组织的决定,周大根与赵天鹏、唐兰生一起,深入奉贤南四团张沛霖家中,处决了这个对浦东党组织和革命事业造成极大破坏的大地主大恶霸,为浦东地区的革命伸张了正义,大大鼓舞了浦东党员和群众的革命士气。在这次除恶行动中,周大根充分显示了他的机智勇敢和过人的军事才能。8月,中共南汇县委正式组建,周大根被上级任命为书记,周大根是南汇历史上第一任中国共产党县委书记。

抗战爆发以后,周大根奉党的指示,在泥城组建了番号为"南汇县保卫团第二中队"的抗日武装,周大根任中队长。这是浦东第一支由中国共产党直接领导的抗日武装队伍。这支队伍简称"保卫二中",在抗日战争中,"保卫二中"成为浦东地区老百姓心中的一盏抗日明灯。在周大根的领导下,"保卫二中"在打击日伪军的同时,根据党的指示,大力开展"二五减租"斗争,曾以部队和周大根的名义颁布了"二五减租"的布告,这张布告是浦东地区第一张减租减息的布告,极大地鼓舞了当地穷苦农民的信心和斗志。在党的领导和人民的支持下,"保卫二中"迅速发展壮大,成为浦东地区一支抗日劲旅。

1938年12月16日,日军对"保卫二中"驻地进行扫荡,日军出动了飞机、汽艇和大炮,将"二中"包围。虽然敌我力量悬殊,但周大根指挥部队奋勇杀敌,坚持抗击。在周大根的指挥下,"二中"顽强阻击日军达整整6个小时。在激战中,周大根不幸中弹,壮烈牺牲,年仅32岁。周大根的28名战友,也在这次战役中英勇殉国。

在周大根殉国的第二年,即1929年,家乡人民就在南汇建立了以周大根另一个名字周秋萍命名的"秋萍小学",2009年经过扩建,正式命名为"上海市秋萍学校",并在学校中设立"周大根烈士革命斗争事迹陈列室",成为当地的爱国主义教育基地。新中国成立后,周大根的遗骨移入周浦烈士陵园。1986年,泥城人民建立烈士碑亭,周大根等44名烈士的英名就镌刻在纪念碑上,周大根以及所有为革命献身的烈士,成为浦东地区人民心中永远的丰碑。

周水平：
一个为农民减租斗争而献身的革命烈士

周水平

1926年1月21日,《申报》刊登了一篇题为《周侃被杀后之种种》的报道,称上海大学教员周侃被江阴县以宣传赤化及过激主义罪处死。报道还说:"周于临刑时又慷慨演说,谓系为平民争自由而流血,虽死犹荣云云。"

周侃,即周水平,是上海大学教师中最早为革命事业而献身的英雄烈士。

周水平,原名周侃,又名周树平,字刚直,生于1894年,江苏江阴人。家境贫寒,父亲为本乡小学教员。周水平13岁时习裁缝,15岁时至其族长周景风家缝裁衣服。不久,即向周景风提出,想辍业读书。周景风很嘉许周水平有此志向,便出面介绍他到一所学校读书,并负担了他全部学费。1915年,周水平考入无锡江苏省立第三师范讲习科,与钱振标、戴盆天一起被誉为"三师三杰"。1917年秋负笈东洋,留学东京高等体育学校。1920年学成回国。先后在几个学校任教,担任教务工作和国文、体育教员。后接受上海大学校长于右任聘任,在上海大学担任体育教员。

1924年4月编印的《上海大学一览》在《教员之部》之"中学部"栏里,介绍称:周刚直(即周水平),江苏江阴人,日本高等体育学校毕业,历任徐州师范教务主任、国文教育教员、浙江第五中学体育主任、拳术、日文教员。教授学科:体育。通讯处:无锡顾山、本校中学部。

周水平思想进步,于各种新书、新知识无不研究,而且经常向劳苦大众传播新思想、新知识。他在日本留学期间,国内爆发"五四"运动,他积极投身于中国留日学生组织的反日爱国运动。回国以后,在家乡创办农民夜校,向底层老百姓传播新知识、新思想。来到上海大学以后,更是接触和学习了马克思主义,接受了共产主义思想的熏陶和洗礼。1925年春天,周水平加入了中国共产党。在上海大学任教期间,他积极参加各种爱国和革命活动。孙中山逝世以后,他在川沙发起"总理追悼大会",并在会上发表演说;"五卅"惨案爆发以后,他主持了国民外交后援大会,抗议帝国主义的暴行,并募捐救济死难工人的家属。周水平在日本留学学的虽然是体育专业,但他有着深厚的中国传统文化底蕴,精于古典诗词,善写文章,经常有政论文字见诸报章。1924年4月12日,已在上海大学从教的他,在《民国日报》副刊《觉悟》上发表《下风底死》一文,后被上海大学中学部主任侯绍裘编入《国语文选》;1925年7月,受党组织委派,周水平离开上海大学,来到江阴,组织江阴、无锡、常熟三县边区佃农开展减租斗争。

目睹家乡的农民受剥削生活陷于困顿的现状,周水平发起组织农民办"佃户合作自救会",在他起草的《佃户合作自救会简章》中提出:"本会宗旨在减轻租额,改良农业,增进农民生活,发挥互助精神及宣传文化,以期改进社会之实现。"关于这个自救会,他作出规定:"凡各地佃户赞成本会宗旨,服从团体行动者,皆可报名入会为会员,唯须自愿,不能胁迫",而"凡地主、半地主不准入会"。周水平所组织创办的这个"佃农合作自救会",完全站在贫苦农民立场上,因此得到江阴、无锡、常熟三县农民的热烈响应,减租斗争取得了预期的胜利。与此同时,周水平又非常重视舆论宣传,他撰写文章揭露社会的黑暗和耕者无其田、劳者无所获的不公平现象。1925年,他和张庆孚等一起组建了名为"星社"的团体,其宗旨为"提高邑民常识,促进江阴社会生活";他在创办的《星光》旬刊,发刊号上,发表《敬祝世界无产阶级万岁》。在《星光报披露水平语》一文中,他说:"读破中外革命史,哪一件不是为了不平而起,……但是,平要平到怎样才好呢?我想最好总要平到真平,真平莫如水平,所以我把以前的刚柔曲直、南江北江一起不要,只要水平二字好了。"为此,他将自己的名字改为"水平"。在《我们的责任》一文中,他说:"政治腐败,人心险诈,这不

从上海大学走出来的英雄烈士
（1922—1927）

周水平烈士就义处

20世纪80年代，时任中共江苏省委党史资料征集研究委员会主任的管文蔚题词

是江阴社会的现状吗？学棍专横，官僚黑暗，这不是江阴社会的病症吗？恶绅把持行政，土豪鱼肉乡民，这不是江阴社会人人痛心疾首的事实吗？……小小的青年团体，少数的革命健儿，虽俱满腔热血一片侠肠，要与群小抗，要与恶魔战，这是很觉费力而极为难的一件事，但我们只求公道之所在，正义之主持，求心之所安，鸣其事之不平，不计成败，不顾牺牲，我们还是要猛勇地、热诚地、彻底地做去！"在这篇文章最后，他明确地写明"十·二六·十四·写于上海大学"，这个日期即1925年10月14日。文章于10月30日发表在《星光》旬刊第3期上。在《齐卢交战时江阴遭劫说》的文章中，他说："各尽所能为人类谋幸福，各取所需为自己谋生活，这是一个最公平最低限度的人生观。"[①] 他向劳苦大众宣传马克思主义思想，在他的宣传教育和发动组织下，当地农民运动迅速开展起来。据1926年1月21日的上海《申报》报道："有现任上海大学教员之周侃，以业主虐待佃户视同奴隶深感不平，遂组织佃户自救团，其宗旨在提高农民生计、促进农民智识，要求业主体恤佃户减轻租籽。一时应者甚众，周亦到处演说，农民多数入会。"从这篇报道可以看出，周水平在当地农民中极有威信，当地农民在他的教育下，思想觉悟有了很大提高，纷纷跟随他向地主开展减租斗争。周水平也因此成为江苏地区农民运动的先驱。

---

① 中共顾山镇委员会、江阴市史志办公室编：《农运先驱周水平》，中共党史出版社2011年版，第36页。

周水平：一个为农民减租斗争而献身的革命烈士

周水平烈士纪念馆
江渭清

1994年6月，时任中共江西省委第一书记的江渭清题写"周水平烈士纪念馆"。

周水平领导的这场农民运动，引起了当地地主士绅的惊慌和仇视，江阴、无锡、常熟三个县的地方豪绅33人以周水平"宣传赤化、鼓吹共产"的罪名联名向省里控告，结果江阴县署根据省里的命令于1925年11月18日将周水平拘捕。在狱中，周水平依然坚持自己的理想和信念，毫不屈服。他通过前来探监的未婚妻夏静波鼓励农民兄弟，坚持减租斗争。被拘20天以后，周水平还自拟了两副对联，其一曰："拘留二旬，方知国法条条皆废物；奋斗十年，当使民生个个能成仙。"其二曰："宁为柱死鬼，不做亡国奴。"这狱中两联既对当局乱捕乱拘作了辛辣讽刺，又表达了坚持为民奋斗不惜捐身的决心。在狱中，他一连写成《申诉罪加辩护理由》《请求省释之呈文》《抗告文》三篇文字，揭露县署诬告和迫害自己的罪行。当县署装模作样对他开庭审判时，他利用法庭，理直气壮地为自己辩护。针对"赤化过激"这个罪名，他说："这是想象名词，究竟有什么意义，不只是辞书上无可查者，而且刑律上更无正条。依据该律第十条规定，应不为罪，何况又是任意砌造的呢？"周水平的自辩，义正词严，弄得当局和法官狼狈不堪。周水平多次上诉于县署、苏州地方审判厅及江苏省府，要求开释自己。江阴县署王知事无奈，将三次审讯结果呈报省府，省府又转报军阀孙传芳。孙传芳竟以周水平"迹近宣传过激主义与治安有关，即令依照军法办理"。结果，江阴县署根据孙传芳密令，于1926年1月17日凌晨，将周水平绑缚位于江阴市桥西塊刑场。在刑场上，周水平大义凛然地用普通话大声对周围群众说："我叫周水平，非盗非匪，为了多数贫民而死，死而无恨！"凶残的敌人将周水平斩首后，又将其头颅悬挂在县署照壁"示众"三天。周水平遇害时年仅32岁。

从 *上海大學* 走出来的英雄烈士
(1922—1927)

1933年于右任为周水平烈士题写的墓碑

周水平遇害后,当地农民十分悲痛。当周水平的灵柩运回顾山镇老家时,农民们不管与周水平认识与否,都自发地到烈士灵堂前祭奠磕头,他们说:"周先生是为我们死的,我们要给他报仇!"由周水平亲手组织和建立起来的江阴"星光社"和"佃户合作自救会"发表《鸣冤宣言》,揭露周案真相,痛斥军阀和反动当局的倒行逆施。

周水平为农民伸张正义而遭到军阀、反动当局的杀戮,在社会和国共两党内都引起了极大反响。中国济难会临时全国总会向全国发出《为要求全体会员宣传军阀残害江阴农民运动领袖周水平罪状的通告》,指出"此次军阀协同劣绅杀周水平,非止杀周水平一人,乃是摧残民族解放运动"。又筹款50元,汇交周水平家属作为治丧费用。中国共产党早期杰出领导人、同为上海大学教授的张太雷,在《人民周刊》第1期上发表题为《孙传芳又杀了一位革命先锋周倪》的文章,抨击孙传芳摧残革命志士的罪恶行径。共产党员、上海大学中学部主任侯绍裘也撰长文悼念周水平。1926年11月25日,正在广州从事农民运动讲习所的毛泽东,以"润之"的笔名,在中国共产党的刊物《向导》周报第179期上,发表题为《江浙农民的痛苦及其反抗运动》一文[①],在文章中,毛泽东高度评价了周水平这位为农民的利益而献出生命的革命烈士。周水平遇害一年后,北伐军攻抵江阴,中国共产党江阴独立支部为周水平烈士平反昭雪,查封了迫害周

---

① 中共中央文献研究室编:《毛泽东年谱(1893—1949)(上卷)》,中央文献出版社2013年版,第171页。

水平的33名土豪劣绅的房屋、财产,并在文庙隆重召开周水平烈士追悼大会。在周水平的影响下和中共党组织的教育和考验下,周水平的未婚妻夏静波以及周水平的两个弟弟周全平、周侗都相继加入了共产党,走上了和周水平同样的革命道路。1933年,周水平烈士墓建成,国民党元老、上海大学校长于右任亲自为周水平题写了墓碑。

新中国成立以后,党和人民没有忘记这位为革命事业献身的人民烈士。1975年,江阴县委对烈士墓进行了改建,在坟台上修建了4.76米高的纪念塔,将于右任题写的墓碑保护性地埋在墓穴内。1985年10月,周水平烈士墓被列为江阴县文物保护单位。1993年6月,顾山镇政府对周水平烈士墓进行全面修缮,除恢复原始墓样外,将于右任题写的墓碑重立于烈士墓前。1994年,为纪念周水平烈士诞辰100周年,中共江阴市委、市政府暨顾山镇党委、政府又在烈士墓南侧修建仿古式砖木结构的周水平烈士纪念馆,以及围墙、道路、祭扫场地等,占地面积1 100平方米,保护范围面积1 800平方米。由中央美术学院著名雕塑家董祖诒教授创作的周水平烈士汉白玉雕像置于纪念馆,原江苏省委第一书记江渭清题写了馆名。2011年4月,周水平烈士纪念馆被命名为首批无锡市党史教育基地。2009年9月18日,周水平被评选为"50位为新中国成立作出突出贡献的江苏英雄模范人物"之一。

邹　均：
大革命时期陕西驻武汉国民政府的全权代表

邹均

　　1926年10月，国民革命军的北伐军占领了武汉三镇。为适应大革命形势的发展需要，国民党中央政治会议于11月8日作出决定，将位于广州的中央党部和国民政府迁往武汉。1927年4月，中共陕甘省委、国民党陕西省党部和国民军联军驻陕总部，决定派出一名全权代表，负责陕西在外一切交涉事宜和向中央报告陕西党务、政治、军事、财政等一切事项。这位全权代表就是曾在上海大学读书的邹均。

　　邹均，又名邹遵，生于1900年，陕西富平人。本名师守遵。因他从小依养于姑母师斐、姑父邹子良处，于是就从姑父邹姓，号复良。1910年，邹均考入西安私立健本学堂。这是一所颇具进步教育思想的高小，邹均在这所学校接受了革命的启蒙教育，后考入陕西省立第三中学。邹均读书勤奋，且又热爱体育，尤其喜欢踢足球，有"足球冠军"之誉。1915年5月，与屈武等组织"陕西学生联合会"，出版会刊《白话报》，声援西安教师罢教斗争，赢得向省长刘镇华索薪的胜利。1919年，"五四"反帝爱国运动的消息传到西安，邹均立即响应，投身到这场运动中去。他邀集同学到街上演讲，编印传单广为散发，甚至还到省议会大门前演讲。1920年，邹均转入天津南开中学。在南开读书期间，他开始接触马克思主义。他经常阅读《新青年》《向导》等宣传革命和新思想的杂志，并认真学习《共产党宣言》等马克思主义著作。他积极参加天津地区的学生运动,还和屈武、武止戈等一起创办了进步刊物《贡献》月刊,倡导移风易俗,改造社会,改造教育,宣传新文化,宣传社会主义思想。1922年6月,邹均在北京参加了由中国共产党领导的革命活动。10月中旬,由陕西旅京、津学生组织的进步社团共进社成立,邹均积极参加共进社的活动。1923年夏,邹均加入了中国共产党。

1924年初,邹均来到上海,考入上海大学社会学系。编印于1924年4月的《上海大学一览》,在《学生一览表》的"社会学系"一栏中,有这样的记载:"邹均,年龄:二十四;籍贯:陕西;通讯处:富平县义兴恒号转。"邹均在入上海大学前,已经加入了中国共产党。到了上海大学以后,又直接接受了邓中夏、瞿秋白、蔡和森、恽代英、张太雷等中国共产党早期领导人的教诲,无论在理论修养、政治觉悟和在共产主义信仰等方面,都有了新的提高。作为陕西籍的学生,邹均还和同为陕西籍的同学一起,以陕西同乡会的名义,于1925年1月创办了《新群》半月刊,来团结陕西的学生,宣传革命,传播马克思主义。

1925年初,奉党组织之命,邹均离开了上海大学,来到北京,应国民军二军司令、河南省督办胡景翼之邀,负责国民军二军驻京办事处的对外联络工作。在这一段时期,邹均经常在中共北方区委负责人李大钊、赵世炎和国民军二军领导人胡景翼、岳维峻之间,沟通联络,为党的统一战线工作,为党与胡景翼部之间的合作作出了贡献。1926年春,邹均接受中共北方区委的指派,赴苏联莫斯科中山大学学习。秋季回国后,李大钊又安排他到驻守在河北省河间县的奉军郑思成军部做兵运工作。1926年10月,北伐军攻克武汉三镇以后,国民党部和国民政府随后迁至武汉。1927年4月,邹均被国民军联军驻陕总部委任为总部驻武汉的全权代表。7月,汪精卫追随蒋介石叛变革命,大革命宣告失败,国民军联军驻陕总部被解散,邹均根据党的指示,转入地下活动。1928年,党组织再次派他到苏联学习。根据邹均本人要求学习军事的申请,他先被编入东方劳动大学军事班,后又转入莫斯科步兵学校进行更正规的学习和训练。然而,由于劳累过度,他原先就患有的肺结核病日趋严重,于是他向党组织申请,结束在苏联的学习回国工作,党组织根据他的身体情况和国内革命斗争的需要,同意他提前回国。1928年底,邹均拖着病体,冒着风雪,回国

接受了新的战斗任务,踏上了新的革命征途。

1930年夏,党中央任命邹均担任河南省委军委书记。当时正值蒋介石、冯玉祥、阎锡山之间的中原大战爆发,陕甘地区的著名共产党人杨晓初、杨可均、葛霁云、陈潭六等都参加了冯玉祥讨蒋的第八方面军邓宝珊部,邹均就利用这样一层合法的关系,帮助河南党组织开展工作,接济武器和经费,营救被捕的党员等。河南省委书记童长荣在郑州被捕,邹均即找到担任邓宝珊秘书的共产党员杨可均商量营救办法。结果,由邓宝珊出面,使童长荣获释。河南省委的兵运工作,在邹均的努力和有效工作下,很快有了新的发展。然而,当时党内正是李立三"左"倾错误路线统治时期,由于邹均反对组织中心城市武装暴动,而被指责为"右倾""取消主义",以致他的军委书记职务被撤销,改任秘书;继而又被停止工作,开除党籍。邹均政治上虽受到这种错误的打击,但他依然以对党的忠诚继续为党努力工作。1930年秋,邹均来到邓宝珊部,找到了在那里从事兵运工作的中共党员杨晓初、杨可均、陈潭六等。这时冯玉祥、阎锡山联合讨蒋失败,邹均随同杨晓初等率数百人向豫北转移,沿途收容了大量散兵,便改编为一个团,由杨晓初任团长,邹均则负责党的工作,率部继续北上。在途中,邹均和陈潭六征得杨晓初同意,分出一连精兵,到黄河以南开展游击战争。但在新乡遭驻军石友三部的袭击,邹均遇难,时年30岁。

1931年,在杨虎城将军的安排下,由邹均的亲属、朋友师守命、郑自毅等将邹均的遗骸运回西安,葬于南郊兴善寺旁。新中国成立以后,党和人民政府将邹均烈士忠骨移入西安革命烈士陵园。

参考文献

［1］本书编委会编：《20世纪20年代的上海大学（上下卷）》，上海大学出版社2014年版。

［2］黄美真、石源华、张云编：《上海大学史料》，复旦大学出版社1984年版。

［3］王家贵、蔡锡瑶编著：《上海大学（一九二二——一九二七）》，上海社会科学院出版社1986年版。

［4］张元隆著：《上海大学与现代名人（1922—1927）》，上海大学出版社2011年版。

［5］周桂发主编：《上海高校英烈谱》，复旦大学出版社2011年版。

［6］胡华主编：《中共党史人物传（第一卷）》，陕西人民出版社1980年版。

［7］胡华主编：《中共党史人物传（第四卷）》，陕西人民出版社1982年版。

［8］胡华主编：《中共党史人物传（第五卷）》，陕西人民出版社1982年版。

［9］胡华主编：《中共党史人物传（第六卷）》，陕西人民出版社1982年版。

［10］胡华主编：《中共党史人物传（第七卷）》，陕西人民出版社1983年版。

［11］胡华主编：《中共党史人物传（第八卷）》，陕西人民出版社1983年版。

［12］胡华主编：《中共党史人物传（第九卷）》，陕西人民出版社1983年版。

［13］胡华主编：《中共党史人物传（第十一卷）》，陕西人民出版社1983年版。

［14］胡华主编：《中共党史人物传（第十二卷）》，陕西人民出版社1983年版。

［15］胡华主编：《中共党史人物传（第十三卷）》，陕西人民出版社1984年版。

［16］胡华主编：《中共党史人物传（第十八卷）》，陕西人民出版社1984年版。

［17］胡华主编：《中共党史人物传（第二十八卷）》，陕西人民出版社

1986年版。

[18] 中共上海市委党史资料征集委员会主编:《中共上海党史大事记（1919.5—1949.5）》,知识出版社1988年版。

[19] 中共安徽省委党史工作委员会编:《中共安徽党史大事记（1919—1949）》,安徽人民出版社1992年版。

[20] 中共浙江省委党史资料征集研究委员会编:《中共浙江党史大事记（1919—1949）》,浙江人民出版社版1990年版。

[21] 中共江苏省党史工作委员会、江苏省档案馆编:《中共江苏党史大事记（1919—1949）》,中共党史资料出版社1990年版。

[22] 中共上海市委党史资料征集委员会、上海市民政局编:《上海英烈传（第一卷）》,1987年7月（内部印刷）。

[23] 中共江西省委党史研究室编:《江西英烈传》第一辑,1984年7月（内部印刷）。

[24] 中共江西省委党史研究室编:《江西英烈传》第二辑,1985年5月（内部印刷）。

[25] 山东省民政厅编:《齐鲁之光——山东省中华著名烈士事迹选（一）》,山东人民出版社2006年版。

[26] 上海市政协文史资料委员会编:《上海文史资料存稿汇编》第1卷、第2卷、第9卷,上海古籍出版社2001年版。

[27] 中共"一大"会址纪念馆、上海革命历史博物馆筹备处编:《上海革命史资料与研究》第6辑,上海古籍出版社2006年版。

[28] 中共"一大"会址纪念馆、上海革命历史博物馆筹备处编:《上海革命史资料与研究》第8辑,上海古籍出版社2008年版。

[29] 中共"一大"会址纪念馆、上海革命历史博物馆筹备处编:《上海革命史资料与研究》第12辑,上海古籍出版社2012年版。

[30] 中共"一大"会址纪念馆、上海革命历史博物馆筹备处编:《上海革命史资料与研究》第14辑,上海古籍出版社2014年版。

[31] 钱伟长总主编:《上大演讲录（1922—1927卷）》,上海大学出版社2009年版。

[32] 哈庸凡主编:《江淮英烈传》第一卷第一分册,安徽省民政厅1984

年9月（内部印刷）。

[33] 萧志远主编：《江淮英烈传》第3辑，安徽人民出版社1991年版。

[34] 中共陕西省委党校党史教研室、陕西省社会科学院党史研究室编：《新民主主义革命时期陕西大事记述》，陕西人民出版社1980年版。

[35] 张黎明主编：《我的父辈——中国共产党著名烈士后代深情回忆（英烈篇）》，上海人民出版社2011年版。

[36] 中共临海市委、临海市人民政府编：《临海揽要》，西泠印社出版社2014年版。

[37] 白海峰编著：《贺昌年谱》，人民日报出版社2005年版。

[38] 穆生高著：《贺昌传》，中共党史出版社2008年版。

[39] 吴葆朴、李志英、朱昱鹏编：《博古文选·年谱》，当代中国出版社1997年版。

[40] 冯资荣、何培香编著：《邓中夏年谱》，中国文史出版社2014年版。

[41] 李良明、钟德涛主编：《恽代英年谱》，华中师范大学出版社2008年版。

[42] 郝赫著：《恽代英年谱新编》，中国文史出版社2005年版。

[43] 周永祥著：《瞿秋白年谱新编》，学林出版社1992年版。

[44] 陈铁健著：《瞿秋白传》，红旗出版社2009年版。

[45] 梦花编：《瞿秋白自传》，江苏文艺出版社1996年版。

[46] 许杨清、宗诚编：《丁玲自传》，江苏文艺出版社1996年版。

[47] 刘玉珊、左森、丁则勤主编：《张太雷年谱》，天津大学出版社1992年版。

[48] 徐则浩编著：《王稼祥年谱》，中央文献出版社2001年版。

[49] 穆欣著：《关向应传略》，中共中央党校出版社1992年版。

[50] 王凌云著：《关向应传》，河南人民出版社1986年版。

[51] 王军著：《高语罕年谱》，黄山书社2012年版。

[52] 王军著：《高语罕传》，中共党史出版社2011年版。

[53] 常州市武进区政协学习与文史委员会、常州市武进区炎黄文化研究会编：《中共早期革命活动家——董亦湘》，2006年9月（内部印刷）。

[54] 中共顾山镇委员会、江阴市史志办公室编：《农运先驱周水平》，中

共党史出版社2011年版。

[55] 黎显衡著：《萧楚女》，广东人民出版社1982年版。

[56] 钟桂松著：《沈泽民传》，中央文献出版社2003年版。

[57] 中共广东省委党史研究委员会《李硕勋》编写组：《李硕勋》，广东高等教育出版社1987年版。

[58] 吴腾凰著：《蒋光慈传》，安徽人民出版社1982年版。

[59] 陆景川编写：《龙大道传》，贵州人民出版社1990年版。

[60] 何池著：《翁泽生传》，海风出版社2004年版。

[61] 冯衍甫、谢才雄著：《王文明传》，海南出版社2010年版。

[62] 马德俊著：《许继慎传》，安徽人民出版社1998年版。

[63] 吴成平主编：《上海名人辞典》，上海辞书出版社2001年版。

[64] 杨卫民著：《摩登上海的红色革命传播——中共出版人在上海的社会生活实践(1920—1937)》，上海大学出版社2015年版。

[65] 鲁秋园编注：《红色遗嘱》，江西人民出版社2006年版。

[66] 赵益武、曾宪理、陈日照：《一门忠烈——曾山及其一家在苏区的故事》，1999年10月（内部印刷）。

[67] 中国人民政治协商会议浙江省龙泉市委员会文史资料研究委员会编：《龙泉文史资料》第十二辑，1992年4月（内部印刷）。

[68] 《党史资料丛刊(一九八二年第二辑)》，上海人民出版社1982年版。

[69] 上海市档案馆编：《五卅运动》第一辑、第二辑、第三辑，上海人民出版社1991年版。

[70] 中共长宁县委党史研究室编：《长宁党史资料》1995年第2期（内部资料）。

[71] 胡允恭：《金陵丛谈》，人民出版社1985年版。

[72] 陈云、廖承志、林丽韫：《关于追认翁泽生同志为烈士的建议》，《革命人物》1985年第S2期。

[73] 钱听涛：《陈云为翁泽生平反纪实》，《党的文献》2005年第4期。

[74] 林江：《回忆我的父亲翁泽生》，《革命人物》1985年第S2期。

[75] 阳翰笙：《阳翰笙同志谈二十年代的上海大学》，《社会》1984年第3期。

［76］王家贵、蔡锡瑶：《二十年代初期的上海大学社会学系》，《社会》1982年第2期。

［77］杨雄威：《非基运动与民国上海大学师生群》，《安徽史学》2016年第3期。

［78］中共中央党史和文献研究院：《一腔赤诚，百折不挠——纪念瞿秋白同志诞辰120周年》，《人民日报》2019年1月29日。

［79］程志强：《侯绍裘烈士的光辉一生》，《松江报》2017年10月12日。

［80］中共上海市委党史研究室、中共松江县委党史研究室编：《侯绍裘文集》，上海远东出版社1995年版。

［81］瞿独伊、李晓云编注：《秋之白华——杨之华珍藏的瞿秋白》，人民文学出版社2018年版。

［82］邹贤敏、秦红主编：《博古和他的时代：秦邦宪（博古）研究论集》，当代中国出版社2016年版。

［83］人民出版社编：《回忆恽代英》，人民出版社1982年版。

［84］薛振东主编：《周大根烈士纪念文集》，上海社会科学院出版社2001年版。

［85］魏斌编著：《迟到的报告：记李硕勋烈士》，辽宁人民出版社1995年版。

［86］林道喜著：《井冈元戎何挺颖》，中国社会出版社2007年版。

［87］金立人、贺世友著：《杨贤江传记》，江苏教育出版社1990年版。

［88］徐方平著：《蔡和森评传》，中国社会科学出版社2013年版。

［89］张树军著：《蔡和森》，学习出版社2019年版。

［90］何惠明编：《松江党史文集》，汉语大词典出版社2004年版。

［91］刘长林、刘强：《邵力子、于右任对上海大学"赤化"的辩白》，《上海文化》2018年第4期。

［92］陈小赤、邵华：《马凌山烈士在沪史迹考》，《西部学刊》2019年2月上半月刊。

［93］安振泰：《沈阳"六·十"运动述略》，《社会科学辑刊》1982年第5期。

［94］张陈雄：《树立在家乡人民心中的丰碑——周大根烈士的革命斗争故事》，《浦东开发》2015年第7期。

［95］钱希均著：《钱希均革命回忆录》，京华出版社2006年版。

［96］吴云著：《无悔的奋斗——吴云回忆录》，大众文艺出版社2010年版。

［97］中共成都市委党史工作委员会编：《甘洒热血拯中华：成都革命烈士传（第一辑）》，成都科技大学出版社1987年版。

［98］中共宁波市鄞州区委党史办公室、宁波市鄞州区民政局编：《鄞州革命英烈传》，中共党史出版社2011年版。

［99］中共宁波市鄞州区委党史办公室、宁波大学建筑工程与环境学院编：《鄞州革命史迹集》，中共党史出版社2006年版。

［100］中共凤台县委党史办公室编：《凤台县革命回忆录》，2016年11月（内部印刷）。

［101］中共安徽省委党史研究室编：《江淮英杰》，安徽人民出版社2006年版。

［102］茅盾著：《茅盾自传》，江苏文艺出版社1996年版。

［103］中共中央文献研究室编：《毛泽东书信选集》，人民出版社1983年版。

［104］曹云屏编著：《求索——一门三烈士》，中共党史出版社2008年版。

［105］乌兰夫著：《乌兰夫回忆录》，中共文献出版社2013年版。

［106］黄克诚著：《黄克诚回忆录（上）》，解放军出版社1989年版。

［107］中国革命博物馆编：《革命烈士遗书选》，贵州教育出版社1997年版。

［108］中共中央文献研究室、中央档案馆、《党的文献》杂志社编：《红书简》，山西人民出版社2001年版。

［109］中央档案馆、上海市档案馆编：《上海革命历史文件汇编（一九二四年——一九二七年）》，1988年（内部资料）。

［110］中共浙江省委党史资料征集研究委员会、浙江省档案馆编：《浙江革命烈士书信选》，浙江人民出版社1986年版。

［111］张松林主编：《不朽的丰碑——纪念李硕勋烈士诞辰100周年文集》，南海出版公司2002年版。

［112］上海市地方志办公室、普陀区地方志办公室编：《话说上海·普陀卷》，上海文艺出版社2010年版。

［113］李文健主编：《我们的死者》，中国工人出版社2017年版。

[114] 中共中央党史研究室编:《党史通讯》1986年第1期。
[115] 中华人民共和国民政部编:《中华著名烈士(第五卷)》,中央文献出版社2001年版。
[116] 李言璋编著:《余泽鸿烈士》,2002年(内部资料)。
[117] 中共常熟市委党史工作委员会编:《常熟革命史资料(第四辑)》,1987年(内部资料)。
[118] 宁德电视台拍摄制作电视片:《红色闽东行》第4集《无名英雄的密码》。
[119] 中共安徽省委党史研究室编:《江淮英杰》,安徽人民出版社2006年版。

后 记

本书从拟题到完成书稿持续了三年时间。在这三年中，编著者以上海大学出版社2014年出版的《20世纪20年代的上海大学》为经纬，孜孜矻矻，旁搜远绍，搜集考证，以成此书。

在书中通过注释和参考文献，开列了大量所引用书目，这是要向著作者和出版单位表示诚挚感谢的。

除此以外，还要特别感谢本书的责任编辑、上海大学出版社常务副总编傅玉芳女士，她在本书的成书过程中，不但很好地尽到了一个责任编辑的责任，还无私地帮助编著者查找提供史料、图片，大为本书增色。

华东师范大学教育高等研究院胡乐野、上海古籍出版社编审姜俊俊为本书的资料搜集和文字润色出力甚多；上海大学党委宣传部的孙蕊、谢瑾，上海大学校报的王怡、吴沁为本书的编著和出版给予了支持和帮助，在此，一并表示感谢。

上海大学终身教授邓伟志先生，从本书的写作一开始，就给予极大的支持，数次来电鼓励，提出建议，在此，特向邓伟志教授谨致谢忱。

本书得以忝列"红色学府　百年传承"丛书，与有荣焉，向丛书编委会表示感谢。

本书无论在资料和写作方面，都会有疏漏和不当之处，敬请读者不吝赐教。

胡申生

2020年4月28日